아는 마음,
모르는 마음

아는 마음, 모르는 마음

어느 법학자의 위빠사나 수행기

황영채 지음

행복한 숲

머리말

이 글은 위빠사나 수행이 무엇인가를 알고 싶어하는 몇몇 사람들이 스승인 묘원 선생님과 매주 모임을 가지면서 시작된 일종의 수행기록이다. 수행하면서 경험한 일들은 다시 기억하려 해도 잘 안 된다는 선생님의 말씀에 따라 그날에 있었던 법문, 스승과 수행자들 간에 오고 간 대화의 내용 등을 생각나는 대로 적어 놓은 글이다.

우리의 모임은, 적어도 나에게 있어서는 위빠사나가 무엇인지 전혀 모르는 상태에서 시작되었다. 당시 시중에 나와 있던 위빠사나 관련 서적을 읽고 눈이 번쩍 뜨인 나로서는 위빠사나 수행이 무엇인지 좀더 심도 있게 알고 싶었던 참이었는데 마침 미얀마에서 막 돌아온 묘원 선생님을 만나는 행운을 얻은 것이다.

당초에 선생님은 위빠사나 수행을 지도하는 데 중점을 두고 있었던 모양이지만, 워낙 우리들이 이에 대한 사전지식이 없는 까닭에 위빠사나가 무엇인가에 대한 기초 설명으로 많은 시간을 보내게 되었다. 그러다 보니 하루에 한 시간씩 하기로 했던 좌선시간이 줄어들고 그나마도 바깥이 어두워져서 좌선을 생략한 채 허둥지둥 헤어질 때가 많았다. 그렇다고 집에 가서도 차분한 마음으로 수행을 할 수 있는 처지가 아니어서 선생님의 말씀을 몸으로 이해할 수 있는 기회가 적었다.

평소에는 사는 것이 무엇인지, 수행이 무엇인지 제대로 구분도 못한 채 적당히 지내다가 일주일에 한 번 선생님 앞에서만 마음을 가다듬었다는 이야기다. 그럼에도 불구하고 처음 선생님 앞에 앉아 있던 나와 지금의 나는 위빠사나 수행에 대한 이해의 면에서 크게 차이가 난다. 처음에는 수행하러 가는 길가의 들꽃도 보이고 산등성이도 보였지만 나중에는 자신의 몸과 마음에 초점을 두고 있음을 이 글을 통해서도 알 수 있다. 뿐만 아니라 부처님과 그 가르침에 대한 잘못된 인식과 고정관념들이 많이 정화되었다는 느낌이 든다. 이 점이 내가 생각하는 행운이다.

위빠사나는 알아차림의 문제다. 진리란 무엇(what)인가를 묻는 것이 아니라 진리를 어떻게(how) 접하는가에 대한 테크닉의 문제다. 동시에 수행을 통해서 얻는 증득(證得)의 문제이기도 하다. 이 점에서 무릇 이 세상에 존재하는 어떤 가르침에서도 찾을 수 없는 부처님만의 노하우를 접하게 된다. 동시에 위빠사나는 그 방법만 받아들이면 어떤 종교나 가르침에서도 실수행에 도움이 된다는 점에서 종교를 초월하고 있다.

우리는 세 가지를 통해 지혜를 얻는다고 한다. 즉, 듣거나 읽어서 얻는 문혜(聞慧), 생각해서 얻는 사혜(思慧), 수행을 통해 얻는 수혜(修慧)다. 이 중에서 가장 뛰어난 것은 수혜로서, 수행을 통해서만 깊은 지혜와 진리를 얻게 된다. 그러므로 우리가 아무리 좋은 책을 읽거나 법문을 들어도 자기 수준만큼만 받아들이고 머리로만 이해할 뿐 망상에 빠지기 십상이다. 직접 수행에 들어가서 얻은 지혜만이 자기의 것이 된다.

이 글에서는 위빠사나의 모든 것을 제시하지 못한다. 당초부터 나 자신이 초보자의 수준을 넘지 못하였을 뿐 아니라 이 글 자체가 나와 같은 사람들을 위한 징검다리 역할을 하고자 펴낸 것이기 때문이다. 그러나 가벼운 마음으로 읽어 나가는 가운데 다음 두 가지 면에서 크게 달라질 것이라고 생각한다.

하나는, 지금까지 깊숙이 박혀 있던 잘못된 견해들로부터 벗어나 정견(正見)이 무엇인가를 어렴풋이나마 알게 된다는 점이다. 지금까지 잘못된 교리와 오염된 고정관념에 빠져 있으면서도 그것이 잘못된 것인지조차 모르고 살아왔던 자신을 발견한다. 수행이 무엇인지를 잘 모르는 한 사람의 사견(邪見)이 어떤 과정을 거쳐 정화되는지를 이 글을 통해서 느낄 수 있을 것이다.

다른 하나는, 되풀이해서 나오는 빨리어가 눈에 익으면서 위빠사나 관련 법문을 듣거나 서적을 읽기가 훨씬 수월해질 것이라는 점이다. 위빠사나에 관한 책들을 읽으려면 빨리어로 된 생소한 용어들의 벽에 부딪치게 되는데 부처님은 바로 이 언어를 통해서 가르침을 폈으며 또 실 수행에 들어가서도 이런 용어들에 대한 정확한 이해가 많은 도움이 된다.

그런 면에서 이 책은, 위빠사나의 수행지도를 받거나 위빠사나 관련 서적을 읽고자 하는 이들에게는 도움이 될 것이라고 본다.

선생님을 처음 만났을 때에 비하면 지금은 수행의 여건이 많이 달라졌다. 주변의 배려로 선원도 생기고 선생님이 운영하는 인터넷 사이트도 있으며, 또 수행 지도방법도 많이 체계화하고 다양해졌다. 그러나 초보자들에게는 사고방식의 전환을 하지 않는 한 위빠사나는 역시 어려운 것이다. 하지만 내가 처음 위빠사나를 만나면서 얻은 경험과 느낌을 통해 수행이란 그리 멀리 있지 않다는 것, 나와 같은 초보자들도 한번 해볼 만하다는 것을 일깨워 주고 싶었다. 그래서 '나 같은 사람이 뭘!' 하며 처음부터 포기하거나 멀리하려는 사람들에게 조금이나마 도움이 되었으면 하는 생각에서 부끄럽지만 이 글을 공개하기로 하였다.

그러면서도 군데군데 나의 소견이 많이 들어간 것은 기존에 가지고 있던 소견이 아직도 정화되지 않은 탓도 있지만 초보자들이라면 나와 비슷한 생각에서 벗어나지 못했을 것이라는 생각에서다. 그러므로 혹시 스승의 말씀이나 경전에 어긋나는 부분이 있더라도 징검다리 역할을 하고자 하는 나의 탐심에서 비롯한 것으로 이해해 주기 바란다.

한 권의 책으로 엮어진 내용들을 보면서 느껴지는 것은 오직 부처님을 비롯한 스승님들에게 감사하다는 생각뿐이다. 특히 소중한 법을 아낌없이 퍼주는 것도 모자라 이 책이 나오는 끝까지 지도해 주신 묘원 선생님에게 한없는 감사를 드린다. 아울러 세심한 부분에서의 지적을 아끼지 않으며 옆에서 도와준 많은 분들에게 감사한다.

지은이

아는 마음, 모르는 마음 | 머리말

차례

제1장
스승과의 만남

~~~~~~~ · ~~~~~~~

미안마에서 수행하던 분을 모시고 위빠사나 수행을 같이하지 않겠느냐고
묻는 전화를 받았을 때 '나 같은 사람도 수행을 할 수 있을까' 하는 두려움이 앞섰지만
책으로만 알던 위빠사나 수행을 실제로 하고 싶다는 강한 욕구에 호기심 절반,
두려움 절반인 마음을 가지고 이 모임에 참석하기로 하였다.

시작, 2000년 4월 첫째 주

평소에 가깝지는 않았지만 동생을 통해 몇 번 만난 적이 있는 아는 분에게서 전화가 걸려왔다. 미얀마에서 수행하던 분이 최근 귀국하였는데 이분을 모시고 위빠사나 수행을 같이하지 않겠느냐고 묻는 전화였다. 장소는 퇴촌에 있는 자신의 집이라고 했다. '나 같은 사람도 수행을 할 수 있을까' 하는 두려움이 앞섰지만 책으로만 알던 위빠사나 수행을 실제로 하고 싶다는 강한 욕구에 호기심 절반, 두려움 절반인 마음을 가지고 이 모임에 참석하기로 하였다.

모임의 장소가 멀어서 조금은 망설여졌지만 일주일에 한 번 드라이브하는 기분으로 첫 모임을 위해 집을 나섰다. 퇴촌으로 가는 천진암 입구에서 쳐다보는 나지막한 산등성이와 골짜기들은 이제 막 겨울잠에서 깨어난 듯 멀리서 보이는 나뭇가지들이 보드라운 솜털처럼 부드러워 보였다.

우리에게 위빠사나 수행을 가르칠 묘원 선생님은 도시적인 세련된 풍모를 가진 오십대의 신사로 보였으나 미얀마에서는 머리를 깎은 스님이었다고 한다. 오늘의 모임에는 집주인과 나를 비롯한 세 명의 여자와 한 사람의 젊은 남자가 참석하였다. 나중에 또 한 사람의 젊은 부인과 그의 어머니 그리고 나의 남동생이 합세하여 선생님에게 지도 받는 사람은 모두 일곱 명으로 늘어났다.

우선 선생님은 지금까지 자신이 살아온 경력을 간략하게 들려주었다. 선생님은 타고난 도道꾼으로서 '마인드 컨트롤'을 비롯하여 '아바타' 수행과 청해 무상사의 '관음법문' 등 수행에 관한 것이라면 무엇이든 직접 해보고 체험하여 수행들의 장단점을 모두 알고 있었다. 심지어 무속에 관한 것까지도 전문가 못지않게 알고 있는 것 같았다.

그러다가 결국은 그 자신이 가톨릭 신자임에도 불구하고 위빠사나 수행의 길로 들어서게 되었고, 위빠사나 수행의 본산인 미얀마에 가서 4년 가까운 스님생활을 하고 돌아왔다. 그래서 그의 머리카락은 아직 덜 자라 있었다. 그러고 보니 선생님은 대단한 집념을 가지고 수행에 도전하여 오늘에 이른 것 같았다.

그의 이야기를 들어 보니, 미얀마에 간다고 하여 누구나 만족할 만한 수행을 하고 올 수 있는 것이 아니었다. 무엇보다 교통이 불편하고 말이 안 통하는 낯선 오지에 간다는 것 자체가 큰 용기를 요하는 일이었고, 막상 그곳에 간다고 해도 어느 수도원을 찾을 것인가, 그 많은 스승 중에 어느 분의 지도를 받을 것인가, 의사소통은 어떻게 할 것인가 하는 구체적인 문제들이 앞을 가로막는다.

현재 미얀마에서 가장 잘 알려진 선원은 마하시 사야도(큰스님이라는 뜻)가

시작한 마하시 선원으로 전 세계에 400여 개의 분원을 가지고 있다. 마하시 사야도는 부처님 당시의 『대념처경』에 입각한 위빠사나 수행법을 체계화한 분이며, 현재 미얀마의 선원을 지도하는 대부분의 스님들이 이곳을 거쳐 갔기 때문에 그들의 수행방법 역시 마하시 선원과 대동소이하다.

그러나 구체적인 것에 들어가서는 각 수행원마다 조금씩 지도하는 방법이 다르다. 예를 들어, 부처님께서는 신수심법(身受心法) 사념처(四念處)를 알아차리라고 하였지만, 중점을 두는 대상이나 알아차리는 방법에서 약간의 차이가 있다. 현재 미얀마 대부분의 선원이 몸(호흡)과 느낌을 알아차리는 것을 중점적으로 지도한다.

선생님도 처음에는 몸과 호흡을 알아차리는 수행을 집중적으로 하였는데, 어느 때부터인가 자신의 수행에 대한 한계를 느껴 쉐우민 선원으로 옮겼다고 한다. 그곳에서 마음을 알아차리는 별도의 지도를 받으면서 비로소 위빠사나 수행에 대한 깊은 확신이 생겼다고 한다.

그러니까 각 선원에 따라 지도하는 방법이 조금씩 차이가 있는데, 사실 어느 것이 자신의 근기(根氣)에 맞는가를 선택하는 일은 선생님의 경우와 같이 미얀마에 장기간 머물면서 다양한 경험을 하지 않는 한 결코 수월한 일이 아닌 것 같다.

또 하나 문제가 되는 것은 언어소통이다. 위빠사나 수행에 있어서 꼭 해야 할 일 중의 하나는 스승과의 면담이다. 수행하는 과정에서 일어나는 소소한 현상들을 일일이 스승에게 보고하고 또 물어 보도록 되어 있기 때문이다. 요즘에는 미얀마에 수행하러 오는 한국 사람들이 많다 보니 그곳에 상주하면서 통역을 해주는 사람들이 있는데, 사실 수행은 통역하는 사람의 역량에 따라 그 질이 크게 달라질 수 있다고 한다. 미묘한 부분에서 의사 전달이 잘 안 될 수도 있기 때문이다.

그러나 선생님의 경우에는 도를 향한 강한 집념과 뛰어난 통찰력이 그를 이끌어 준 주역이겠지만, 훌륭한 스승과 좋은 통역관을 만났던 것 같다. 만약 능력 있는 통역자를 만나지 못하고, 더구나 자신의 근기에 맞는 방법으로 지도 받지도 못한 채 몇 개월의 짧은 말미를 얻어 다녀왔다고 한다면, 과연 미얀마에 가서 위빠사나 수행을 하고 왔다고 자신 있게 말할 수 있을까.

우선 선생님은 우리에게 위빠사나 수행에 관해 간략하게 적어 놓은 프린트를 나누어 주었다. 그러면서 미얀마 쉐우민 선원에서 지도 받은 것처럼 사념처 중에서도 특히 마음을 보는 수행에 주력할 것이라고 하였다. 이렇게 마음을 알아차리는 수행을 중점적으로 가르치는 스승은 미얀마에도 별로 없다는 말을 덧붙였다.

우리의 첫 모임은 선생님의 이력을 듣고 위빠사나 수행의 전반적인 개요에 대하여 듣는 것으로 그쳤는데, 이날의 핵심은 알아차리는 마음을 보라는 것이었다. 이제까지 나는 관련 서적들을 몇 권 읽었지만, 사실 수행이란 이론이 아니고 말 그대로 직접 몸으로 경험하여 터득하는 것인 까닭에 많은 책을 읽었다고 해서 수행에 크게 도움이 되었다고는 말할 수 없다.

오늘은 두 번째 모임이 있는 날이다. 퇴촌의 천진암 입구를 들어서니 산골짜기에는 물오른 나뭇가지마다 연두색 기운이 감돌고 양지바른 길가에는 노란 개나리꽃이 피기 시작하였다.

우리는 선생님을 중심으로 다 같이 방석을 깔고 둘러앉았다. 그러자 선생님은 앉은 순서대로 이렇게 물었다.

"자, 그동안 얼마나 수행을 하셨습니까? 호흡은 보셨습니까?"

'호흡을 보았는가?'라는 질문에 처음에는 좀 당황하였다. 그러나 곧 내가 과연 지난 일주일 동안 얼마나 자신의 호흡을 보았는가를 돌이켜보게 되었다. 그러고 보니 호흡을 알아차린다는 일이 결코 쉬운 일이 아니었다.

부처님도 호흡을 알아차리면서 수행을 하였다고 하는데, 이렇게 호흡을 수행의 대상으로 하는 것은 그 움직임이 확실하고 지속적으로 끊이지 않을 뿐 아니라 호흡을 알아차리는 그 순간이 바로 '현재를 보는 것'이기 때문이라고 한다. 그러나 막상 호흡을 보려고 하면 생각대로 잘 보이지 않는다.

너무 긴장하거나 산란하면 대상인 호흡에 마음이 붙지 않기 때문이다. 그래서 선생님은 우리에게 가장 먼저 호흡을 보았는가를 물었던 것이다.

호흡은 인위적인 것이 아니어야 한다. 일부러 천천히 하려 하지도 말고 또한 숨을 너무 깊이 쉬어도 안 된다. 있는 그대로 배가 일어나고 꺼지는 현상만을 알아차리면 된다. 이렇게 좌선의 자세에서 호흡을 지켜보면 시간이 경과할수록 거친 호흡도 사라지고 어느새 호흡을 하는지 마는지 아득한 상태에 이르게 된다. 이럴 경우 어느 때는 미세한 심장 박동과 솜털의 움직임조차도 의지처가 되어 알아차림의 대상이 된다.

이러한 지도 하에 새삼스럽게 호흡을 보기 시작하니 호흡에 힘이 들어갔다. 무심코 있다가도 '아 참, 내가 지금 무엇을 하고 있지' 하며 아랫배에 마음을 두고 호흡을 보려고 하면 금세 숨이 찼다. 전에도 좌선을 하려고만 하면 이런 증세가 생겨 방해가 되곤 하였는데 한동안 의식하지 않던 그런 증세가 또다시 일어나고 있다. 선생님에게 물었더니 당분간 호흡을 보지 말고 앉아 있는 자세의 앉음, 닿음을 알아차리라고 말해 주었다.

선생님이 강조하는 바와 같이, 호흡이란 코에서 허파까지만 이루어지는 것이다. 단전이나 아랫배에서 하는 것이 아니다. 단전에서 호흡을 한다는 것은 들숨에 의해서 훅! 하고 일어났다가 날숨에 의해서 푹 꺼지는 풍대의 작용일 뿐 호흡 그 자체는 아니다. 들어가고 나오는 바람의 들숨과 날숨은 가슴 부분에서 일어나지만 배 또한 움직인다. 호흡에 따라 아랫배가 불룩하게 오르고 내리는데, 이것을 수행자들은 '일어남, 꺼짐'이라고 한다. 수행이 깊어지면 몸의 어느 부분에서든 호흡을 느낄 수 있고 마음으로도 볼 수 있게 된다.

　어쨌든 수행자의 일차적 대상은 호흡에 의해 아랫배가 불룩하게 오르고 또 내리는 것을 알아차리는 것이다. 이에 따라 마음이 오르고 내리는 것을 볼 수도 있다. 그러니까 굳이 아랫배에 마음을 둘 것이 아니라 몸 밖으로 끌어내는 것도 무방하리라는 생각이 들었다. 그리하여 눈을 감은 채 호흡을 밖으로 꺼내 놓고 지켜보기 시작하였더니 알아차리기도 편하고 숨이 찬 현상도 없어지는 것 같았다. 그래서 이 같은 사실을 말씀드렸더니 잘하는 것이라며 그대로 하라 하였다.

　개별적인 인터뷰가 끝나면 그 후엔 직접 수행에 들어간다. 먼저 경행(經行)을 한다. 책에서 읽은 바로는 경행을 할 때에는 마치 느리게 돌아가는 영상화면처럼 천천히 걸으면서 발의 움직임을 알아차리도록 되어 있는데, 선생님은 그렇게까지 천천히 걷지 않아도 된다고 일러주었다.

　모임 장소가 비록 좁기는 하지만 우리는 나란히 줄을 서서 각기 앞을 바라본 채 방을 가로질러 걷기 시작하였다. 두 손을 뒤로 모아 잡기도 하고, 혹은 앞으로 깍지 끼어 안은 자세로 눈을 뜬 채 45도 각도로 내려다보며 천천히 걸었다. 걸으면서 '왼발, 오른발'을 하거나 '들음, 놓음'을 하며 알아차렸다.

　그러나 선생님은 발이나 다리의 느낌(feeling)을 알아차리고 걸을 경우에는 빨리 걸어도 무방하며 명칭을 붙이지 않아도 된다고 하였다. 느린 동작으로 경행을 하면 그 느린 움직임 때문에 지루한 감이 있고, 또 바쁘게 사는 현대인들에게는 좀 현실감이 없다는 생각을 했었는데 이와 같이 평상시의 걸음걸이로도 그 느낌을 통해 수행할 수 있다니 반가운 소리가 아닐 수 없었다.

지금까지 나는 매일 아침 아파트 근처에 있는 공설운동장에서 걷기를 하였는데, 그렇다면 지금까지 내가 해온 운동장 다섯 바퀴 돌기를 소신껏 할 수 있을 것 같았다. 수행과 운동을 같이할 수 있다니 내일부터의 일과에 기대가 되었다. 나는 운동장에서 약 한 시간 정도 걷는데 걸음이 빠르다 보니 '왼발, 오른발' 하며 이름을 붙이는 것이 안정적이었다. 또 어느 때는 걸으려고 하는 의도만 보이고 두 발이 자동적으로 움직이는 것 같은 느낌을 받았는데, 선생님은 그것이 의도를 보는 징조라고 좋다고 하였다.

선생님은 경행의 방법에 대해 일러주었다.
"우선 발바닥 감각에 중점을 두십시오. 발을 딛고 있는 뒷다리의 근육, 뒤돌아설 때의 어깨의 느낌, 혹은 자세를 바꿔 걸을 때의 허리감각, 그리고 발이 나아갈 때의 의도 등이 모두 알아차림의 대상이 됩니다. 혹은 발걸음의 무거움 가벼움 혹은 차가움 따스함이나 딱딱함 부드러움을 느낄 수도 있습니다."

한 시간씩의 좌선과 경행이 끝나면 우리는 다시 면담에 들어간다. 경행이나 좌선을 할 때 어떤 느낌이었는가, 무슨 일이 일어났는지 등 수행 도중에 일어난 일들에 대한 답변과 질문이 쏟아진다. 우리는 대체로 오래 앉아 있으면서 생겨나는 허리, 등, 다리의 통증과 가려움에 대한 하소연을 많이 하였다. 이에 대해 선생님은 객관화하여 알아차리도록 하라고 말해 주었다.

우리 동네 아파트에도 봄이 한창이다. 올해에도 앞산에는 개나리에 이어 진달래꽃이 활짝 피었다. 단지 입구에서부터 산 밑까지 쭉 뻗어 올라간 길 양쪽으로 만발한 벚꽃이 화사하게 단장한 새색시처럼 곱다.

집착이 많으면 여자로 태어난다

"사람이 왜 여자로 태어나는지 아십니까?"
느닷없는 질문에 우리 모두 머뭇거리고 있으니까 선생님은 말을 이었다.
"집착이 많으면 여자로 태어납니다."

이 질문은 왠지 나를 겨냥한 것 같았다. 그래서인가 이에 대한 생각을 많이 하게 되었다. 선생님은 떠오르는 망상조차도 거부하지 말고 지켜보라고 하였다. 그러나 그 망상이 지속적으로 나타날 때에는 잠시 지켜보는 것을 중단하고 이 지속적인 망상의 원인을 알 필요가 있다고 하였다. 나에 대한 선생님의 지적이 아니더라도 이 부분, 말하자면 나의 집착에 대해서는 좀 분석해 볼 필요가 있음을 의식하고 있던 터라 잠시 생각해 보았다.

"네, 맞아요. 저는 집착이 많은 사람이에요."

대답은 이렇게 하였지만 가만히 생각해 보니 내가 인정한 나의 집착은 통속적인 의미의 그것과는 조금 다르다는 생각이 들었다. 돌이켜보니 비록 잠시지만 자식들을 외국에 내보내면서도 나는 아이들이 보고 싶어서 못 살겠다는 태도는 아니었다. 또 자식보다 더 예쁘다는 외손녀와 이별할 때도 비행기에서 잠깐 울컥하고 울음이 나왔을 뿐 더 이상 아기가 보고 싶어 연연하지도 않았다. 자식들에 대한 애착의 끈이 그리 길지가 않다는 의미다. 그럼에도 불구하고 지금 이 순간에도 끊임없이 그들에게 보내고 있는 이 텔레파시는 도대체 무엇이란 말인가.

선생님은 그 후에 면담을 할 때 또 한 번 이런 질문을 내게 던졌다.
"따님이 뉴질랜드에 있다고 하셨죠. 그 딸이 많이 걱정되십니까?"
나로서는 너무나 돌발적인 질문이어서 당황한 나머지 "네, 몸이 좀 약해서요"라고 대답하였다.
"엄마가 걱정한다고 따님이 건강해집니까. 걱정한다고 해서 달라지는 것은 아무것도 없습니다. 걱정하기보다는 걱정하는 자신을 지켜보는 것이 실제로 그들을 위하는 겁니다."
"그러게 말입니다. 제가 혈육에 대한 집착이 많은가 봅니다."

그러나 내가 혈육에 집착한다는 것도 꼭 들어맞는 말은 아닌 것 같다. 가족과 떨어져 있어도 덤덤하다는 사실을 미루어 생각할 때 별로 정(情)에 휘둘리는 사람은 아니다. 뿐만 아니라 그 여운도 오래가지 않고 금세 다른 데로 마음을 돌리는 것으로 보아 스스로도 좀 냉정한 사람이 아닌가 생각

될 정도다.

챙기는 마음이든 이기심이든 알아차려야 한다

가만히 생각해 보니 내가 자식에게 끊임없이 보내고 있는 텔레파시는 집착이라기보다는 이들을 챙기려는 마음이라는 것이 보다 적절한 표현이다. 여기의 챙기는 마음이란 먹을 것이나 일신상의 편안함을 주고 싶어하는 지극히 평범한 모성애 같은 것이다. 좀 다른 것이 있다면 부처님이나 기타 수행에 관한 좋은 소식이 있으면 같이 나누고 싶어 일러주는 정성이 남다르다고나 할까.

그 대상은 자식에게 뿐만이 아니고 형제에게도 마찬가지다. 종종 자식들로부터 "엄마는 자식보다도 형제를 더 챙긴다"는 핀잔을 들을 정도다. 그럴 때마다 "나를 필요로 하는 사람이라면 누구든 거부하지 않는 것이 나의 신조"라고 농담 섞어 말한다. 이와 같이 남편과 자식뿐 아니라 국내외를 막론한 형제들, 주변의 어른과 조카들, 멀리 지방에 사는 친구들, 심지어는 딸아이의 친구들에게까지도 내 관심권에 든 사람들을 챙기는 마음에는 1순위가 따로 있는 것 같지가 않다. 그리고 일방적이다.

이 같은 나의 성격은 어느 면에서는 자기 둥지에 들어온 모든 것을 챙기려는 어미 닭의 생리라고 볼 수도 있다. 그러나 다른 한편으로는 나도 의식하지 못하는 사이에 걸려 있는 '착한 사람 콤플렉스'일 수도 있다. 왜냐하면 나의 모질지 못한 성격 가운데에는 험한 소리 오가지 않고 가능하면 모든 것을 좋게 해결하려는 나태심이라고 할까, 아니면 이기심 같은 것이 내포되어 있기 때문이다. 돈도 선뜻 꾸어 주고 매사에 웃으며 받아주는 행동들이 겉으로 보기에는 헌신적이고 착한 일 같아 보인다. 하지만 사실 그들의 불행을 가슴 아파하기보다 내가 대신 치르더라도 빨리 해결함으로써 스스로가 편해지려는 이기심에 불과한 것일 수도 있다.

어쨌든 챙기는 마음이든 착한 사람 콤플렉스든 이 같은 마음을 나는 남김없이 알아차리고 보아야 한다. 이제는 이들이 아닌 내 마음을 챙기는 것이다. 그것이 오히려 그들을 위하는 것이라고 부처님께서 분명히 말씀하셨으니까.

단전호흡과 위빠사나

오늘은 남동생이 우리 모임에 참가하였다. 또 하나의 이기심의 발로라고 볼 수도 있겠지만, 그가 위빠사나를 열심히 하고 이를 통하여 지혜를 계발한다면 나로서는 더할 나위 없는 기쁨일 것이다. 집으로 돌아가는 길에 나는 차 속에서 그에게 말하였다.

"네가 만약 이 수행만 열심히 한다면 너에 대한 금생(今生)의 나의 의무는 이제 끝난다."

도대체 그에 대한 나의 의무란 무엇인가. 이 같은 의무감은 남동생뿐만 아니라 결혼도 하기 전에 어머니를 여읜 다른 여동생들에게도 마찬가지다. 중년을 지나 노년기에 접어들기 시작한 그들이건만 아직도 이들에 대한 연민의 정을 가지고 있는 것은 돌아가신 어머니에 대한 묵시적인 약속 때문인가, 아니면 남다른 모성애의 발로인가. 나의 이런 관심이 한편으로는 고맙기도 하겠지만 때로는 부담스러울 수도 있으련만 고맙게도 남동생은 나의 제안에 동의해 주었고 계속하여 이 모임에 참석하기로 하였다.

동생은 단전호흡을 꽤 오랜 기간 하였다. 이 점이 마음에 걸려 선생님에게 말씀드렸더니 역시 걱정하는 태도가 역력하였다. 단전호흡이란 인위적으로 호흡을 만들어서 연장하는 것이므로 위빠사나의 기본정신과는 큰 차이가 있기 때문이란다. 위빠사나는 호흡을 있는 그대로 지켜보는 것이지 만들어 내는 것이 아니다. 자연스러움 그대로를, 영상을 감상하듯 지켜보는 것이다. 그러면서 알아차리는 것이다. 그러므로 단전호흡을 하면서 인위적으로 호흡의 길이를 조절하던 이제까지의 습관을 버리는 일이 그리 수월하지는 않을 것이라는 우려였다. 나중에 두고 보아야 할 일이지만 그래도 동생은 첫날 수행에서는 별 장애를 받지 않았다고 하였다.

사월의 넷째 주

선생님은 우리가 아닌 다른 모임에서도 수행을 지도하고 있는데, 오늘은 그 모임에서 있었던 일 하나를 예를 들어 이야기해 주었다.

그 모임에는 한 의사가 나오는데 어느 날 이런 말을 하였다고 한다. 위빠사나를 하다 보니 자신이 냉정해지는 것이 아닌가 염려된다고 하였단다. 돌발적인 이야기에 모두 의아해하며 그게 무슨 소리냐고 물었다. 선생님의 이야기로는, 그 의사가 예전 같았으면 지하철이나 길거리에서 외판원이나 부랑아를 볼 경우 물건도 사주고 돈도 주고 하였을 텐데 수행을 시작한 이후로는 불쌍해하는 그 마음을 지켜보다가 그냥 지나치게 된다는 것이다. 이 말에 모두 웃고 말았지만 일리가 있는 염려였다.

위빠사나와 자비심

그러나 선생님은 위빠사나를 열심히 하여 욕심에서 벗어나게 되면 나중에 남는 것은 오직 자비(慈悲) 덩어리뿐이므로 염려할 필요가 없다고 한다. 알아차림을 하면 그 마음은 자비로 꽉 채워진다는 것이다. 지당한 생각이다.

이 같은 말이 나오게 된 동기는 우리 모임의 한 사람도 이와 비슷한 염려를 하고 있었기 때문이다. 그 부인은 꽤 오랜 기간 어느 스님으로부터 참선지도를 받으며 수행하였다고 한다. 그의 첫인상도 오랜 명상으로부터 갓 깨어난 고요함이 배어 있었다. 그렇다고 하여 그에게서 세속적인 고뇌가 떠난 것 같아 보이지는 않았다.

모임 첫날, 선생님은 두 손을 방바닥에 대니 무엇을 느끼느냐고 우리에게 질문하였다. 그때 딱딱하다, 혹은 따스하다 등 우리는 각자의 느낌을 말하였는데 그 부인만은 선생님의 재차 묻는 질문에도 대답하지 않고 두 눈을 지그시 감은 채 선정(禪定)의 상태에 들어가려 하였다.
"왜 그러는 겁니까?"
이에 놀란 선생님이 물었다. 그러자 그 부인이 나직이 대답했다.
"그냥 깊은 상태에 들어가려고 합니다."

나는 그동안 읽었던 위빠사나 관련 책들로부터 얻은 지식만으로도 이건 절대 위빠사나가 아니라는 생각이 들었다. 선생님은 위빠사나와 선정수행이 어떻게 다른지에 대해 설명해 주었다.

이제까지 우리나라에서 지도해 온 참선은 주로 선정을 추구하는 것이었다. 나타나거나 도전해 오는 모든 것을 물리치고 오직 하나로 몰입해 들어가는 것, 그리하여 나와 대상이 하나가 되는 것이다. 이것을 선정수행(禪定修行)이라고 하며, 빨리어로는 사마타(samatha)라고 한다.

그러나 위빠사나 수행은 이 모든 대상을 있는 그대로 지켜보고 알아차리는 것이다. 육근(眼耳鼻舌身意)을 통해 들어오는 현상을 경계하거나 거부하지 말고, 그렇다고 따라가지도 말며 그대로 지켜보는 것이다. 몸과 마음을 통해 들어오는 현상은 무엇이든 객관화하여 지켜보는 것이다. 이때의 삼매는 찰나삼매로서 삼매에 들어 얻는 마음의 평화조차도 지켜보는 것이다. 평온함에 빠져드는 것 역시 집착이기 때문이다. 그러다 보면 이제까지 깊이 박혀 있던 선입관과 고정관념이 배제되고 본래 모습 그대로 깨어서 보고, 듣고, 느끼며, 생각하게 된다는 것이다.

이 같은 이치는 그 부인과의 면담을 통해서 여실히 드러났다. 그 부인은 셋째 주가 될 때까지도 종래의 참선습관에서 벗어나지 못하는 것 같았는데, 넷째 주부터는 의식적으로 조절하려던 호흡도 놓고 지켜보는 등 이 수행에 적응하는 것 같아 보였다. 그러면서 염려하는 것이 위빠사나를 하다 보니 예전처럼 자식에 대하여 할 도리를 못하는 것 같다는 것이었다. 아침에 늦잠을 자는 자식을 예전처럼 집요하게 깨우지도 않고 전처럼 챙겨 주지도 않게 된다는 것이다.

처음에는 무슨 말을 하려는지 선뜻 이해가 되지 않았는데 이런저런 이야기를 듣고 보니 그가 지금까지 자식과 어떻게 지내왔는지 짐작이 갔다. 이들 모자지간은 무려 두 시간씩이나 아침잠을 깨워 주어야 할 정도로 나쁜 습관이 배어 있었고, 바쁜 아침시간에 틈을 내어 이 방 저 방으로 아이를 깨우러 다니노라면 꽤나 많은 탐진치가 발동하였을 것이다. 게다가 이 같은 상황에 대한 원인과 결과를 알아차리지 못한 채 자신의 교육방침에 따라 자식을 가르치려 하였으니 서로가 힘든 악순환이 계속되었을 것이다.

오랜 기간의 참선수행에도 불구하고 이 문제로부터 자유롭지 못한 이유는 자식에 대한 불만이나 이를 뜯어고치려는 마음이 일어났을 때 이를 알아차리지 못했기 때문이다. 생겨난 문제점을 알아차리지 못하고 그냥 지나쳐 버리면 고스란히 잠재의식 속으로 입력되어 있다가 계기가 되면 다시 튀어나오게 마련이다. 이 정도의 고민거리라면 좌선 도중에 틀림없이 튀어나왔을 텐데 이때 이를 없애려 하지 않고 그냥 알아차렸다면 다시는 이 문제로 인한 고민이 되풀이되지 않았을 것이다.

이것이 선정수행(사마타)과 지혜수행(위빠사나)의 차이다.

선정에 든다는 것은 하나의 대상에 집중하는 것이고 집중된 상태에서는 평온함이 유지되지만 그 과정에서 제쳐둔 현상들은 사라지지 않고 어딘가 입력되기 마련이다. 반면에 나타난 현상들을 알아차리는 경우에는 더 이상 되풀이되지 않을 뿐 아니라 오히려 선업으로 바뀐다. 예를 들어, 누군가를 미워하는 경우에 미운 마음을 애써 지우려 하면 언젠가 그 마음이 되살아나게 마련이다. 또 그 마음을 키워 나가다 보면 나중에는 더욱 큰 미움으로 발전할 수도 있다. 그러나 자신이 지금 미워하고 있다는 것을 알아차리면 이 사실을 인정하게 되고 이를 인정하는 순간 '내가 왜 그랬던가?' 하고 저절로 그 미움이 사라지게 된다. 결국에는 스스로 미워할 원인이 없어지게 되며 그를 통하여 지혜를 얻게 되는 것이다. 물론 선생님은 그 다음에 나타나는 마음의 현상까지도 놓치지 말 것을 당부한다.

그러므로 이 부인의 경우에도 자식의 결점을 못마땅해 하는 마음과 자식을 가르쳐야겠다는 마음 등을 알아차렸다면 자신의 참모습을 먼저 알게 되었을 것이다. 그런 뒤에 그 모습을 보았다면 더 이상 자신의 집념을 고집하지 않았을 것이다. 그랬다면 이제까지 눌려 있었을 자식의 능력과 자율성도 되살아날 것이라는 것이 이날 모임에 참석한 우리들의 생각이었다. 이는 우리들뿐만 아니라 모든 부모에게 해당되는 충고이다.

지난날의 수행방법

선생님은 우리에게 지금까지 어떤 방법으로 수행을 하였는가를 한 사람씩 차례로 물어 보았다. 우리들 대부분이 불교 신자들이어서 경전이나 참선 혹은 염불 등을 통하여 수행하였다고 답변들이 나왔다.

선생님이 지도하는 다른 모임에는 불교인뿐만 아니라 기독교인도 있다고 한다. 그것은 이 수행방법이 절대자에 대한 신앙을 목적으로 하는 것이 아니라 수행방법을 배워서 각자의 신앙생활에 그대로 적용하면 되는 것이기 때문일 것이다. 그러나 기독교인이거나 혹은 비종교인의 경우에는 불교에 대한 기본 이론이나 용어를 잘 모르기 때문에 선생님의 부연 설명이 길어져야 하겠지만, 적어도 우리 모임에서는 그런 것은 생략하고 들어갈 수가 있었다.

우리 모임의 멤버들이 그간 어떤 방식으로 공부하고 생각해 왔는가를 간략히 소개해 보면 이렇다.

퇴촌의 집을 우리에게 제공한 이 여사의 경우에는 가정주부로서는 드물게 이미 미얀마에 가서 일 년 가까이 위빠사나 공부를 하고 온 수행의 선구자였다. 그뿐만 아니라 그의 딸도 미국에 유학하던 중에 미얀마에 가서 얼마간 수행을 하였는데 딸은 엄마보다 더 오래 그곳에 있었다고 한다.

이 여사는 대부분의 미얀마 선원에서 지도하는 신수심법 사념처 중에서 몸을 알아차리는 수행[身念處]을 배우고 왔다. 그런데 그의 딸은 좀 오래 있다 보니 선생님과 같은 스승인 쉐우민 사야도에게서 마음을 알아차리는 수행[心念處]을 하였다고 한다. 지금 우리를 지도하는 선생님도 그의 딸을 통해 알게 되었는데, 이 모임도 선생님으로부터 마음을 알아차리는 수행방법을 배우고 싶어서 주선한 것이었다.

'평등심'이라는 불명을 가진 또 다른 수행자는 선생님이 찾아다녔다는 온갖 수행 코스를 거의 다 알고 있을 정도로 이 방면에 관심도 많고 책도 많이 읽은 것 같았다. 그리고 각종 불교 행사에 적극적으로 참여하는 행동파라고나 할까. 그리고 그와 함께 같은 차를 타고 온 또 다른 부인의 경우는 참선공부를 많이 하였다.

'평등심' 여사는 자신이 생각하기에도 화려한 것을 좋아하고 백화점에 가서 쇼핑하는 것을 즐기는 편이었는데, 위빠사나 수행을 시작한 후로는 자신의 충동구매 욕구를 관(觀)하였다고 한다. 그래서 어느 날 백화점에서 물건을 사기 직전 자신의 마음을 알아차리고 보았더니 어느새 '아이! 계절도 다 지나갔는데 내년에 사자' 하면서 그냥 지나치게 되더라고 한다.

어느 날 그의 어머니가 이 모임에 참가하였다. 그분은 제3차 신경성 치통을 오랫동안 앓고 있어서 통증에 관한 한 타의 추종을 불허할 만큼 고통을 잘 알고 있었다. 선생님은 통증이란 것은 그 대상이 분명하여 알아차리기가 쉽고 아픔을 참아내는 인내심이 동반하기 때문에 그 이상의 적절한 수행 대상이 없다고 한다. 더구나 그가 앓고 있다는 치통은 진통제로도 벗어날 수가 없고 이빨을 빼서도 해결이 안 되는, 그야말로 고통의 극치였다. 게다가 병의 원인도 아직까지 규명되지 않았다고 하니 그 누구의 도움을 청할 수도 없는 처지였다. 여기서 이겨내는 길은 오직 고통을 객관화하여 남의 일처럼 보는 수밖에 없었다. 이 같은 오랜 기간의 투병을 통하여 그는 이미 고통의 지혜를 터득하고 있었다.

뒤늦게 이 모임에 참석한 나의 남동생의 경우는 단전호흡이라는 수행을 오랫동안 하여 지병인 축농증을 고친 바 있다. 단전호흡 수련을 끊은 지 몇 년 지나고 보니 요즘 다시 냄새를 잘 못 맡는다고 한다. 그는 또 오랫동안 하루의 수행을 붓글씨 쓰는 것으로 삼았는데, 현재 그의 『금강경』과 『반야심경』 필사 실력은 상당 수준에 이르고 있다. 그도 상대적으로는 단전호흡이다, 붓글씨다 하면서 자신을 수련하는 데 꽤 많은 노력을 기울인 사람인데, 그런 노력에 비하면 얻어진 결과, 이를테면 지혜의 계발 같은 것은 그리 크지 않은 것 같다.

위빠사나의 지혜로 보자면, 집중을 통하여 마음이 편안해지는 것에 목적을 두고 수련을 한 까닭에 이를 통하여 높은 단수를 따거나 혹은 붓글씨의 명필이 되는 등의 능력은 얻을 수 있었지만 지혜의 눈을 뜨는 데는 아직 검은 띠를 얻지 못한 것 같다. 만약 단전호흡을 하거나 붓글씨를 쓸 때에도 알아차리면서 하였다면 어떠했을까.

재미있는 것은 우리 모임에서 제일 나이가 어린 윤씨의 경우인데 그는 수행을 통하여 어떤 신통력을 얻기를 바라고 있었다고 한다. 그리고 약간의 위력도 발휘하였던 모양이다. 사실 반드시 도술사가 아니더라도 사람이라면 누구나 한번쯤은 어떤 형태로든 신통력 얻기를 은밀히 바라고 있을지도 모른다.

그런데 윤씨의 경우는 젊은이답게 다분히 호기심 섞인 것이었다. 한동안 보지 못한 친지를 텔레파시를 통해 불러오기도 하고, 순식간에 피곤을 푸는 마력을 부리기도 하였다. 그의 현재 고민은 신통력을 바라는 마음을 다스리고 다시는 이런 마음을 먹지 않는 것에 있다. 이 얼마나 대견한 일인가. 산중에서 수도하다가 갑자기 몸속을 흐르는 경락이 보인다거나 남의 운명이 보이기 시작하여 스승에게 호되게 야단맞았다는 등의 이야기는 선가(禪家)에서는 종종 들려온다. 그러나 그런 좋은 스승을 만나지 못한 많은 수행자들이 입산수도 중 하산하여 남의 운명을 봐주거나 병자를 고치는 것을 생업으로 하는 예가 허다하다. 그런데 윤씨는 스스로 이런 길을 버리고 그것으로부터 벗어나려는 것이다.

선생님은 그간 이 사람이 경험했다는 신통력은 단지 마음에 불과하다고 한다. 마치 처음부터 통증을 보려고 하면 통증을 불러오듯이 신통력도 불러올 수가 있다는 것이다. 신통력을 부릴 수 있도록 해주는 그 어떤 실체가 있는 것이 아니라는 말이다.

그런데 위빠사나를 시작한 지 얼마 지나지 않은 어느 날 그는 바로 이 마음을 보았다고 한다. 그날도 아마 남의 마음속을 들여다보고 싶은 욕망이 일어났던 모양이다. 이 마음을 알아차리고 지켜보면서 스스로 이 마음이 사라지는 것을 경험하였다고 한다.

나의 경우는 경전 읽기와 염불이 주된 수행방법이었다. 우리 집 형제들은 어머니의 교육방침에 따라 어려서부터 『금강경』 읽기를 일과로 하였고, 한때는 의무적으로 하루에 7번 읽기를 한 적이 있다. 그런데 나는 이 면에서 별로 모범생이지 못하였다. 60세를 넘기지 못하고 일찍 돌아가신 어머니께서는 무슨 예감이 있었는지 자식들에게 유훈(遺訓)처럼 『금강경』 읽기를 강행하였다. 그런데 나는 잠도 많고 인내력이 모자라서 오래 앉아 있지 못하였기 때문에 항상 다른 형제들에 뒤떨어지는 열등생이었다. 게다가 아이들 셋을 키우다 보니 항상 시간에 쫓기는 처지여서 수행을 제대로 한번 해본 기억이 없다.

그러면서 찾은 나만의 수행방법이 하나 있었다. 하루의 할당량에 따라 경을 읽고 있노라면 그 횟수를 채우기 위해 빨리 읽게 된다. 또 오랫동안 같은 경을 읽다 보니 거의 외우다시피 하여 책을 펼치기만 하면 순식간에 읽어나가게 된다. 오랜 습성에 타성까지 붙어서 그 내용을 머릿속에 새기기도 전에 이미 눈과 입은 다음 장으로 나가고 있는 것이다.

이와 같이 습관처럼 읽다 보니 처음 『금강경』을 접하였을 때의 감격도 희석되고 마음도 집중되지 않아 경전을 앞에 하면 오히려 망상이 더 많이 찾아왔다. 그래서 생각한 것이, 『금강경』을 염불로 부르기로 한 것이다. 앉아 있는 경우보다 걷거나 움직이는 시간이 많은 나는 발걸음에 맞춰 '금강반야바라밀'을 입으로 외우기로 하였다. 그러다 보니 발걸음을 옮길 적마다 나의 입에서는 금강반야바라밀 염불이 자동적으로 튀어나왔다. 그리고 멋대로 떠돌아다니던 생각이나 마음도 자연히 발로 모아지고 잡념도 많이 없어졌다.

이상과 같이 지난날 우리들의 수행방법을 간단하게나마 들은 선생님은 염불이나 독경, 혹은 철야기도, 참선 같은 것들은 모두가 선정을 추구하는 것이라고 하였다. 수행에는 선정을 추구하는 사마타 수행과 지혜를 추구하는 위빠사나 수행이 있다. 선정수행은 인위적으로 대상과 나를 하나로 만들기 위한 노력이고, 이를 추구하다 보면 마음의 편안함과 능력도 생긴다. 그러나 이것은 어디까지나 인위적이고 대상과 나를 하나로 일치시키기 위한 것이기 때문에 지혜를 얻을 수는 없다.

그러나 '평등심'의 어머니가 아픔을 통하여 지혜를 얻듯이 지금까지의 수행방법과 거기서 얻은 경험이 전혀 위빠사나 수행과 동떨어진 것이라고는 생각되지 않는다. 예를 들어 나의 경우, 발걸음에 맞추어 염불하는 동안 알아차림이 연속되지는 않았지만 마음의 행방을 어느 정도는 감지할 수 있었다. 적어도 이 수행방법을 통하여 잠시나마 악업으로 발전할 수 있는 생각과 차별심을 막을 수가 있었다. 만약 이때에 왼발 오른발의 움직임과 그 느낌을 관하였다면 알아차림이 길어지고, 이로부터 물질(身)과 비물질(정신)을 분리할 줄 아는 지혜를 터득할 수 있었을 것이다.

위빠사나는 모든 것을 대상으로 하고 있기 때문에 염불이나 참선도 알아차림의 대상이 된다고 한다. 그리고 오직 염불만을 혹은 참선만을 가장 지고한 수행방법이라고 하는 태도는 지양해야 한다. 염불뿐 아니라 모든 것이 알아차림의 대상이기 때문이다. 그러므로 참선을 하면서도 느낌을 알아차리면서 하고, 삼천배를 하면서도 느낌을 알아차리면서 하고, 기도하면서도 느낌을 알아차리면서 하면 그 모두가 위빠사나 수행이 된다.

그동안 이 모임을 마련한 이 여사는 미얀마에서 내한한 우빤디따 사야
도가 주관하는 집중수행에 다녀왔는데 며칠 묵언을 한 관계로 목이 쉬어
있었다. 우빤디따 사야도는 미얀마의 뻬구에 수행 선원을 가지고 있는 큰
스승으로서 3주 전부터 봉인사에서 수행지도를 하고 있었다. 우리를 지도
하는 선생님도 미얀마에서 오랫동안 묵언 수행을 한 적이 있는데, 수행
후 처음 말하려 할 때에 목청이 굳어져서 목소리가 잘 나오지 않았다고
한다.

이 여사는 매우 활동적이고 일 욕심이 많은 사람이다. 이번에 선생님을
모시고 수행을 계획한 것도 그의 추진력 때문에 가능한 일이었다. 그런
그가 이번 수행에 들어가면서 그간 알고 지내던 어떤 노스님도 함께 갔는
데 그 후 이 스님도 우리 모임에 참석할 뜻을 보였다. 그리하여 조금 늦었지
만 그분의 모습을 볼 수 있었다.

나이가 꽤 드신 것으로 보아 그간의 자신의 수행방법이 있었을 텐데
그걸 버리고 여기에 참석하는 것으로 미루어 대단한 용기를 가졌거나 아니
면 그간의 수행방법에 의문을 품었을 것으로 생각되었는데 직접 만나 잠시

대화하다 보니 후자에 속하는 것 같았다.

이 스님의 뒤늦은 참석으로 선생님은 처음 만나는 사람에게 들려주는 위빠사나의 기초적인 이론을 다시 정성스레 들려주었다. 위빠사나는 부처님이 깨달음을 얻은 수행방법이라는 것, 그것이 바로 신수심법 사념처를 놓치지 않고 지켜보는 것이라는 것, 이를 통하여 무상·고·무아를 깨달아 고통으로부터 자유로워질 수 있다는 것, 이 방법은 부처님 이외의 어떤 종교나 성현도 일러주지 못한 것이라는 사실 등을 상세하게 설명해 주었다.

설명을 다시 들으면서 위빠사나는 결국 팔정도(八正道)의 길을 가는 것이라는 사실을 알았다. 듣다 보니 얼마 전 미국에 살고 있는 둘째 여동생 집에 갔을 때의 일이 생각났다. 동생은 부엌 싱크대 위에 정견, 정념, 정사유, 정정, 정정진, 정어, 정명, 정업 등 팔정도에 관한 것을 쪽지에 적어 붙여 놓았는데, 그것을 보면서 "여기서 말하려는 정, 즉 바르다는 것의 기준이 무엇이냐?"고 반문했던 기억이 난다. 이제 와서 보니 그 '바르게'의 의미는 알아차려서 보고, 듣고, 느끼고, 생각하라는 것이었다. 그 깊은 뜻도 모르고 그냥 지나쳐 버린 자신이 부끄러웠다. 결국 위빠사나는 팔정도를 행하는 것이다.

미얀마 사람들의 정신적 생활

예외 없이 노스님은 선생님의 설명을 들으며 많은 질문을 던졌다. 그중 흥미로운 것은, 미얀마가 현재 세계적으로 몇 안 되는 독재국가일 뿐만 아니라 가장 가난한 나라로 손꼽히고 있다는 것, 더구나 3월에서 5월경까지의 우기(雨期)에는 인간으로서 견디기 힘들 정도로 습기 찬 악조건의 나라라는 것을 지적하면서 그럼에도 불구하고 그곳 국민들 대다수가 부처님법을 잘 지키면서 양순하고도 평화로운 모습을 하고 있는 이유가 무엇인가 하는 질문이었다. 좀더 직접적으로 표현하자면, 이렇게 수행을 잘하는데 왜 그들은 못사는가에 대한 의문이었다.

선생님도 처음 미얀마를 찾았을 때 스님과 똑같은 생각을 하였다고 한다. 게다가 불교를 알기 시작한 지 얼마 안 되는 짧은 기간인데도 어느새 남방불교를 비하하는 생각에 물들어서 소승불교의 고장이라고 깔보는, 이중적 편견을 가지고 보았다고 한다. 그러나 이곳 사람들의 수행하는 자세와 방식을 보면서 그간 자신이 얼마나 잘못 알고 있었는지 오히려 부끄러웠다고 한다.

미얀마 사람들의 수행은 말로 하는 것이 아니라 묵묵히 실천으로 보여주는 것이었다. 비구들은 아직도 부처님 당시와 똑같은 방법으로 탁발하고 신도들도 당시와 똑같은 모습으로 비구에게 드릴 음식을 정성스레 장만하여 문 밖에서 기다린다고 한다. 비구들은 한 시간도 더 걸리는 거리를 맨발로 걸어서 탁발을 하는데 부처님 당시처럼 일곱 집만을 들르는 것은 아니지만 묵묵히 앞 사람의 발꿈치를 보면서 음식을 주는 사람의 얼굴을 쳐다보지 않는 등의 계율을 지키며 걸식을 하고 돌아오면 다 같이 나누어 먹는다고 한다.

이 같은 배려 하에 일단 비구가 되면 돈이나 숙식에 관한 것은 모두

신도들에게 맡기고 수행에만 전념한다. 그러니까 온 국민이 스님들의 수행 뒷바라지를 하는 셈이다. 그도 그럴 것이 남녀노소를 불문하고 수시로 절에 가서 비구가 되어 일정기간 수행을 하기도 하기 때문에 비구와 신도가 따로 있을 수가 없다. 항상 선원마다 수백 명의 수행자가 북적이는데, 마하시 선원의 경우는 한번에 약 3천 명까지 수용할 수 있다고 한다.

이처럼 온 국민이 부처님의 가르침을 존중하고 수행에 전념하다 보니 국민들의 심성 또한 온화하고 평화로워 다른 곳에서는 찾을 수 없는 향기를 느끼게 된다고 한다. 고도의 정신적 문화라고나 할까. 불국토(佛國土)가 따로 없다. 정치적으로 불안정하다고는 하지만 마치 정치란 소수 사람들만의 것이라는 듯 대다수의 국민들은 정치에 개의치 않고 생활한다고 하니 참으로 흥미로운 일이 아닐 수 없다.

그런 미얀마 사람들이 왜 세상에서 제일 못사는 것일까. 이는 미얀마에 관심을 가진 자라면 한번쯤은 가져봄직한 의문이다.

사람들은 대체로 계행을 잘 지키고 마음을 곱게 쓰는 착한 사람은 복 받는다고 생각한다. 그러면서도 한편으로는 현실적으로 복 받는 사람들이 반드시 착한 사람들이 아니라는 점에 의문을 갖곤 한다. 그래서 기복신앙을 가진 사람들은 그 복을 나중에 천당에 가서 받는다거나 자식들이 받는다고 하는 내세론(來世論)을 내세우면서 현실적인 복과 수행과는 별개의 것이라고 위로한다. 그렇다면 미얀마 사람들은 내세를 바라고 지금의 괴로움을 기꺼이 감수한다는 것인가.

다른 사람들과 다를 바 없는 선입관을 가지고 있는 나도, 미얀마 사람들이 물질에 대한 욕심을 버리는 수행을 하다 보니 부수적으로 가난하게 되었다고 나름대로 분석, 평가하였다. 욕심 없애는 것을 연습하다 보니 돈에 대한 욕망이 적어지고, 그러다 보니 외형적으로는 가난할 수밖에 없다고 생각하였다. 그러니까 수행과 부(富)는 양립할 수 없는 것이고 가난은 스스로 원하여 택한 어느 일방이라는 생각이었다. 물론 그것도 틀린 생각은 아니다. 그러나 이러한 나의 분석은 어디까지나 물질의 있고 없고를 기준으로 한 것이었음을 오늘의 대화를 통하여 알게 되었다.

이들의 행복의 척도는 물질의 풍요로움이 아니라 정신적인 충만과 마음의 풍요로움이다. 선생님에 의하면, 독재정치 하에 죽임을 당하면서도 이들은 전생의 업보려니 하며 알아차리며 죽을 수 있는 사람들이라고 한다. 죽음 앞에서도 이럴 수 있다면 다른 일에선들 오죽하겠는가. 우리들이 이들의 빈곤을 측은히 여기는 것과 같이 이들은 오히려 서구 물질문명의 풍요로움을 측은히 여기는 것은 아닐까. 물질의 있고 없고는 그들의 관심 밖의 것이다. 그들에게는 오히려 마음속의 고통 없음과 이 고통의 원인인 욕망과 집착의 있고 없음이 관심사이다. 그들도 역시 속세에 살고 있으니 우리와 같은 물질적 욕망이 왜 없으랴마는 전반적인 분위기가 온통 정신세계를 추구하는 까닭에 자연스럽게 이런 나라가 된 것 같다.

어쨌든 미얀마 사람들은 소유로부터 자유롭다. 그들은 물질의 행복을 포기한 대가로 정신적 행복을 누리는 것이 아니라 애초부터 물질계의 일들에 관심을 덜 가지는 것이라고 보아야 한다. 이들이 누리고 있는 행복을 헤아리려면 우선 이쪽의 마음부터 정화하지 않으면 안 된다. 그러니까 수행 잘하면 '복 받는다'가 아니라 '부처님에 가까워진다'는 것으로 생각해야 한다. 또한 그로 인해 올 수 있는 결과 역시 물질적인 잣대로 가늠해서는 안 되는 것이다.

현실은 마음의 결과이다

최근 들어 우리 집안은 형제들 중에 하던 사업이 잘 안되면서 다섯 형제 모두가 돈의 어려움을 겪게 되었다. 그러면서 짧은 기간이었지만 경제적 손실이 마음까지도 황폐하게 한다는 사실을 경험하게 되었는데, 이를 계기로 우리 형제들에게는 하나의 의문이 생겼다.

그간 우리는 부모님께서 돌아가신 이후에도 두 분이 남기신 유훈을 지키기 위하여 남다른 노력을 기울여 왔다. 나와 동생들은 지난 수십 년 동안 해온 것과 같이 새벽에 일어나 『금강경』을 읽고 일어나는 마음마다 부처님께 바치기를 일상의 생활로 하는 등 어머니로부터 전수 받은 수행방법을 지키기 위하여 참으로 열심히 살았다. 그런데 부모님이 모두 안 계신 이 시점에서 자식들이 이 지경이 되고 보니 자책감, 죄송함과 함께 그간 우리의 수행방법에 한 가닥 의문을 갖게 된 것이다. 무엇이 잘못되어 이렇게 되었는가. 아니면 오히려 잘된 것인가. 성경에도 "부자가 하늘나라로 들어가기는 낙타가 바늘구멍으로 들어가기보다 어렵다"는 말이 있지만, 얼마 되지 않은 재산이나마 없어지는 경험을 하면서 우리는 한 단계 발전하는 기회를 얻은 것은 아닌지 참으로 생각이 많아졌다.

그러면서도 스스로를 위로했던 것은 이번 일을 계기로 진짜로 마음 비우는 공부를 하게 되었다는 것이다. 나는 지금까지 먹고 입고 사는 데 있어서 쓸데없는 욕심 안 부리고 소박한 노후를 보내는 것이 바람직한 생활이라고 여겨왔다. 그런 내가 하루아침에 집이 날아갈 걱정을 하고 통장에 기록된 돈을 세는 사태를 맞으면서 그동안 자부했던 나의 무욕(無慾)이 한갓 멋 내기에 불과했다는 사실을 깨달았다. 그래서 역시 사람은 일부러 할 것까지는 없어도 한번쯤 재산을 몽땅 잃어 보아야 한다는 생각이 들었다. 요즘 김용옥 교수가 TV에서 열변을 토하는 바와 같이, 허(虛)가 드러나면 드러난 만큼 마음을 비울 수가 있다는 노자(老子)의 사상에 동의하면서 이번 일이 우리에게 준 교훈은 없어진 재산 이상의 값어치가 있다고 위안하였다.

우리 부모님 세대가 모두 그러하듯 우리 집안도 해방 후에 한번 재산을 몽땅 날리고, 6·25때 또다시 몸만 건지며 탈출하여 부산에서 피난살이를 하였다. 특히 9남매의 맏며느리이자 6남매의 맏딸인 어머니의 경우는 하루도 바람 잘 날이 없었다. 그러니 어머니 표현대로, 한 가지 일을 간신히 해결하고 나면 숨 돌릴 사이도 없이 또 다른 일이 밀려오는 거센 파도와 같은 삶이었다.

그런 가운데서도 내게 비친 어머니의 모습은 거침없고 활달하였으며 수중에 돈 한 푼 없을 때도 궁색해 보이지 않았다. 언젠가는 일 년 동안 부어서 찾은 곗돈을 고스란히 다른 사람에게 선뜻 넘겨주시는 것을 보았다. 그 돈을 어떻게 쓸 것인가 계획이 많았었는데도 어머니는 "그 사람이 쓰라고 들어온 돈인가 보다" 하면서 뒤도 돌아보지 않고 주어 버렸다. 그러면서도 우리 집은 항상 식객으로 북적였고 풍부해 보였으며 또 들어오고 나가는 것이 왕성하였다.

이처럼 부모님은 소유의 허무함을 알면서도 무소유에도 집착하지 않았던 것 같다. 다만 소유로부터 자유로웠던 것이다. 그러니까 현실적으로 볼 때 우리 부모님은 부자도 아니지만 가난하지도 않았다. 그것을 초월해 있었다. 이같이 소유와 무소유로부터 자유로웠던 부모님의 발자취를 더듬으면서 이번 일을 계기로 더욱 철저하게 인생공부 할 것을 다짐하였었다.

그런데 미얀마 사람들의 무소유 개념을 들으면서 우리 집 사태에 대한 이제까지의 결론을 수정할 필요가 있다는 생각이 들었다. 돌이켜보니 우리 형제들이 유달리 집착하고 있는 부분이 수도(修道)를 제대로 하지 못하면 한번 혼나 보아야 한다거나, 혹은 수도를 잘해야 복을 받는다 등의 다분히 권선징악에 물들은 사고방식이었다. 물론 수행을 잘못하면 이 같은 결과가 업보로 떨어질 수 있다. 그러나 그렇지 않을 수도 있다. 미얀마 사람들의 가난이 세속적인 부의 개념과 무관하듯, 사실 우리 형제들의 수도생활과 부귀영화와는 무관한 것이다. 우리들에게 주어진 현재의 조건이 그럴 뿐이므로 그냥 '그렇구나' 하고 받아들이지 못하고 자꾸 무언가 그 원인을 분석하려고 한 것에 문제가 있었다.

선생님은 선업과 악업은 항상 섞여 있다고 말한다. 결과로 떨어진 악업 뒤에는 반드시 선업이 기다리고 있다는 것이다. 그리고 그 업이 어떻게 적용될지는 오직 부처님만이 아신다고 하였다. 다만 이런 방법으로 진리를 얻을 수 있다는 고정관념이 우리를 이리로 끌고 들어왔을지도 모른다. 그러니까 평소의 생각이 그대로 현실화했을 수도 있다는 말이다.

그러므로 지금부터 할 일은 오직 떠오르는 마음을 그대로 지켜보는 일이다. 형제 중 누군가가 마음에 들지 않는 행동을 하더라도 그를 바로잡게 해달라고 기도할 것이 아니라 형제를 걱정하는 자신의 마음을 먼저 지켜보아야 한다. 이것이 이번에 내가 터득한 깨달음이다. 중요한 것은 대상이 아니라 그 대상에 반응하는 자신의 마음인 것이다.

5월의 둘째 주

오늘은 예전과 다름없이 오후 3시가 조금 지나 모임이 시작되었으나 이야기가 길어지는 바람에 면담 끝에 행해지는 좌선수행을 하지 못했다. 그러나 시간이 가는 줄 모르게 들려준 선생님의 법문과 우리들의 대화는 정말 소중한 것들이었다.

통증 알아차리기

통증만큼 좋은 수행의 대상이 없다. 통증은 강력하기 때문에 알아차리기가 쉽다. 그러므로 통증이 오면 따라가지 말고 객관화하여 알아차려야 한다. 통증을 대상으로 해서 알아차리면 통증으로 인해 일어나는 여러 가지 마음, 이를테면 통증을 두려워하거나 싫어하는 마음, 그래서 없애려는 마음 등이 있는 것을 알 수 있다.

그러나 통증을 알아차리지 못하고 따라가면 어느새 싫어하고 화를 내게 된다. 그리고 2차적 감정으로 넘어가 마음까지 아프게 된다. 반면에 통증을 객관화하여 밀착해서 알아차리면 마음으로 넘어가지 않을 뿐 아니라 통증의 성품도 알게 된다.

통증을 놓치지 않고 면밀하게 지켜보고 있으면 근육이 팽창하고 열이 나는 등 여러 가지 느낌이 나타난다. 그리고 거기에는 강약도 있다. 또한 통증은 지속되는 것이 아니라 언젠가는 없어지는 것이라는 것도 알게 된다. 한곳에서 일어나고 사라진 뒤에 또 다른 곳에서 다시 일어났다 사라지는 것의 연속임을 알게 된다. 그리하여 통증도 다른 것과 마찬가지로 조건에 의해 생기고 조건에 의해 사라지는 현상일 뿐임을 알게 된다. 이런 과정을 거쳐야 통증의 성품을 알게 되고 그래야 무상·고·무아의 지혜를 터득하게 된다.

통증 때문에 싫어하는 마음을 내거나 통증이 또 오면 어쩌나 염려하게 되면 오히려 통증을 불러오는 수가 있다. 오랜 기간 통증에 시달리는 사람의 경우, 이미 관념화한 병 증세로 계속해서 병을 불러오는 수가 있다. 병 때문에 괴로워하는 마음이 오히려 병을 불러들이는 것이다.

사실 좌선을 하다 보면 제일 먼저 찾아오는 것이 통증이다. 포개어져 있는 다리가 저려오고 등과 어깨가 끊어지게 아파 온다. 그러면 우리는 조금 움직여서 다리나 등의 통증을 모면해 보려고 한다. 통증으로부터 벗어나기 위한 조치다. 그러나 이 단계에서 조금만 더 인내력을 가지고 지켜보노라면 스스로 통증이 사라지는 것을 볼 수 있다. 그런데 오래된 고정관념과 함께 지병을 갖고 있는 경우에는 이 통증이 더 큰 병의 징조일지도 모른다는 두려움을 주기가 쉽다. 이는 통증을 따라가는 경우다. 부처님은 몸이 아프다고 마음까지 아프지 말라고 하셨다.

선생님은 통증을 알아차리는 데는 세 가지 방법이 있다고 설명해 주었다.

첫째, 통증이 있을 때에는 먼저, 통증이 일어난 곳을 직접 알아차리는 방법이 있다.
둘째, 통증 때문에 싫어하는 마음을 알아차리는 방법이 있다.
셋째, 매우 고통스럽고 오래 계속되는 통증의 경우에는 호흡 쪽으로 대상을 바꿀 수도 있다.

그러나 가장 능률적인 것은 통증 때문에 생긴 싫어하는 마음을 알아차리는 것이다. 어떤 통증이든 일단 통증이 생기면 싫어하는 마음이 생기게 마련이다. 이런 마음이 없어지기 전에는 통증을 견딜 수 없어 통증에 넘어가고 만다. 이런 상태에서는 이미 통증을 싫어하는 마음이 자리 잡고 있기 때문에 통증을 대상으로 알아차리기가 어렵다. 선생님은 얼마 전 아주 크고 강력한 쑥뜸을 뜬 적이 있는데, 그 통증이 너무 강렬하고 오래 지속되었기 때문에 뜨거워하는 마음을 보지 않고 호흡을 보았다고 한다. 통증이 너무 강할 때는 차라리 호흡을 알아차리는 것이 나을 때가 있다고 한다.

고정관념이 병을 부른다

내가 몸이 쿡쿡 쑤신다고 하니까 선생님이 되물었다.
"왜 그렇죠?"
"저는 원래 냉증이 있어서 찬바람을 쐬면 몸이 쑤셔요."
"그건 관념입니다."

찬바람을 쐬면 쿡쿡 쑤신다는 것은 오랜 나의 고질병이다. 그런데 그것이 관념에서 비롯한다는 것이다. 그러고 보니 나는 평소에 그냥 쿡쿡 쑤신다고 말하지 않고 '찬바람을 쐬니까 쑤신다'고 토를 달아 말하곤 하였다. 이미 나는 병의 원인이 무엇임을 단정하고 찬바람이 쑤심의 원인이라고 무심결에 말하고 있는 것이다. 이와 같이 '쑤심=바람'이라는 공식은 나의 오랜 병력을 통해 얻어진 나름대로의 철학(?)으로서 마음속 깊이 자리잡아 왔다.

나의 이런 고정관념이 지속적으로 병을 불러왔던 것인데, 마음이 병을 부른다는 말이 바로 그것이다. 이 경우에는 그냥 그대로 아픔을 알아차려야 한다. 원인을 분석하지도 말고 어떤 조치를 취할 생각도 말고 그대로 알아차려야 한다. 원인을 분석하는 순간 알아차림을 놓치기 때문이다.

선생님은 내게 당부하듯 말하였다.

"그렇다고 해서 병원을 찾아야 할 사람이 통증만 보고 있으란 말은 아닙니다. 병원에 갈 병이라면 병원을 가야 합니다. 다만 태어나서부터 항상 따라다니는 통증을 참거나 피하지 않고 알아차릴 대상으로 한다면 그 순간부터 수행이 시작된다는 사실이 중요합니다. 약간의 인내와 함께 알아차리면 붓다의 지혜로 전환할 수 있는 것입니다."

그러니까 이제부터는 큰 병으로 발전하면 어쩌나 하는 걱정도, 과거에 있었던 병의 분석도 모두 놓은 채 아픔 그 자체만 알아차려야 한다. 아파하는 마음, 아픔을 싫어하는 마음, 아픔에 대한 공포, 이 공포로부터 벗어나고 싶어 하는 마음 등 그 어떤 현상이든 떠오르는 그대로를 지켜보라는 것이다. 이렇게 해서 통증의 성품을 보는 눈이 생기면 통증으로 인해 마음까지 아픈 일은 생겨나지 않는다.

하지만 병을 낳게 할 목적으로 수행을 할 생각은 하지 말아야 한다. 수행은 병을 낳게 하기 위하여 하는 것이 아니라 있는 현상을 그대로 알자고 하는 것이다. 다만 꾸준하게 수행을 하다 보면 몸도 자연히 튼튼해지고 있던 병이 없어지기도 한다. 다만 치유를 목적으로 한다면 거기에는 탐심이 붙어 있으므로 수행의 원래 목적을 상실하게 된다. 통증이라는 '있는 그대로의 현상을 알아차려 무상, 고, 무아를 아는 것이 목적이라고 한다면 통증이 사라지거나 건강해지는 것은 알아차린 것의 결과일 뿐이다.

수행 중 망상이 나타날 때

망상이란 무엇인가. 현재 자기가 하고 있는 일을 알아차리지 못하면 모두 망상이라고 한다. 그런데 수행을 좀 하려고 하면 제일 먼저 찾아오는 것이 망상이다. 이 망상은 오래 계속되면 10분도 하고, 30분도 하며 1시간도 한다. 아니, 하루 종일도 하고 한 달도 한다. 선생님은 우리가 일생을 망상하고도 한 줄을 모르고 산다고 말한다. 사실 우리는 세세생생 망상만 하고 살아왔을 수도 있다. 그래서 집착과 고정관념의 산물인 오늘의 내가 있는 것이 아닌가.

그래서 망상을 '깊은 무지'라고 말한다. 망상은 대부분 현재가 아닌 과거나 미래의 일로 일어나는데, 특히 좌선 중에 나타나는 망상은 잠재의식 속에 숨어 있던 기억이다. 피하려 해도 피할 수 없는 우리 마음의 일부인 것이다. 이렇게 망상은 피할 수 없는 것이므로 오히려 이것을 받아들여 수행의 대상으로 삼는 것이 지혜로운 일이다. 잠재되어 있던 과거의 잡동사니들이 튀어나온 것이므로 이때 알아차림을 하면 그 굴레에서 벗어날 수 있는 절호의 기회를 맞이하는 것이다. 마치 물속에 떠돌아다니는 부유물이 모처럼 수면 위로 떠올랐을 때 건져내는 것과 같다.

그 방법이 바로 망상이 떠올랐을 때 '망상이 왔구나' 하고 알아차리는 것이다. 이것이 현재를 보는 것이다. 부처님은 과거는 돌이켜보아야 후회와 회한뿐이고, 미래는 걱정과 공포뿐이라고 하였다. 오직 현재를 보고 있을 때에만 행복하다고 하였다.

그러고 보면 망상이 많다고 해서 나쁘다고만 할 일이 아니다. 나는 지금까지 망상은 나타나면 안 되는 것, 없애야 하는 것으로만 생각했다. 그런데 이 망상을 받아들여서 알아차려야 할 대상으로 본다는 것은 실로 신선한 충격이었다. 그렇게 본다면 망상이 많다는 것을 오히려 알아차릴 대상이 많이 제공되어 좋아할 일이라고 할 수도 있다. 그럼에도 불구하고 망상이 왔을 때 알아차림을 하고 보면 어느새 망상을 싫어하는 마음이 먼저 들어와 있음을 알게 된다. "망상이 하도 많이 떠올라서 수행을 할 수가 없다"고 하소연하는 수행자가 많다. 그러면 선생님은 열 번이고 백 번이고 알아차리라고 한다. 그러면 알아차린 그만큼 힘이 생긴다고 말한다. 망상이 많다는 것은 또한 그만큼 욕망과 화가 많다는 의미이기도 하므로 더 커지기전에 빨리 알아차려야 한다. 그래서 순간순간을 놓치지 말아야 한다. 이와 같이 위빠사나는 바로 찰나삼매를 연마하는 수행이라고 할 수 있다.

망상에는 또한 그 주체가 없다는 것을 염두에 두어야 한다. 위빠사나의 지혜로 보면, 순간의 마음이 욕망과 집착으로 인하여 일어난 것이고, 오직 마음이 대상에 따라 수시로 반응한 것뿐인데 그것이 나의 것인 줄 알고 있다. 굳이 주인공을 말하자면, 그 순간의 조건이 주인이고 그 순간의 마음이 주인이라는 것이다.

그럼에도 불구하고 망상이 자꾸 일어날 때에는 잠시 마음을 가다듬고 다음과 같이 생각하는 것이 도움이 된다고 한다.

'지금 누가 이런 생각을 하는가.'
'지금 나는 무슨 생각을 하고 있는가.'
'이 생각은 나의 것인가.'

그러면 망상의 원인이 욕망과 집착인 줄을 알고 더 이상 망상에 연연하지 않게 된다는 것이다. 그 결과 망상도 점차 사라지게 된다.

맛을 알아차리다

선생님은 오욕락(五欲樂) 중에서도 가장 강한 것이 식탐(食貪)이라고 한다. 그러므로 식탐을 끊는 것이 집착을 끊는 첩경이다. 음식을 알아차리고 먹으면 욕망으로 먹지 않고 필요에 의해서 알맞게 먹게 되므로 식탐을 끊을 수 있다.

언젠가 미국에서 가장 인기 있다는 TV프로를 본 일이 생각난다. 이 쇼에서는 쇼의 진행자 자신이 뚱뚱한 사람이다 보니까 비만으로부터의 탈출에 관한 프로를 종종 방영하였는데, 이날은 비만이라고 하면 항상 등장하는 다이어트에 관해 말하는 것이 아니라 마음대로 먹으라고 말하고 있었다.

혹시 내가 영어가 짧아 잘못 알아들은 것이 아닌가 하고 귀를 기울였는데, 역시 이 전문가는 먹는 것을 줄이거나 굶는 것이 아니라고 주장하고 있었다. 그곳에 출연한 다른 뚱보들도 설마 하며 믿지 않는 표정들이었다. 단 조건이 있었다. 마음 놓고 먹기는 하되 천천히 그리고 아주 맛있게, 감사하며 열심히 먹으라는 것이다. 이건 무슨 소리인가. '이것을 먹으면 살이 되지 않을까' 하는 걱정을 버리고 대신 열심히 감사한 마음으로 먹으라는 것이다. 그리고 이 방법을 통해 살을 뺀 증인도 출연시켰다.

지금 와서 생각해 보니 그것이 다름 아닌 알아차리며 먹으라는 것이었다. 그러니까 알아차리면서 먹으면 다이어트도 가능하다는 의미가 된다.

내 이야기에 선생님은 고개를 끄덕이며 '식탐에 대해 설명해 주었다.
"음식을 입 안에 넣고 씹을 때에는 음식을 먹는 것이 아니라 물질을 먹는 것입니다. 그리고 물질에 숨어 있는 맛을 먹는 것입니다. 닭고기를 먹을 때 실제로 먹는 것은 닭고기가 아니라 닭고기의 맛입니다. 닭고기는 명칭이고 그 물질을 표현하는 언어일 뿐입니다. 닭고기라고 하면 욕망이 생기지만, 맛이라고 하면 닭고기의 성품이라서 집착이 떨어집니다."

음식이라는 개념 속에는 이미 사람이 먹을 수 있다는 것, 맛난 것과 맛없는 것이 있다는 것, 짠맛과 단맛, 신맛 등 여러 가지 맛이 있다는 것, 혹은 음식을 먹어야 살 수 있다는 등의 정보가 우리에게 입력되어 있다. 그리고 이 모든 정보를 간직한 채 그 다음의 절차, 이를테면 잘 먹으면 기분 좋고 못 먹으면 배고프다, 혹은 요즘 아이들 생각대로 지나친 칼로리를 섭취하면 뚱뚱해진다는 등의 후차적인 고정관념으로 발전시켜 나간다. 그런데 맛을 알아차린다는 것은 음식으로 인해 생겨날 수 있는 이 같은 관념들을 차단해 준다.

마하시 선원에서는 음식을 먹을 때 '손을 듬, 입에 넣음, 씹음' 하면서 전 과정을 알아차린다고 한다. 그러나 실제로 초심자의 경우에 음식을 먹을 때 동작 하나하나를 모두 알아차리기가 쉬운 일이 아니다. 그래서 선생님은 기본적으로 맛의 변화를 보라고 한다. 맛은 음식의 성품이고 실재하는 것이기 때문이다. 이렇게 맛의 변화를 알아야 대상을 바로 알고 알아차림을 길게 유지시킬 수가 있다. 그리고 그것을 통해 삼법인의 지혜까지도 얻을 수 있다는 것이다. 그래서인가. 비구가 지켜야 하는 227계 중에는 먹는 것과 관련한 계율이 많다고 한다.

느낌이 진리다

선생님은 느낌이 진리라고 말한다. 수행 중에 몸을 알아차린다고 하는 것은 느낌을 통해 대상을 인식하는 것이다. 느낌은 실재하는 것이고 느낌을 통해 우리가 존재한다는 것을 안다. 우리가 신수심법 사념처를 한다는 것은 결국 느낌으로 아는 것이다. 신(身)이 몸을 대상으로 한 것이고 심(心)이 마음을 대상으로 한 것이라면 이것을 아는 것은 몸의 경우나 마음의 경우나 다 느낌[受]으로 한다. 그리고 모든 알아차림의 대상[法]도 느낌을 통해서 안다.

이처럼 사람은 느낌을 통해 존재하고 느낌을 통해 분별한다. 그래서 느낌이 곧 진리라고 말하는 것이다. 그러므로 수행을 하는 데 있어서 막연하게 하는 것이 아니라 느낌을 대상으로 하면 정확하게 알 수 있고 또 대상에 밀착할 수 있다.

사람은 육근(六根, 眼耳鼻舌身意)을 통해 육경(六境, 色聲香味觸法)에 접촉한다. 그러므로 육경은 육근의 대상이 되며, 이런 과정을 거쳐 육식(六識)을 할 때 기본적인 느낌이 발생한다. 이것을 경전에서는 '맨 느낌'이라고 한다. 그런데 이를 받아들이는 순간에 이미 사람에게는 육경에 대한 여러 가지 정보가 입력되어 있기 때문에 그것을 근거로 '좋다' '나쁘다' '덤덤하다' 등의 새로운 느낌(육체적인 느낌)으로 반응한다. 갓난아기들의 경우에는 이같은 정보가 들어와 있지 않기 때문에 뜨거운 것을 보고도 그 위험을 모르고 만지려고 한다. 아기들에게는 대상만 있을 뿐 이에 대하여 분별심을 낼 정보가 없기 때문이다.

이 같은 정보는 되풀이되는 경험에 의하여 축적된다. 여기서 자신의 육근과 대상인 육경을 만나는 것을 제2단계라 하고, 육식(안식·이식·비식·설식·신식·의식 등) 하는 것을 제3단계라고 한다면 우리가 알아차려야 할 부분은 바로 인식하는 제3단계다. 흔히 육근이 육경에 부딪쳐서 육식한다고 말하는데, 이때 이미 들어와 있던 정보가 작용하여 우리는 '싫다' '좋다'

'그저 그렇다'로 반응한다.

　　모든 수행자는 이 인식의 단계에서 알아차리고 육체적인 느낌으로 넘어가지 말아야 한다. 이때 알아차리지 못하고 밖으로 나간 상태를 부처님은 '화살을 한번 맞았다'고 하였다. 반응의 단계는 업(業), 즉 카르마가 작용하는 단계다. 느낌이 갈애라는 반응을 일으킨 것이다. 이때 일어나는 현상을 알아차리는 것이 위빠사나 수행이다.

　　예를 들어 내가 꽃을 보았다고 하자. 내가 꽃을 볼 수 있는 것은 나의 안근(眼根)과 그 대상인 꽃 외에도 꽃을 비추어 주는 빛과 안근을 통해 들어온 꽃의 영상을 인식하는 안식(眼識)이 있어야 한다. 안근, 꽃, 빛, 안식이 갖추어져야 나는 꽃을 볼 수가 있다. 이 네 가지 요소가 각자의 역할에 의하여 하나로 묶어져야만 '본다'는 것이 성립한다.

　　이때까지는 마치 카메라의 렌즈와 같아서 네 가지 조건만 갖추어지면 안식이 성립하는 것이다. 카메라에서는 다만 안식이 일어나지 않을 뿐이다. 그런데 우리에게는 이미 이 꽃이 아름답다, 여러 가지 색깔로 되어 있다, 향기가 난다는 등의 정보가 들어와 있기 때문에 나는 이 정보를 바탕으로 꽃을 보게 된다. 그것이 느낌의 단계이다(제3의 단계). 그리고 평소에 꽃을 좋아하는 나는 이 꽃을 꺾어 집에 갖다 놓으려고 한다. 이 경우는 느낌에 반응을 한 것이다. 꽃을 보고 예쁘다고 생각했을 때 그냥 '그렇구나' 하고 알아차리면 될 것을, 꽃을 꺾으려고 4단계로 반응한 것이다. 그리고 그것을 행동으로 옮기게 된다.

이것이 탐욕이며 업을 만든다. 수행자는 이 3단계인 느낌을 알아차려야 한다. 그러나 위빠사나 수행에서는 늦었다는 것이 없다고 선생님은 강조한다. 이미 느낌에 반응했다면 어떻게 반응했는지를 알아차리면 된다는 것이다. 어느 단계에서든 알아차리기만 하면 된다. 그러나 만약 그냥 기본적인 맨 느낌의 상태에서 알아차림이 지속되면 평등심(平等心)을 갖게 되고 지혜를 얻는다고 한다. 그렇기 때문에 느낌을 잡으면 존재를 잡는 것이고 느낌만이 진리라고 하는 것이다.

또다시 꽃을 예로 들어보자. 이 경우를 다른 면에서 볼 때 네 가지 조건만 갖추어지면 나라는 존재가 따로 작용하지 않아도 '본다'는 것이 성립한다는 사실을 알게 된다. 그리고 여기에 나라는 주체는 없다. 오직 네 가지 조건만이 있을 뿐이다.

마찬가지로 듣는 경우에도 귀, 소리, 장애물이 없음, 이식(耳識)이라는 네 가지 조건만 만들어지면 들을 수가 있다. 나라는 존재가 있어서 듣는 것이 아니다. 오직 조건이 만들어져서 들을 뿐이다. 맛의 경우에도 그냥 맛일 뿐이다. 냄새의 경우에도 그냥 냄새일 뿐이다. 이렇게 냄새를 알아차리면 싫어할 악취도 좋아할 향내도 없다.

그런데도 우리는 짧은 한순간의 느낌을 얻기 위해 충동적으로 행동하며 살고 있다. 짜릿한 한순간의 느낌을 이기지 못하여 과음을 하고 도박을 한다. 반면에 선한 행위도 역시 기분 좋은 느낌이 있어서 한다. 그러나 이런 모든 느낌도 짧은 한순간의 것이고 영원한 것이 아님을 알아야 한다. 그것을 알면 한순간의 느낌을 위해 목숨을 걸고 집착할 일은 없어진다.

5월의 셋째 주

선생님의 스승인 쉐우민 사야도에게는 항상 많은 사람들이 찾아온다고 한다. 그래서 상담을 하기도 하고 그냥 큰 스승 앞에 앉아 있기만 하다 가기도 하는데, 큰 스승은 별로 많은 말을 하지 않는데도 불구하고 저마다 안고 온 가슴의 불을 끄고 편안한 마음으로 돌아간다고 한다.

사야도께서 이렇게 많은 사람을 대하면서도 상대방에게 넘어가지 않을 수 있는 이유는 항상 스스로의 내면만을 알아차리고 있기 때문이다. 그래서 그분의 편안함이 수행자에게 전이되는 것이다. 이처럼 깨어서 상담하는 경우에는 상대방에 끌려 들어가지 않고 누구와도 열 받지 않고 대면할 수 있는 것이다.

보살도가 먼저인가, 깨우침이 먼저인가

선생님으로부터 이런 말을 듣고 보니, 법을 전하고 지혜의 길로 이끌어 주는 스승이라면 이 정도의 능력은 갖추어야 하지 않을까 하는 생각이 들었다. 흥분한 사람을 도와준다고 함께 흥분한다면 남을 돕는 것이 아닐

것이다. 그러면서 문득 이런 생각이 들었다. 자신이 먼저 깨치고 나서 법을 전할 것인가, 아니면 얻은 만큼 남과 나누어 가지면서 공부할 것인가. 이는 흔히 말하는 바, 자신의 깨달음과 보살도(菩薩道) 중에서 어느 것을 우선으로 할 것인가의 문제다.

인도에서 시작하여 중국에서 꽃을 피운 대승불교의 정수는 보살사상에 있다고 할 수 있다. 상구보리 하화중생(上求菩提 下化衆生), 위로는 진리를 구하고 아래로는 중생을 제도한다는 것, 그래서 깨달음의 길을 혼자만 가지 않고 다 같이 간다는 의미의 보살사상은 부처의 자비정신을 표현하는 최고의 덕목으로 알아왔다. 그러나 선생님이 일러준 보살의 진짜 의미는 조금 다르기는 하지만 어쨌든 이론의 여지가 있는 것은, 과연 깨우치지 않은 상태에서 올바른 중생제도가 가능하겠는가 하는 것이다.

『법구경』에 의하면, 사리불 존자는 부처님이 계시지만 별도로 제자들을 지도하고 있었는데, 그는 제자 중 한 사람에게 죽은 시신의 썩어 들어가는 모습을 보면서 무상을 깨우치게 하는 부정관(不淨觀)을 하게 하였다고 한다. 그러나 기간이 꽤 경과하였는데도 제자로부터 별다른 반응이 없게 되자 사리불 존자는 자신이 잘못 지도하고 있음을 깨닫고 이를 부처님께 말씀드렸다. 부처님께서 그 젊은 비구의 과거 생을 훑어보니 무수한 세월을 금세공업에 종사하였다는 사실을 알게 되었다. 그를 깨우치게 하려면 이런 방법이 적합하지 않다고 생각하였다. 그래서 추악한 해골이 아닌 아름다운 연꽃이 시들어 가는 과정을 보는 가운데 무상을 깨닫게 해주었다고 한다.

여기서 얻을 수 있는 교훈은 남을 지도하기가 얼마나 어려운 것인가

하는 것이다. 그리고 함부로 남을 지도할 수 없다는 것이다. 부처님의 제자 중에서 가장 뛰어난 지혜를 가졌다고 하는 사리불 존자가 이 정도라면 어느 누가 감히 다른 사람을 제대로 지도한다고 할 수 있을 것인가.

나에게는 유달리 상담을 의뢰해 오는 사람이 많았다. 이미 중학교 다닐 때부터 반 아이들이 잡다한 집안일을 나에게 의논하곤 하였는데, 그 어린 나이에도 꽤 아는 체하며 이것저것 일러주었던 것 같다. 그런데 이런 일들이 나에게는 아직까지도 이어지고 있다. 그러다 보니 흐르는 세월과 더불어 나는 상담에 잘 응하는 태도와 상대방을 가르치려는 마음을 키워 온 것 같다.

그러나 어느 날부터는 남을 가르치려는 마음이 나를 지배하고 있다는 것을 깨닫고 자제하려 하였으나 그것 또한 쉬운 일이 아니었다. 자신도 모르게 주변 형제나 가까운 사람들을 훈계하려 하거나 좋다고 여겨지는 책을 보내주는 등 무의식적으로 이들을 강요하고 있다는 생각에 스스로도 '나는 못 말려!' 하며 한탄할 지경이다. 그 이후로는 나 자신이 아직 눈을 뜨지 못한 상태에서 과연 상대방에게 지혜의 소리를 전달할 수 있을 것인가 하는 것이 나의 의문으로 남았다. 뿐만 아니라 나에게는 또 하나 뇌리를 떠나지 않고 남아 있는 기억이 있다.

대학 다닐 때의 일이다. 부모님 때부터 우리 집안의 스승으로 모시고 있던 백 선생님을 찾아뵌 적이 있었다. 이때 그분은 남들을 거두어 주고 보살펴 주는 사람의 경우라도 상대방에 집착하면 또 다른 업을 짓는다고 말하였다. 그러면서 그분은 고아원 원장의 예를 들어 설명해 주었다. 어린

고아들을 키우면서도 그들에게 자선을 베푼다는 '생각'을 가지고 한다면 『금강경』에 나오는 무주상보시(無住相普施)가 아니며, 주는 자가 있고 받는 자가 있다는 '의식'을 가지고 보시한다면 이는 보살의 마음가짐이 아니라는 것이다.

그분은 또 병아리나 개를 키우면서도 집착하면 죽어서 닭이나 개로 태어날 가능성이 높다고 하였다. 그래서 나는 항상, 상대방에게 끌려 들어가지 않을 자신이 있을 때, 그리고 상대에 대한 차별심이 사라질 때 비로소 보살도의 길로 들어서리라고 생각하였다. 한편으로는 내가 너무 이기적이 아닌가 하는 의구심도 있었지만 나의 이 생각은 꽤 확고하였다.

그러나 이에 대해 나의 여동생은 다른 생각을 가지고 있었다.

"그러면 어느 세월에 남을 위한 봉사를 하지요? 그러다가 깨우치지도 못한 채 이 생을 마감한다면 그나마 선업(善業)도 짓지 못하고 가는 것이 아닌가요?"

그것도 일리가 있는 말이다 싶었다. 그래도 나는 스스로가 자격을 갖추기 전까지는 행동을 취하지 않으려는 생각을 굳게 가지고 있던 터에 선생님이 나에게 힘이 되어주는 이야기를 해주었다.

"이런 문제에 관해 수행자들은 자칫 모양에 빠질 위험이 있습니다. 무엇이 우선이어야 한다는 것은 관념입니다. 스스로의 깨달음도 중요하고 보살사상도 필요한 것입니다. 다만 스스로의 깨달음은 소홀히 하고 보살사상에만 매달렸을 경우가 문제입니다. 깨달음 따로 보살도 따로 있는 것이 아니고, 또한 깨달음을 얻고자 수행하는 것이 가장 뛰어난 보살도라는 사실을 알아야 합니다. 알아차리는 마음에는 관용과 자애, 지혜가 있고 알아차리지 못하는 마음에는 탐진치가 있기 때문입니다. 자기 앞가림도 못하면서 남을 돕겠다는 것은 일면 가상해 보이나 이상에 치우친 면이 없지 않습니다. 그러나 현실적으로 볼 때, 남을 위해 기도한다고 하면 상대에게 선한 마음이 가는 것이 아니고 괴로운 마음이 전해질 가능성이 높다는 것을 알아야 합니다."

이에 덧붙여 선생님은 우리가 부처와 보살의 의미를 잘못 알고 있음을 지적해 주었다.

"엄밀한 의미에서 보자면 보살은 부처가 될 때까지 바라밀을 행하는 자를 말합니다. 반면에 아라한은 위빠사나 수행을 해서 이생에서 아라한이 되어 윤회의 사슬을 끊는 것을 목적으로 하고 있습니다. 부처님도 깨달음을 얻기 전까지는 보살이었습니다. 다만 부처가 되겠다고 서원을 세우고 무수히 많을 세월을 바라밀 공덕을 쌓았습니다. 그러다가 때가 무르익어 선정수행에서 위빠사나 수행으로 전환하면서 부처가 되신 것입니다. 부처는 누구나 될 수 있습니다. 그러나 부처는 아무나 되지 않습니다."

인간이 생긴 이래 헤아릴 수 없는 세월 동안에 부처는 모두 스물다섯 분이라고 한다. 그런데 부처 되기가 너무 어려우니까 그렇게 고생할 것이 아니라 깨달음의 경지는 똑같은 아라한이 되는 길을 알려주려고 출현하신 것이라고 선생님은 말한다.

부처가 되기 위해 세세생생 보살로만 머물 것인가 아니면 사념처 수행
을 해서 아라한이 될 것인가는 스스로 선택할 일이다.

자기 전의 마음과 죽기 전의 마음

"수행은 하루 중 언제 하는 것이 좋은가요?"

누군가 이런 질문을 던졌다. 여기서 말한 수행은 좌선을 말하는 것이다.

"아침에 일어날 때와 저녁에 잘 때 하는 것이 가장 좋습니다. 아침에
일어났을 때와 저녁에 잠들려고 할 때에는 하루 중에 제일 욕망이 적을
때입니다. 아직 하루를 시작하지 않았거나 마무리하려는 순간이기 때문입
니다."

이렇게 자기 전에 수행을 하는 것은 죽기 전에 어떤 마음을 가질 것인가
에 대한 예행연습을 하는 것과 같다고 한다. 자기 전에 가지고 있던 마음은
다음날 아침까지 영향을 받기 때문이다. 마찬가지로 죽기 전의 마음이 다
음 생으로 연결된다고 한다. 그러니까 어떤 마음으로 죽었는가에 따라 다
음 생에 어떤 모습으로 태어나는가가 결정된다는 것이다.

언젠가 『티벳 사자(死者)의 서(書)』라는 책을 읽은 것이 생각난다. 이 책에
서는 죽음을 맞이하는 순간에 나타나는 여러 가지 현상을 자세하게 설명하
며 그 순간 어떻게 하면 좋은 몸을 받을 수 있는가를 안내하고 있다. 죽는
순간에 정신을 바짝 차리고 책에서 안내하는 대로 할 수만 있다면 좋은
환생을 보장한다는 것이다. 그러나 가만히 생각해 보니 실제로 그렇게 하

기는 말같이 쉽지가 않을 것 같다. 막상 죽음을 맞이하는 그 순간에는 이렇게 또렷이 깨어서 나타난 현상을 지켜볼 마음의 여유가 없을 것 같다. 그저 황급한 가운데 떠밀려가듯이 다음 생으로 갈 것이 아닌가 생각된다. 하루 아침에 안 하던 짓을 할 수 있겠는가.

그래서 선생님은 평소에 수행을 해두는 것이 죽을 준비를 하는 것이라고 말한다. 그런데 자기 전에 호흡을 보는 습관이 곧 죽을 준비를 하는 것과 마찬가지라는 것이다. 자기 전 마음과 깨고 난 마음이 서로 영향을 받는 것처럼 죽기 전 마음이 태어나는 마음에 그대로 상속된다는 것이다.

그러므로 자기 전에 호흡을 알아차리는 연습을 해두면 평소에 하던 대로 죽음에 임해서도 알아차릴 가능성이 많아지고 이렇게 알아차리면서 죽으면 절대로 악도에 떨어지지 않는다고 한다. 아니 오히려 좋은 세상을 보장한다고 한다. 알아차림이 가장 선한 마음의 상태이기 때문이다.

그리고 또 하나, 병들어 있을 때에도 수행이 잘 된다고 한다. 병이 들면 욕망이 적어지고 오직 병이 낫고 싶다는 단순한 생각만을 하기 때문인데 이러한 순간에 호흡을 알아차리면 집중력이 높아진다. 이렇게 하면 당연히 병의 회복도 빠를 것이다.

그래서 미얀마 사람들은 부모가 임종을 맞이하면 보시의 마음을 갖도록 옆에서 도와준다고 한다. 자식들은 비구의 가사를 마련하여 부모에게 보여주면서 돌아가시면 이 가사를 어느 스님께 드릴 것이라는 약속을 하고, 또한 생전에 했던 보시행을 상기시킴으로써 자비로운 마음을 가지고 죽음을 맞도록 한다.

저녁에 자긴 전에는 다음과 같은 방법으로 알아차림을 한다. 먼저 지금 무슨 마음으로 자는가를 알아차린다. 이때 화를 내거나 누구를 미워하거나 근심 걱정을 하고 있으면 그런 마음을 알아차려야 한다. 이렇게 마음을 알아차린 뒤에 호흡을 알아차리면서 잠이 들면 숙면을 취하게 되고 악몽도 꾸지 않는다. 그리고 아침에 일어나서도 제일 먼저 호흡이 보이게 된다.

아침에 일어나서도 마찬가지로 눈을 뜨자마자 지금 내 마음이 어떤가 하고 알아차린다. 어느새 걱정거리가 들어와 있을 때가 많지만 이것도 알아차리고 때로는 일어나기 싫은 게으른 마음을 알아차릴 수도 있다. 이렇게 알아차려진 마음은 하루를 지배한다.

선생님의 말을 듣고 그대로 해보았더니 첫날 하루는 아주 잘 되었다. 잠들 때 알아차리다가 자니 아침에 눈을 뜨면서 제일 먼저 호흡이 보였다. 그리고 정말로 "시작이 좋으면 끝도 좋다"는 선생님의 말과 같이 하루가 행복하였다. 그러나 그 후에는 잘 되지 않았다. 그렇게 되기를 바라는 탐심이 붙어서 방해가 된 모양이다.

대승불교의 파생

오늘은 우리 모임에 노스님이 반야심경 동판을 가지고 나타났다. 그분은 골동품에 관심이 많은 것 같았다. 노스님은 이 반야심경 동판이 나무가 아닌 청동으로 되었다는 점과 동판 한가운데에 삼존불(三尊佛)이 양각되어 있다는 점에서 특이할 뿐 아니라 뒤쪽에는 두 마리의 용이 정교하게 새겨져 있어서 왕실에서 쓰던 것으로 추정된다고 말하였다. 그러면서 노스님은 가운데 새겨진 삼존불이 우리나라 전래의 삼신(三神) 숭배사상이 가미된 것 같다고 하였다.

그러자 선생님은 이러한 삼신사상은 우리나라 전래의 것이 아니라 부처님께서 열반하신 후 대승불교가 파생되어 나오면서 힌두사상이 접목된 결과라고 하였다. 나로서는 처음 듣는 놀라운 이야기였다.

잘 아는 바와 같이 부처님 당시 인도는 네 계급으로 된 카스트 제도에 따라 사람들마다 신분이 달랐다. 그 중 상류에 속하는 브라만과 크샤트리아 계급은 범어, 즉 산스크리트어를 사용하였고 하층계급인 바이샤, 수드라는 글자가 없는 빨리어를 사용하였다. 계급을 초월한 부처님은 당연히 빨리어로 설법을 하였고, 부처님 열반 후에도 빨리어로 법을 펴라고 하였다. 이 같은 부처님의 가르침이 천민들에게는 고마운 일이겠지만 일부에서는 탐탁지 않게 여겼기 때문에 당시 부처님도 예수님과 마찬가지로 주변으로부터 생명의 위협을 많이 받았다고 한다.

그러다가 부처님께서 열반하신 후로는 아난 존자의 기억과 구전(口傳)으로 부처님의 가르침이 전해졌는데, 세월이 흐르면서 초기 경전에 대한 사람들의 이해가 많이 떨어졌다. 그리하여 경전에 대한 해석이 필요하게 되었는데 해석상의 대립이 생기면서 초기 부파불교가 형성되었다.

그러나 뒤에 부파불교는 또 다른 분쟁에 말려들었는데, 계급을 초월한 승단 조직에 반발하던 일부 재가자(在家者)와 너무 엄격한 계율에 불만을 품고 있던 젊은 비구들을 중심으로 분열이 시작된 것이다. 이것이 소위 십사비법(十事非法)이라고 하는 사건이다. 이는 비구들이 지켜야 하는 227계(戒) 중에서 소금을 비축하거나 정오가 조금 지나서도 먹을 수 있도록 하자는 것과 같은 소소한 계율 열 가지를 완화하자는 젊은 비구들의 주장에서 비롯한 것인데, 장로들은 이를 계기로 종단이 해이해지는 것을 우려하여 종래의 227계를 그대로 지키자는 결정을 내렸다.

장로들의 결정에 불복한 개혁적 비구들은 "자기만을 아는 저들과 다르게 우리는 큰 수레를 탄다"고 하면서 파생되어 나왔는데, 여기에 재가자들이 합세하면서 소위 우리가 말하는 대승불교(마하야나)가 생겨났다. 이때 저들만 안다고 말하는 대상은 부파불교 중에 설일체유부(說一切有部)를 지칭하는 것으로 전해지고 있다.

따라서 우리가 말하는 소승이라는 말은 대승불교가 파생되어 나오면서 대승과 대칭되는 용어로 사용되었다. 그러나 남방에서는 소승불교라는 말을 모른다. 영어권에서도 이를 상좌불교(테라와다)라고 하는데, 이렇게 부르는 데에는 기존의 상좌불교를 폄하하기 위한 의도가 들어 있음을 알아야 한다.

이렇게 대승불교로 파생되어 나오면서 기존의 민속신앙인 힌두이즘이 들어왔다. 힌두교의 브라만과 비슈누, 시바의 개념이 불교의 법신(法身), 보신(報身), 화신(化身)이 되었다는 것이다. 삼신을 모시는 힌두이즘이 보살사상과 융합한 것이다. 그러므로 노스님이 말한 삼존불의 사상도 이런 맥락에서 이해하면 될 것이라고 하였다. 이때 전륜성왕의 32상호와 만자(卍字)도 함께 들어왔는데, 오늘날 보살사상도 이때 함께 만들어졌다고 한다.

선생님의 이런 이야기들이 처음에는 충격적으로 받아들여졌는데, 나중에 이와 관련한 문서들을 읽어 보니 이제까지 나 자신이 너무 우물 안 개구리 식으로 살았음을 알았다. 위빠사나라고 하는 최상의 수행방법이 남방불교에서 전수되고 있었다는 사실도 나로서는 놀라운 일이었는데 대승불교로 파생되면서 힌두사상이 접목되었다는 것은 더더욱 놀라운 일이었다. 부처님은 신이 아니었다.

그러면서도 한편 '그러면 그렇지!' 하는 생각이 들었다. 부처님의 일대기를 읽어봐도 알 수 있는 일이지만 부처님은 절대로 스스로를 화려하게 포장하거나 신격화하지 않았다. 오직 수행에 관해서만 말씀하셨다. 그리고 병이 나도 피하지 않고 그대로 겪으셨다. 초월적인 존재로서의 부처님이 아니라 인간 고따마 싯닷타가 수행을 통해 부처가 된 과정을 이야기함으로써 누구나 그 길을 갈 수 있다는 모범이 되었을 뿐이다.

화려한 봄꽃 잔치도 끝나고 이젠 아카시아 향기가 하늘을 찌르는 5월의 마지막 주가 되었다. 어느 틈에 저렇게 많은 아카시아나무가 산속에 자라고 있었나 놀랄 정도로 앞산에는 아카시아 꽃이 흰 구름처럼 피어나고 있다. 낮에는 꾀꼬리, 밤에는 소쩍새가 진동하는 꽃향기에 취해 울기 바쁘다. 조금 있으면 느끼한 냄새의 밤꽃이 피겠지. 세월은 무심히 봄을 지나가고 있다.

불교와 방법(how)의 문제

"불교를 한마디로 말하라고 하면 무엇이라고 대답하겠습니까?"
선생님의 질문에 우리는 제각각 한마디씩 답하였다.

언젠가 어느 절 법회에 참석한 적이 있는데 그때 큰스님이 똑같은 질문을 던진 일이 있었다. 어느 날 택시를 탔더니 스님을 알아본 택시기사가 이런 질문을 하였다는 것이다. 이에 대하여 스님이 어떻게 대답하였을까 궁금하여 귀를 기울였더니 '사랑'이라고 대답하였다고 한다. 명실 공히 불교의 간판스타인 그로서 종교를 초월한 용어를 찾다보니 '사랑'이라는 대답을 하였을 것이다. 그러나 무엇이라고 꼬집어 말할 수는 없었지만 만족할 만한 대답이 아니라서 내 가슴이 답답했던 기억이 난다.

또 언젠가 달라이 라마도 미국의 어느 선원에서 한국인으로부터 똑같은 질문을 받았는데, 그때 그분은 '자비와 지혜'라고 대답했다고 한다. 이 역시 옳은 듯하면서도 이견의 여지가 있다.

그런데 선생님은 흔쾌히 한마디로 말한다.
"알아차림(sati)입니다. 불교는 한마디로 알아차리는 것이라 할 수 있습니다. 자비는 우리가 열심히 알아차리고 수행하는 과정에서 당연히 그리고 자연스럽게 따라오는 것입니다."

불교의 최고의 덕목은 자비이다. 불교에서 말하는 자비는 자애를 말하며, 기독교에서는 사랑을 의미한다. 그런데 이 덕목은 우리가 목표로 해서 겨냥할 대상이 아니라 수행의 결실로 얻어진다는 것이다. 알아차림을 열심히 하다 보면 삼법인을 깨달아 탐진치가 끊어지고 탐진치가 끊어지면 남는 것은 오직 관용과 자비뿐이다. 그러나 알아차림 없이 처음부터 자비를 목표로 할 경우에는 자칫 관념화하여 자기도취에 빠지거나 위선에 떨어질 위험이 있다는 것이다.

이와 같은 이야기는 내게 실로 가슴을 시원하게 뚫어주는 청량제와도 같은 것이었다.

자비를 실천하려면 우선 '어떻게'라는 문제가 나오게 된다. 위빠사나는 바로 이 '어떻게'에 대한 해답을 주고 있다. 불교가 다른 종교에 비하여 탁월한 점은 바로 구체적인 수행방법을 제시하고 있다는 것이다. 두 분 스님이 불교를 한마디로 사랑과 자비라고 말한 것이 옳다고 생각되면서도 답답함을 느낀 이유는 나 자신이 결과가 아닌 방법에 마음을 두고 있었기 때문이었다.

어느 종교를 보아도 사랑과 자비는 기본 덕목으로 되어 있다. 뿐만 아니라 윤리, 도덕, 철학에서도 착하게 살 것과 정의롭게 행할 것을 우리의 이상으로 하고 있다. 이 시대가 아무리 혼탁하다고 해도 이 정도의 종교관 내지 도덕관은 이미 보편화하였다고 할 수 있다. 제아무리 독재자라 해도, 심지어 전쟁을 일으키면서까지도 자신이 옳았노라고 하면서 정의의 깃발을 나부끼곤 한다.

이는 나의 아버님께서 항상 이야기하던 방법(how)의 문제에 관한 것이다. 법철학자였던 아버님은 19세기 후반 들어 완벽하다고 할 정도의 법 제도를 갖춘 민주국가들이 속출하였는데도 불구하고 일부에서 여전히 독재정치가 이루어지는 것을 보며, 독재정치의 속성은 제도에 있는 것이 아니라는 사실을 깨달았다. 제도 그 자체가 아니라 이를 운영하는 자의 운영방법과 마음자세에 따라 독재정치의 여부가 결정된다는 것이다. 그것을 일컬어 아버님은 '현대적 의미의 독재'라고 하였다.

문제는 어떻게 하느냐에 달려 있는 것이다. 이러한 깨달음을 근거로 아버님은 수행에 있어서도 중요한 것은 무엇(what)이 아니라 방법(how)이라고 하였다. 궁극적인 진리, 즉 무엇의 문제에서는 이견의 여지가 없다고 하더라도 이를 어떻게 실현할 것인가에 들어가서는 천차만별로 달라지게 마련이다. 지극히 주관적일 뿐 아니라 그 방법도 스스로가 찾아가는 수밖에 없다. 그러다 보니 온갖 종파와 이론이 나오고 잠깐 생겨났다 사라지는 주의주장이 난무하며 은밀한 곳에서는 밀교(密敎)가 성행하게 되는 것이다.

한창 여린 마음을 갖고 있던 십대 소녀 시절의 기억이 난다.

당시 나는 친구를 따라 교회에 다니며 이웃 사랑에 대해 지대한 관심을 가지고 있었는데, 길가에 쭈그리고 앉아 구걸하는 사람을 보며 고민한 적이 있었다. 성경 말씀에는 이웃 사랑하기를 내 몸과 같이 하라고 했는데 그렇다면 나는 지금 당장 이 오버코트를 벗어 주어야 하는가, 그러면 이 추운 겨울을 코트 없이 어떻게 보낼 것인가 하는 고민이었다. 그래도 실천으로는 옮기지 못하고 돈 몇 푼 건네는 것으로 나의 자비 실현은 끝을 맺었다.

그러면서 생각한 것이 사랑은 어떻게 해야 하나, 사랑의 기준은 어디까지인가, 가족에 대한 사랑과 같은 수준이어야 하나, 아니면 사회적인 봉사를 넘어 범국가적 내지 세계적인 규모의 것이라야 하는가의 문제였다. 당시에는 아프리카의 비아프라에서 기아에 허덕이는 어린아이들의 비참한 모습이 뉴스에 자주 나오곤 하였는데, 지금처럼 지구촌이 하나가 되어 모금운동이 있던 시절도 아니고 우리나라 형편도 별로 좋지 않았던 터라 '우리 처지에 남 생각하랴' 하는 마음으로 그냥 지나쳐 버리는 것이 상식이었다.

그러나 경전에서 의미하는 사랑은 이 경우에도 그냥 지나쳐 버릴 수는 없다는 생각이었는데, 고민 끝에 내려진 결론은, 사랑에는 기준이 없다는 것, 그리고 그 기준은 자신의 양심에 따라 정하는 수밖에 없다는 것이었다. 지금 와서 생각하니 이것이 바로 사랑을 어떻게 할 것인가를 고민한 것이었다.

"대가 없는 보시를 하라."
"오른손이 하는 일을 왼손이 모르게 하라."
"이웃 사랑하기를 내 몸과 같이 하라."
"착한 사람이 되라."
"자비와 사랑을 실천하라."

이러한 모든 명제들을 제대로 이행하려면 '어떻게'라는 질문이 나오게 되는데, 이에 대한 대답은 '알아차리면서'다. 그것이 바로 사념처를 주시하는 위빠사나 수행법이다. 이때의 알아차림은 이런 문제를 맞이한 자신의 몸과 마음을 대상으로 하는 것이다. 부처님은 스스로 6년의 고행을 거치면서 그 경험을 바탕으로 이 해답을 얻었고, 그 노하우를 우리에게 가르쳐 주었다.

알아차림=계정혜 삼학=팔정도=팔만사천법문

알아차림(sati)을 하면 계정혜(戒定慧) 삼학을 행하는 것이고, 이것이 곧 팔정도(八正道)이며, 여기서 37조도품이 나오고, 팔만사천법문이 파생된다고 스승들은 말한다. 그리하여 궁극적으로는 삼법인을 깨달을 수 있는 지혜를 얻게 되고 지혜가 성숙하면 열반에 이르게 되는 것이다. 이는 부처님에 의하여 입증되고 그 후 2,500년 동안 검증된 방법이다. 이렇게 자신의 몸과 마음을 알아차리는 것으로 모든 것을 해결하면 일상에서도 계행을 지킬 수 있고 번뇌도 해결되며 자기만의 독선과 위선에 빠지지 않고 사랑하고 봉사도 할 수 있다.

그렇다면 어떻게 하여 알아차림 하나로 계정혜 삼학과 팔정도를 행할 수 있는 것인가.

팔정도라고 하면 정정진(正精進), 정념(正念), 정정(正定), 정사유(正思惟), 정견(正見), 정어(正語), 정업(正業), 정명(正命)을 말한다. 이 중 정정진·정념·정정 세 가지는 계정혜 삼학 중에서 정(定)의 요소에 해당하고, 정사유와 정견은 혜(慧)의 요소에 해당되며, 나머지 정어·정업·정명은 계(戒)의 요소에 해당된다.

그런데 이제까지는 이것들을 하나씩 개별적으로 그 뜻을 새겼는데, 마하시 큰 사야도는 하나로 묶어서 설명해 놓고 있다.

수행자가 앉음, 닿음, 봄…… 등 대상에 마음을 주시하여 알아차림을 하면 거기에는 노력이 있다. 이것이 바로 팔정도 중 정정진을 하는 것이다. 그러면 수행자의 알아차림이 있다. 이것이 바로 정념이다. 이때에는 대상을 꿰뚫어볼 뿐만 아니라 집중도 따른다. 그것이 바로 정정이다. 이상 세 가지는 팔정도의 집중의 요소[定]다.
이상과 같이 바른 노력과 알아차림과 집중이 있으면 대상에 마음을 기울여 갖다 놓게 된다. 이것이 정사유다. 이렇게 알아차리고 보면, 대상은 오직 변할 뿐이라는 것, 일어나고 사라질 뿐이라는 것, 인식할 뿐이라는 것, 그래서 모두가 무상하다는 것 등을 알게 된다. 이것이 바로 정견이다. 이상 바른 생각과 바른 견해는 팔정도의 지혜의 요소에 속한다.

그리고 바른 말, 바른 행위, 바른 생활은 계의 요소로서 수행을 시작하면서 자연스럽게 지켜지게 된다. 더구나 대상을 주시하고 있는 동안에는 욕심 내지 않고 화내지 않으니 계는 저절로 지켜진다. 그래서 알아차림 하나면 계정혜 삼학과 팔정도가 그대로 행해진다.

이렇게 팔정도는 알아차림 하나로 동시에 다 이룰 수가 있다. 그래서 불교를 한마디로 '알아차림'이라고 말하는 것이다.

어느 날 남동생이 굉장히 의기양양한 태도로 나에게 말하였다. 육바라밀은 따로따로 하는 것이 아니라 한 가지로 연결되어 있다는 사실을 깨달았다는 것이다. 알고 보니 동생은 어느 스님으로부터 배운 방법대로 육바라밀을 여섯으로 나누어서 매일 한 가지씩 실천하고 있었다고 한다. 그러니까 월요일은 '보시(報施)의 날, 화요일은 '지계(持戒)의 날, 수요일은 '인욕(忍辱)의 날, 하는 식으로 정해 놓고 그날에는 그것을 지키려고 노력하였다는 것이다.

그렇게 하다 보니 내가 과연 오늘 하루를 정해 놓고 보시만을 할 수 있을 것인가. 인욕만 할 수 있을 것인가에 대한 의문이 날 뿐만 아니라 수행이란 그날 하루 보시나 인욕 혹은 지계만 하는 것이 아니라는 생각이 들었다고 한다. 물론 그 스님은 이런 것조차도 할 엄두를 내지 않는 사람들을 바라밀행으로 이끌기 위하여 이런 방법을 제시하였을 것이다. 다행히 내 동생은 스스로가 그 방법이 능률적인 것이 아니라고 판단할 지혜가 있었다. 평소에 보시, 인욕을 꾸준히 하면 계행을 지키는 것이고 이 세 가지가 잘 지켜지면 정진과 선정 그리고 지혜는 따르게 되어 있다는 것이 동생의 생각이었다(참고로 미얀마에서는 6바라밀이 아니라 10바라밀을 한다).

팔정도에 대한 것도 마찬가지다. 정사유, 정념, 정정…… 등을 따로 떼어 놓고 볼 것이 아니라 알아차림 한 가지만 열심히 하면 자동적으로 계정혜 삼학이 지켜지고 그대로 팔정도가 이루어진다는 것이다. 멀게만 느껴지던 팔정도의 의미가 알아차림 하나로 생생하게 살아나고 실천 가능한 덕목으로 전환하는 순간이다.

6월의 첫째 주

무심코 지나치는 길 옆 잔디밭에도 꽃들의 잔치가 한창이다. 푸른 잔디 사이로 보라색 오랑캐꽃이 하나 둘 피기 시작하더니 꺾으면 하얀 젖이 나오는 노란 민들레와 후- 하고 불면 날아가는 투명한 솜털이 날릴 듯한 꽃들이 여기저기에 피어 있다.

호흡은 보아서 무슨 이득이 있나

남편이 요즘 조금씩 위빠사나에 관심을 보이고 있다. 오랫동안 마누라의 잔소리에 질려 있던 터라 쉽게 마음을 열 기세는 아니지만, 오며 가며 조금씩 들려준 위빠사나 수행에 관심이 있는 듯한 태도를 보였다. 그러던 차에 선생님께서 주신 위빠사나에 관한 짧은 팸플릿을 읽어 보는 관대함을 보여주었다. 그래서 조금은 기대를 가지고 물었다.

"어때요?"

"호흡은 보아서 무슨 이득이 있는 거지?"

남편이 불쑥 한마디 내뱉었다.

그는 항상 이런 식으로 나의 뒤통수를 치는 사람이었다. 평상시에 말이

별로 없고 자기 주장이 강하지 않은 편이라 자칫하면 순한 사람으로 오해 받기 쉬우나 사실 그는 굉장한 고집쟁이다. 처음에는 남편의 이 속성을 잘 몰랐던 탓에 엄청난 사고방식의 차이에도 불구하고 우리는 말이 잘 통하는 부부라고 생각하였다.

그러나 얼마 안 되어 이것이 나의 엄청난 착각이었음을 알게 되었다. 오래되어 잊어버리고 있던 일들이 그에게는 하나도 소화가 되지 않은 채, 아니 오히려 이상한 형태로 변질되어 나타날 때가 종종 있었다. 음성적인 성격의 남편은 나에게 동의할 수 없는 부분을 그냥 덮어둔 채 깊은 내면의 상처로 넣어두었던 것이다. 지난 일을 쉽게 털어버리고 마는 나에 비하면 그는 마치 커다란 바위를 감추고 있는 고요한 호수와 같다. 어쩌다 말다툼 끝에 화가 나거나 술을 많이 마시는 경우에는 잠깐씩 본색을 드러낼 때가 있지만 대부분의 경우 떠오르는 마음들을 깊은 호수 속에 감추어 둔다. 그러기에 아이들은 아빠를 '지킬 박사와 하이드'라고 한다.

아무리 그렇더라도 호흡은 보아 무엇 하느냐는 그의 질문은 그간의 나의 숨은 노력이 조금도 먹혀들지 않았다는 실망을 안겨 주었다. 그런데 선생님은 웬일인지 오늘, 마치 남편의 질문에 대답이라도 하듯 다음과 같은 말을 서두에 꺼내었다.

"그까짓 호흡을 보는 것이 뭐 그리 대단한 것이냐고 하찮게 보아서는 안 됩니다. 부처님도 바로 호흡을 알아차리는 방법으로 깨달았습니다. 그러므로 대단할 것 같지 않은 호흡 알아차리기가 엄청난 결과를 가져온다는 사실을 알아야 합니다."

아는 마음, 모르는 마음 | 제1장 스승과의 만남

그런 면에서 우리는 과감하게 기존의 가치관에서 벗어나야 한다고 하였다. 이 모두가 무지한 상태에서 입력된 정보에 의한 것이고 탐진치에서 비롯한 것인데 마음의 문을 열지 않는 한 이런 관념 덩어리들에서 헤어나지 못한다는 것이다. 그러므로 몸의 호흡을 알아차리는 것은 마음의 문을 열고 무지로부터 벗어나는 첫걸음이라고 강조하였다.

"어느 때나 호흡을 지켜보는 순간은 다섯 가지 욕망으로부터 벗어나 출리(出離)의 상태에 있는 것이고 생명을 잡고 있는 것입니다. 호흡에 머무는 동안은 고요함이고, 번뇌로부터의 해방이며, 여기에 지혜까지 줍니다."

그러면서 호흡을 주시하면 다음과 같은 이익이 있다고 덧붙여 설명해 주었다.

먼저 호흡을 통하여 제멋대로 떠돌아다니는 마음을 잡을 수 있다. 마음은 몸에 붙어 있을 때가 제일 행복하다. 그리하여 마음조차도 알아차림으로 묶어 놓으면 수행의 첫째 조건인 고요함(집중)과 편안함을 얻게 된다. 이로서 자연스럽게 지혜가 성숙되고 고통의 원인과 결과를 알게 되면서 고통으로부터 벗어나는 진리의 길로 들어갈 수 있다.

또한 호흡을 보는 것은 현재를 알아차리는 것이다. 수행은 무엇인가 분명한 하나의 대상을 선택하여 그것에 집중해야 한다. 그런 의미에서 호흡을 보는 것은 현재를 알아차리는 것으로 가장 탁월한 대상이다. 현재를 알아차린다는 것은 실재하는 삶을 사는 것이고 행복이다. 과거와 미래로 가면 바로 번뇌가 따른다. 그래서 호흡만큼 현재를 알고 자신을 아는 데 좋은 대상은 없다.

그리고 호흡이 일어나고 꺼짐을 보면서 우리는 생멸(生滅)을 본다. 이것이 단순한 현상인 것 같아도 물질(몸)과 정신(마음)을 구별하는 지혜를 나게 하여 다음 단계의 지혜, 이를테면 호흡은 자신의 의지와 관계없이 일어나고 사라진다는 것을 알 수 있다. 무아를 아는 것이다. 이렇게 단계적으로 알아 가면 점차로 무상과 고와 무아의 지혜를 모두 발견할 수 있다. 호흡 하나에서 삼법인(무상·고·무아)을 알 수 있다는 것이다.

그러고 보니 남편의 질문은 지극히 정상적인 것이었다. 그리고 호흡은 결코 아무것도 아닌 것이 아니었다. 그렇다고 해서 호흡 보기가 쉬운 것도 아니다. 자기 몸인데도 알아차리기가 잘 안 된다. 그래서 호흡은 알아차릴 만한 가치가 있는 것이다.

다만 호흡을 볼 때는 수행자가 지켜야 할 몇 가지 사항이 있다.
우선, 호흡과 통증이 같이 올 때는 강한 것부터 알아차려야 한다. 이는 수행자들이 종종 묻는 질문인데 수행 중에 통증이나 망상, 졸림, 하기 싫은 마음 등이 일어나면 그것을 먼저 알아차려 주어야 한다. 그러고 나서 호흡으로 가야 한다. 호흡은 항상 있는 것이므로 이것들이 사라진 다음에 알아차려도 된다.

호흡을 알아차릴 때에는 먼저 들숨의 일어남, 날숨의 꺼짐을 알아차리는데 처음에는 들숨이든 날숨이든 한 가지만 하는 것이 좋다. 그러고 나서 호흡이 잘 보이기 시작하면 호흡과 호흡 사이의 휴지부까지 알아차린다.

그래야 알아차림을 오래 지속할 수 있고 집중력을 얻을 수 있다. 그러므로 호흡의 전 과정을 보는 것은 수행에 진전이 있을 때 하는 것이 바람직하다. 무리하면 잘 보이지도 않을 뿐 아니라 수행의 재미도 붙이기 전에 포기하게 된다.

호흡을 만들어서 하면 위빠사나가 아니다. 처음 몇 번은 인위적으로 일으킬 수 있으나 오랫동안 만들어서 하면 안 된다. 만들어 하면 무엇인가를 바라는 탐심이 일어서 수행이 아니다. 또 객관화할 수도 없다. 어떻게 되기를 바라거나 없애려 하지 말고 자연스러운 상태 그대로를 지켜보아야 한다.

우리는 호흡이 항상 같은 양상으로 되풀이되고 있는 줄 알지만 결코 그렇지가 않다. 매번 다른 모양과 성품들의 연속이다. 이것을 그대로 자세히 알아차려야 변화하는 것을 알 수 있다. 따라서 호흡은 자연스러운 상태에서 일어나고 꺼지는 것을 그대로 알아차리는 것이다. 그러나 초보자들에게는 이런 것들이 결코 쉬운 일이 아니다.

선생님의 지도를 받고 있는 어느 의사는 몇 개월 동안 수행을 하였는데 호흡을 단 세 번밖에 보지 못했다고 실토하였다는데, 이것은 결코 남의 이야기가 아니다.

수행과 탐구정신

"부처님은 절대로 맹목적으로 자신의 가르침을 따르라고 하지 않으셨습니다. 부처님은 스스로 실천하고 나서 얻은 경험을 바탕으로 이 수행방법을 깨닫고 또 이것을 우리에게 가르쳐 주었지만 그래도 그것을 맹목적으로 따르라고 하지 않았습니다. 스스로 자신의 몸과 마음을 대상으로 직접 탐구해 보고 경험하고 나서 판단하라고 하셨습니다. 이것이 불교와 다른 종교와의 차이입니다."

선생님은 맹목적인 믿음은 바람직하지 않다고 강조하면서 이런 이야기를 들려주었다.

부처님 당시 한 어머니가 아이를 잃었다. 부처님이라면 죽은 아이도 살릴 수 있다고 믿은 이 어머니는 부처님에게 달려가 아이를 살려달라고 울부짖었다. 그러자 부처님은 그 어머니에게 동네로 가서 사람이 죽지 않은 집만 골라서 곡식을 얻어 오면 죽은 아이를 살려주겠다고 말하였다. 마을로 간 어머니는 자식을 살리겠다는 일념으로 집집마다 뒤졌지만 어느 곳에서도 죽은 사람이 없는 집을 찾을 수가 없었다. 얼마 후에 풀이 죽어 돌아온 아이의 어머니는 이미 사람은 누구나 죽는다는 사실을 인정하고 있었다. 그리고 삼법인 중 무상의 원리를 깨달았다.

만약 이때 부처님께서 "여인이여, 사람은 누구나 다 죽는 것이다. 인생은 원래 무상한 것이니라" 하고 일러주었다면 이 여자는 관념으로만 이해하였을 것이다. 그러나 부처님은 직접 나가 경험을 통해서 무상이라는 지혜를 얻게 하였다. 이렇게 직접 경험을 통해 진리를 깨달을 수 있도록 도와준 이야기는 경전의 곳곳에서 발견할 수 있다. 부처님의 가르침은 이론이나 관념적인 것이 아닌 사실과 경험을 토대로 한 것이었다. 그것도 자신의 몸과 마음을 대상으로 하는 것이기 때문에 누구나 경험할 수 있고 탐구할 수 있다는 점에서 그 가능성이 열려 있는 것이다.

그런데 지금 우리들 곁에는 이런 뛰어난 지혜를 완벽하게 갖춘 부처님이 안 계시다. 그러기에 부처님께서 일러주신 위빠사나와 위빠사나 수행을 하는 스승들의 도움을 받는 것이다.

잠재의식과 텔레파시

"남편은 어떤 분이십니까?"
어느 날 선생님이 물었다.
"그 사람은 전형적인 자연과학자입니다."
이 말은 자연과학자들의 융통성 없음을 염두에 두고 한 말이다. 입증이 되지 않으면 어떤 말이나 주장에 대해서도 신뢰감을 갖지 않는 과학자의 속성, 그러면서도 철학자들이 갖는 여유와 오만함으로 그의 마음을 열지 못하는 이유는 자연과학에서도 기초학문인 물리학을 전공한 탓일까.
"부처님 법에 대하여 관심은 많이 가지고 있지만, 그렇다고 적극적으로 참여할 의사는 없는 것 같습니다. 그러면서도 간혹 말다툼을 하거나 내가 못마땅할 때에는 부처님 법 공부를 그따위로 하느냐고 비난합니다. 자신이 더 나은 수행자라고 합니다."
그러면서 나는 한마디 덧붙였다.
"젊었을 때에는 무뚝뚝하다고 불평도 많았지만 지금 와서 보니 그 사람이야말로 나의 이상형이라는 것을 알겠습니다. 관대하고 간섭도 별로 없거

든요. 하지만 나의 인생의 반려자이기는 해도 수행의 동반자로 보지는 않습니다."

이런 대화 속에서 나는 문득 남편을 나의 도반(道伴)으로 받아들이지 않는 자신의 마음을 알아차렸다. 그를 수행의 동반자로 받아들이지 않는다고 자신의 컴퓨터에 입력해 놓고 있었다. 이것도 아마 그와의 오랜 생활 속에서 상처로 남은 고정관념 중의 하나일 것이다.

그러면서 마인드 컨트롤을 배울 때의 일이 생각났다. 심리학자인 호세 실바가 창안한 이 명상법을 나는 어느 신부님한테 배운 적이 있는데, 선생님도 한때 이것을 배웠다고 한다. 이 과정에서 기억나는 것은 남편이나 자식이 못마땅할 때에는 한밤중에 자신의 뇌파를 알파파로 낮추어서 상대에게 긍정적인 텔레파시를 보내라는 것이었다. 알파파는 평상시 깨어 있을 때의 뇌파보다 수치를 낮추었을 때를 말한다.

사람의 뇌파는 잠들어 있을 때, 혹은 참선이나 기타 인위적인 방법으로 뇌파를 낮추었을 때 그 염력이 더 강해진다고 한다. 그러므로 잠들어 있는 상대를 향하여 뇌파를 낮춘 자신의 파장을 보내면 이쪽에서 보낸 염력이 쉽게 전달된다는 것이다. 자신의 무의식세계와 상대의 무의식세계와의 대화를 시도하는 것이다. 마인드 컨트롤 코스의 지도자들에 의하면, 우리가 인식하고 있는 의식세계는 20~30%에 불과하다고 한다. 나머지 70~80%에 해당하는 무의식세계(혹은 잠재의식)에 우리가 알 수 없는 또 다른 마음이 들어 있다고 한다.

그런데 이 잠재의식은 여러 가지로 놀라운 능력을 가지고 있다. 뇌파를 어느 정도 낮추어 잠재의식세계로 돌입하기만 하면 마치 깨끗이 지워진 칠판 위에 그림을 그리는 것처럼 무엇이든 하고자 하는 대로 된다. 뚱보 아가씨가 날씬해진 자신의 모습을 잠재의식에 그리면 날씬해지고, 머리가 좋아지는 그림을 그리면 공부를 잘하게 된다는 것이다. 또 상대방의 잠재의식과도 쉽게 내통하므로 염력으로 택시를 부를 수도 있고 환자의 병도 고칠 수 있다. 개발 정도에 따라 그 능력도 엄청나게 발휘할 수 있다.

이제까지 하나인 것으로만 알고 있던 우리의 마음을 의식세계와 무의식세계로 구분하여 현대적인 의미로 일깨워 주었다는 점에서 이 방법은 실로 충격적이라고 할 수 있지만, 사실 불교인으로서는 그리 생소한 말은 아니다.

그런데 우리의 의식과 이 잠재의식이 꼭 일치하는 것이 아니라고 한다. 이는 잠재의식의 또 다른 면을 언급한 것인데, 예를 들어 야한 것을 무척 좋아하는 사람이 남의 이목이 두려워 이를 자꾸 감추다 보니 오히려 여학교 사감선생님처럼 근엄한 사람이 되었다. 그런데 그 사람은 자기가 절대로 야한 것을 싫어한다고 믿고 있다. 이 사람의 경우, 의식세계에서는 근엄하기 이를 데 없지만 내면에서는 야한 것을 좋아하고 있기 때문에 그 이중성을 주체할 길이 없어 도벽이 생기거나 아니면 신체적으로 병이 생긴다는 이야기다. 이는 흔히 프로이트식 심리학에서 듣는 말이다. 그러니까 잠재의식 속에는 평소에 양성화하지 못한 생각과 느낌들이 자리를 잡고 있다는 것이다.

이제까지 공부한 바에 의하면, 이 사람은 육근을 통해 육경을 받아들이 년[認] 과정에서 카르마[業]가 있는 반응을 한 것이다. 야한 것을 좋아한다면 그대로 '그렇구나' 하고 알아차리면 되는데, 그런 자신이 좋지 않다고 판단하고 이를 감추는 바람에 잠재의식 속으로 깊이 들어가 버렸다.

야한 것을 좋아하는 것은 그냥 조건이 갖추어져서 생긴 하나의 현상일 뿐이다. 그런데 그는 이런 행위를 하도록 한 '나'라는 주체가 있다고 생각하고 이 행위에 대하여 나쁘다, 창피하다는 등의 차별심을 내는 등 이중삼중으로 잘못된 반응을 함으로써 자신의 행위를 인정하지 않고 깊은 무의식세계로 숨겨 버렸다. 그리고 이것이 되풀이되는 동안 잠재의식 속에서 한 단계, 두 단계 더 왜곡되어 병이라는 다른 형태로 표출된 것이다.

이러한 예는 주부 우울증에서도 찾아볼 수 있다. 내 주변에도 이런 증세를 남모르게 앓고 있거나 한때 이런 증세로 괴로움을 겪은 친지들이 있는데, 전문가들의 얘기를 들어 보면 모진 세월의 상처를 받은 사람보다 높은 학식과 교양, 미모, 어느 정도의 경제력 등을 갖춘 경우에 발생 가능성이 더 높다고 한다. 자신이 쌓아온 노력이나 능력에 비하여 돌아오는 결과가 예상에서 빗나가면서 오는 실망이라고 할까. 그런 이상과 현실과의 괴리감에 괴로워하면서도 이를 받아들이지 않거나 혹은 은폐하려는 데에서 문제가 생긴다고 한다. 더구나 이 감정을 양성화하지 못하고 혼자만의 세계로 감추어 두다 보니 결국은 목에 무엇이 막혀 먹을 수가 없다, 눈이 보이지 않는다, 잠을 잘 수가 없다, 무기력하다는 등의 왜곡된 모습으로 하소연하게 되는 것이다.

어쨌든 마인드 컨트롤 코스에서 배운 바로는, 몸이 약한 아이에게 '너는 건강하다'는 텔레파시를 보내면 아이가 건강해진다고 한다. 이것을 뒤집어 생각해 보면, 아이의 몸이 약한 것은 엄마가 잠재의식 속에서 아이의 몸이 약하다고 원인 제공을 하였기 때문이라고 볼 수 있다. 더 직접적으로 표현하면 엄마의 염력 때문에 아이가 튼튼해질 수가 없는 것이다. 의식세계에서는 아이 몸이 약한 것을 속상해하면서 무의식세계에서는 끊임없이 몸이 약하다는 텔레파시를 보내고 있는 것이다.

이런 이치를 알고 난 후로 나는 평소의 나의 생각이 얼마나 주변의 식구들에게 해를 끼치고 있었던가를 반성하게 되었다. 그러니까 주변에 나를 괴롭히는 사람들이 있다면 그건 모두 내 탓이라고 생각하는 것이 합당하다.

이러한 사실들을 머리에 떠올리면서 나 역시 남편을 수행의 길동무가 아니라는 파장을 보내고 있었다는 사실을 새삼 깨달았다. 나의 잠재의식 속에도 남편에 대한 고정관념이 깊이 자리 잡고 있었던 것이다. 아침 TV를 보고 있으면 일주일 중 하루는 부부 탐구의 시간을 갖는 채널이 있다. 여기에 출연하는 사람들은 모두 부부간에 문제가 있어서 나온다. 그들은 전문가들의 자문을 얻기도 하고, 또 대중매체를 통해 쌓인 한도 풀어 볼 겸해서 나오는 것 같은데, 한 가지 공통점은 상호간에 엄청난 선입견으로 포장되어 있다는 점이다.

"저이는 절대로 술을 끊을 사람이 아니에요"
"또 때릴 것이 뻔하니까……"
"분명 마누라가 바가지를 긁을 테니까……"

이들의 마음속에는 이런 이유들로 이미 상대방이 어떻게 나올 것이라는 각본이 다 준비되어 있는 것이다. 그러므로 악순환만 되풀이된다.

이 경우 위빠사나 수행을 하는 사람이라면 어떻게 해야 할까. 문제의 발단이 자신에게 있음을 알고 일어난 마음을 알아차린다. 어떤 경우라도 자신의 몸과 마음[五蘊]을 알아차릴 대상으로 한다. 그리고 이 마음을 거부하지 않고 그대로 받아들인다. 그러면 그 마음의 부질없음을 알게 되고, 그 원인이 없어지면서 철통같던 마음의 벽이 무너지게 된다. 이 무너지는 마음의 상태를 지켜본다. 이렇게 하여 내 마음의 벽이 무너지면 상대방의 마음도 무너지게 되어 있다.

그러나 상대방이 변할 것이라는 기대를 하여서는 안 된다. 만약 기대를 한다면 거기에는 바라는 마음이 있기 때문에 진정한 위빠사나가 될 수 없다. 위빠사나는 바라는 마음이 없어야 한다. 그냥 있어서 혹은 필요에 의해서 할 뿐이다.

마지막, 6월의 둘째 주

선생님이 갑자기 미얀마로 떠나신다고 한다. 그분도 역시 운수납자(雲水衲子)라 우안거 때가 다가오니까 다시 수행의 길을 떠나고 싶은가 보다. 내일이 떠나는 날인데도 불구하고 우리들은 모두 퇴촌에 모였다.

알아차림은 열반으로 가는 기차표

오늘은 마지막 날답게 지금까지 공부한 것을 복습하는 기분으로 다시 요약해 들려주었다.

불교라는 말은 실천적인 수행을 한다는 의미다. 그리고 수행을 한다는 것은 한마디로 알아차리는 것이다. 알아차림으로 인해 자비와 지혜가 생기고 열반은 알아차림의 결과로써 자연스럽게 얻어지는 것이다. 그러므로 특별하게 무엇을 얻으려고 할 필요가 없다. 지혜는 얻으려 하지 않는 가운데 살며시 나타난다. 알아차림이 계속되면 지혜가 성숙하게 되고 지혜가 성숙하면 집착이 끊어진다. 이 결과로 열반이 따른다.

따라서 우리에게 있어서 중요한 것은 진리란 무엇인가 하는 질문이 아니라 이 진리를 어떻게 찾는가에 있다. 올바른 방법을 택하는 것이 중요하다.

불교의 가르침은 매우 단순하다. 오직 괴로운 번뇌를 해결하기 위해 수행을 한다는 것이 가르침의 전부이다. 누구나 가지고 있는 것이면서도 가장 절실한 이 번뇌는 탐진치라는 마음이다. 이것으로 인한 괴로움으로부터 벗어나려는 시도가 불교이다. 이런 모든 시도의 기본이 알아차림을 한다는 것이다. 그래서 쉐우민의 큰 스승은 이런 말씀을 남겼다.

"알아차림이 곧 열반으로 가는 기차표를 끊는 것이다."

누구에게나 수행의 길은 열려 있다. 흔히들 수행은 자신과 먼 것으로 생각하기 쉬우나 알아차리는 수행은 바로 내 앞에 있으며 당장 시작할 수 있다. 그러므로 위빠사나는 현실적이고 쉬운 것이며, 또 누구나 할 수 있는 生活禪(生活禪, Life Meditation)이라고 이해하면 도움이 될 것이다. 수행의 장소와 시간이 따로 마련되어 있는 것이 아니라 일상생활 모두가 수행의 대상이 되기 때문이다. 수행이 잘 되는 경우에도, 안 되는 경우에도 알아차리고만 있으면 모두가 수행이다. 무엇도 바라지 말고, 무엇도 없애려 하지 말고, 알아차릴 대상은 항상 자신의 몸과 마음이라는 것을 염두에 두면 된다.

알아차림을 계속하면 계행을 지키게 된다. 계행이 지속되면 청정한 마음의 집중이 이루어지고, 이러한 집중의 상태가 유지되어야 비로소 지혜가 드러난다. 이것이 계정혜 삼학이다. 계정혜 삼학은 팔정도를 줄인 말이고,

팔정도는 수행자가 어떻게 수행해야 하는가를 말한 것이다. 그래서 팔정도는 수행자의 길을 제시해 주는 방편에 속한다.

괴로움은 피하는 것이 아니다

한 수행자가 이런 질문을 던졌다.

"자신이 노력만 한다면 그런대로 살만한 세상인데 왜 괴롭고 무상하다고 하는 것입니까?"

사는 것이 괴롭다고 하지만 솔직히 말해 나는 아직도 사는 것에 조금은 미련을 가지고 있기에 선생님의 대답이 궁금해졌다.

"세상 사는 것이 재미있는 것만은 아니지만 그렇다고 허무한 것도 아니라고 생각한다면 그는 현실을 외면하는 사람입니다. 우리는 엄연한 생로병사(生老病死)에 직면해 있는데 어떻게 이를 무시할 수 있을까요 두려운 것을 보지 않으려고 하는 것일 뿐이죠

외면하고, 피하고, 화내고, 싫어하는 것 등은 고통스러움을 보지 않으려는 '화내는 마음(嗔心)'의 왜곡된 모습입니다. 또한 우리는 좋아하거나 즐거운 일이 있으면 영원히 지속시키고 싶어 합니다. 이것이 탐심(貪心)입니다. 그래서 행복하지가 않습니다.

하물며 어떻게 죽음의 공포마저 외면할 수 있겠습니까? 지옥에서조차도 제일 무서운 것이 무엇이냐고 물으면 죽음이라고 대답한답니다. 죽음의 성품은 무서운 것입니다. 죽음에 대한 공포가 많은 사람일수록 대수롭지

않은 듯 자신을 숨깁니다. 괴로움을 회피하기 때문에 괴로움이 없다고 한다면 위선입니다. 이것을 인정해야 위선에서 벗어나고 또 괴로움으로부터 벗어날 수 있습니다."

어머니가 어머니를 낳고 그 어머니가 어머니를 낳아서 그 뼈를 모으면 수미산(須彌山)만 하고 그간 흘린 눈물만 해도 오대양 바다보다 더 많다고 부처님께서 말씀하셨다고 한다. 이렇게 우리는 무수한 세월을 낳고 죽고 하면서도 이것이 괴로움인 줄을 모르고 집착한다. 고통 속에 살고 있으면서도 이것이 고통인 줄을 모르고 살며, 작은 즐거움에 집착한다.

그래서 부처님은 "괴로움이 있다"고 하였다. 태어남이 고통이요, 죽음이 고통이며, 만나고 헤어짐이 고통이라고 하였다. 몸과 마음[五蘊] 자체가 고통이다. 그러나 고통을 고통인 줄 아는 자는 고통으로부터 벗어나는 방법도 찾을 수 있다. 알아차리고 보면 고통은 고통이 아니다. 이것이 바로 고집멸도(苦集滅道)의 핵심이 되는 이야기다.

그러므로 고통을 뼈저리게 느끼는 자만이 고통으로부터 벗어날 수 있다고 선생님은 말한다. 삶이 고통인 줄을 아는 것, 불만족인 줄을 아는 것이 지혜라고 한다. 세상이 무상하기 때문에 괴롭다는 것은 지혜를 가진 자만이 알 수 있다는 것이다. 무상이란 원래 허무하다는 의미보다는 '변하지 않는 것이 없다'는 의미를 가지고 있다. 그렇게 보자면 이 세상에 변하지 않는 것은 하나도 없다. 그래서 무상한 것이다.

그런데 실제로 들어가서는 '고통이 있다'는 것을 인정하기가 쉽지 않다.

거의 자동적으로 싫어하고 피하며 살고 있다. 오늘도 나는 아침 공기를 가르며 산책을 하다가 찬바람이 불어오자 자동적으로 몸을 움츠리며 옷깃을 올리는 자신을 발견하였다. 이때 '그렇구나' 하고 그냥 차가움, 따스함으로 받아들이면 되는데 어느새 감기 걸릴 것을 염려하여 찬바람을 막기 위해 몸을 움츠리고 있는 것이다. 그래서 고집멸도는 성자들만이 완전히 이해할 수 있는 진리라고 한다. 우리가 안다고 하는 것은 그저 관념으로 알고 있을 뿐이다. 그래서 이 세상에 미련을 버리지 못하고 살고 있는 것인지도 모른다.

그러므로 수행은 받아들이는 데서부터 시작한다고 말할 수 있다. 여기서 받아들인다는 것은 고통을 참는 것이 아니라 객관화하여 알아차릴 대상으로 수용하는 것을 말한다. 거기에는 싫어하지 않는 관용이 들어 있다. 그러면 더 이상 그 고통은 나의 것이 아니다.

잠과 싸우려 하지 마라

이때 또 한 수행자가 말했다.
"수행할 때 잠이 너무 쏟아져서 못 견디겠습니다."
"좌선 중에 자 버리면 수행은 끝나는 것입니다. 그러나 수행 중에 졸린다는 것은 누구에게나 나타나는 현상입니다. 오죽하면 수마(睡魔)라고 하겠습니까. 사실 잠은 수행을 하려고 할 때 제일 먼저 찾아오는 손님으로 다섯 가지 장애 중의 하나입니다."
그러면서 선생님은 다음과 같은 질문을 던졌다.
"우리가 왜 좌선을 한다고 생각하십니까?"

"고요함을 얻으려고 하는 것 아닌가요?"

"그 고요함을 왜 얻으려고 할까요? 졸림, 통증, 산만함, 망상…… 이런 것들을 알아차리기 위해서 하는 것입니다. 다섯 가지 장애에 대하여 몸과 마음이 어떻게 반응하는가를 알기 위해서 좌선을 하는 것입니다. 고요해지면 이런 것들이 나타나는 것이므로 졸리는 것을 싫어하지 말고 그냥 알아차려야 합니다."

"그래도 오늘은 너무한 것 같습니다."

"너무한 것이 아닙니다. 졸지 않으려고 하는 것이 문제입니다. 그것은 탐심입니다. 그냥 그대로 보아야 합니다. 수행은 잘하려고 하는 것이 아니라 그런 장애들이 있는 줄을 알기 위해서 하는 겁니다. 저도 처음에는 잠과 싸우려 했습니다. 어느 때는 30~40분을 잠과 싸우기도 했습니다."

수행자라면 잠과 싸우지 말아야 한다. 우선 몸이 어떻게 풀리는지 몸의 반응을 살펴보아야 한다. 이때 눈꺼풀이 풀리고 몸이 무거워짐을 알 수 있는데, 바로 이것을 알아차려야 한다. 그리고 기분이 어떤가, 마음이 어떻게 반응하는가를 알아차려야 한다. 졸음이 엄습해 오는 경우에도 그 현상을 하나하나 놓치지 않고 지켜보면 알아차리는 힘이 강해진다. 몸의 힘이 점점 빠지고 마음도 느슨해지는 상황을 하나하나 정확하고 확실하게 볼 수 있다. 이것이 잠의 성품을 보는 것이다. 우리는 대부분 이 상황에서 몸과 마음의 반응을 보지 못하고 언제인지도 모르게 잠에 떨어지고 만다. 잠과 싸우려 하기 때문에 더 잠에 떨어지게 되는 것이다.

그러나 이런 상황을 알아차려서 잠이 달아났을 때는 자신이 잠을 물리쳤다고 좋아하게 마련인데 선생님은 이때를 조심하라고 강조한다. 선생님은 자신의 경험을 들려주었다. 한번은 잠이 오면서 일어나는 현상들, 이를 테면 마음의 몽롱함, 몸의 나른함 등을 끝까지 지켜보고 있는데 어느새 화들짝 맑아지면서 피곤이 싹 가시는 것을 느꼈다. 그러나 잠이 달아났다고 좋아하는 그 순간 다시 잠에 떨어지고 말았다고 한다. 잠에서 깬 것을 좋아하면 그 순간 알아차림을 놓치게 되기 때문이다.

그러므로 졸음을 알아차려서 졸음에서 깨어났을 때에는 사라진 것을 좋아하는 그 마음을 꼭 알아차려야 한다.

선생님은 이렇게 알아차렸는데도 그냥 졸릴 때는 수행자들에게 그냥 자라고 말한다. 문제는 잠을 잤는가, 안 잤는가의 여부가 아니라 알아차렸는가, 못 알아차렸는가에 있는 것이므로 피곤해서 잠이 쏟아질 때에는 잠과 싸우지 말고 잠의 성품을 알아차리며 자라고 한다. 오히려 수행하면서 자면 정신 건강에도 좋을 뿐 아니라 죽을 때의 현상과 비슷하기 때문에 죽는 연습을 미리 해두는 것이므로 손해 볼 것도 없다는 것이다. 그래서 선생님은 가끔 좌선이 끝나고 나면 수행자들에게 "잘 주무셨습니까?" 하고 인사를 한다.

좌선 중 졸리지 않도록 미리 조심하는 것도 한 방법이다. 음식을 많이 먹거나 너무 힘들게 경행을 한 경우에도 졸린다. 선생님은 한때 잠이 오는 것을 막기 위하여 단식을 하려 했다가 스승으로부터 질책을 받았다고 한다. 부처님이 말씀하시는 중도(中道)에서 벗어나는 일이기 때문이다.

어떤 이들은 잠자면서도 알아차린다고 하는데 그것은 알아차림이 아니라고 한다. 잠이 들면 알아차릴 수 있는 정신적 조건을 갖추지 못하는데, 이때 알아차렸다면 단지 가수면의 상태에서 희미하게 느낀 것이라고 할 수 있다. 깨어 있는 마음으로 대상을 분명하게 알아차릴 때 이것을 '안다'고 하는 것이다.

수행에 방해가 되는 다섯 가지 장애

수행하는 데 방해가 되는 다섯 가지 장애를 오개(五蓋)라 한다. 첫째는 감각적 욕망, 즉 무엇을 바라는 탐심이다. 둘째는 악의(惡意), 즉 성을 내거나 대상을 없애려고 하거나 가해를 하려고 하는 마음이다. 셋째는 혼침과 게으름, 즉 졸리거나 수행하기 싫어지거나 나태해지는 것이다. 넷째는 들뜸과 회한, 즉 주저하며 안정되지 못하고 안절부절못하는 것이다. 다섯째는 회의적 의심, 즉 자신이 없고 의심스러워서 믿음을 가지지 못하는 것이다.

부처님께서는 이 오개를 다음과 같이 비유하여 말씀하셨다.

"감각적 욕망은 탐욕으로 착색된 물에 자신을 비추는 것과 같고, 악의는 성냄으로 끓는 물에 자신을 비추는 것과 같다. 혼침과 게으름은 이끼가 낀 물에 자신을 비추는 것과 같고, 들뜸은 후회하고 걱정하는 것으로 바람이 부는 물에 자신을 비추는 것과 같다. 그리고 의심하는 것은 불확실성과 주저하는 것으로 어둠 속에 있는 물에 자신을 비추는 것과 같다."

위빠사나 수행이 다른 수행과 다른 점은 이런 장애들이 나타났을 때 모두 받아들여서 그대로 알아차리는 것이다. 이런 장애들이 오는 것을 흔히 다섯 가지 욕망의 물결이라고 말하는데, 선생님은 이런 장애들이 의외로 평상시의 자신의 습성에서 비롯한다고 한다. 외부로부터 오는 것이 아니라 자신이 가지고 있는 성향이라는 것이다. 그러므로 장애는 자신의 마음가짐이며 성격이며 스스로의 문제다. 그래서 알아차릴 대상은 자신의 몸과 마음밖에 없다는 것이다.

망상과 하루의 계획

한 수행자가 선생님에게 물었다.

"좌선을 하다 보면 망상이 들어오는데 그 망상이 그날 할 일에 관한 것입니다. 망상과 하루의 계획을 어떻게 조화를 시키면 좋을까요?"

사실 일상의 일들이 좌선을 할 때 끼어드는 일은 비일비재하다. 아마도 수행을 하는 사람들이 가장 많이 고민하게 되는 문제일 것 같다. 그래서인지 모두들 선생님의 답변에 귀를 기울이는 듯하였다.

"수행을 하다 보면 망상이 들어옵니다. 이것은 자연스러운 현상입니다. 하루의 일과를 보더라도 하고 있는 일을 집중해서 알아차리기보다는 다른 생각을 더 많이 하게 됩니다. 망상이란 할 때 하고 있는 대상을 알아차리지 못하고 다른 곳으로 마음이 달아난 것을 말하는데, 어떤 생각에 집착하여 현재 일어난 일을 알아차리지 못한다는 의미입니다."

그러나 바쁘게 사는 현대인에게 있어서 생각할 일도 많고 내려야 할 결정도 많은데 이때 이것을 망상으로 보아야 할 것인가, 아니면 계획으로 보아야 할 것인가.

선생님은 알아차림이 없거나 다른 생각을 하면서 하는 것은 일단은 망상으로 보아야 한다고 하였다. 그러나 알아차리면서 계획을 세우면 망상이 아니라고 보아도 된다. 알아차리면서 계획을 하면 집착에 빠지지 않고 맑은 정신으로 하기 때문에 좋은 결과를 가져온다. 계획도 깨어 있는 상태로 하면 수행이다.

좌선 중에 계속해서 망상이 떠오르면 먼저 자신이 망상하고 있다는 사실을 알아차려야 한다. 그리고 망상한 마음을 알아차려야 한다. 망상은 마음이 한 것이므로 망상한 마음을 알아야 한다. 수행을 하다가 지혜가 나더라도 오랫동안 좋아한다면 그것도 망상이라는 것이다. 이때에는 '지금 내 마음이 무엇을 하고 있는가'라고 새로 마음을 내는 것이 중요하다.

그러나 깊은 망상은 무지이며 불선으로 가는 길이다. 부처님께서는 깊은 망상 속에서 백 년을 사는 것보다 알아차리고 사는 단 하루가 더 유익하다고 말씀하셨다.

그리고 보면 망상이란 과거의 마음에 연연하거나 집착하는 것이다. 그리고 알아차리지 못한 계획은 미래의 일에 집착하는 것이다. 좌선을 하거나 경행을 하다 보면 어느새 머릿속에서는 딴 생각을 하고 있다. 그러나 대부분의 경우 자신이 망상을 하고 있다는 사실을 깨달았을 때에는 이미 상황이 한참 지나간 뒤다. 뒤늦게 망상을 알아차리고 나면 한순간은 당황하여 이것을 되돌리고 싶은 생각이 든다. 그러나 뒤늦게라도 '놓쳐서 당황하는 마음'을 알아차리면 수행으로 연결된다고 하니 다행한 일이다.

느낌의 변화를 보아야 알아차림이 지속된다

"어떻게 하면 느낌을 연속시킬 수 있을까요?"

한 수행자의 질문에 선생님은 이렇게 설명해 주었다.

"위빠사나는 몸에서 일어나는 모든 느낌을 알아차리는 것입니다. 몸을 알아차린다는 것은 결국 느낌을 통해서 아는 것인데, 얼굴에서 일어나는 간지러움, 긁고 싶은 피부의 느낌도 알아차리면 곧 수행이 됩니다."

몸을 통한 느낌을 안다는 것은 몸의 성품을 아는 것이다. 이것은 바로 지수화풍(地水火風) 사대(四大)의 성품을 아는 것이다. 가령 발로 서 있을 때 단단함과 부드러움을 느낀다면 이는 지대의 성품을 아는 것이다. 콧물, 눈물, 땀, 대소변 등에서 느껴지는 습기, 다리의 무거움 등은 수대의 성품을 아는 것이고, 차가움 따스함을 느끼는 것은 화대의 성품을 아는 것이다. 또 몸의 움직임, 손발의 움직임을 알아차리는 것은 풍대의 성품을 아는 것이다. 우리가 수행의 주된 대상으로 삼고 있는 호흡도 몸의 풍대의 요소다.

이렇게 몸의 성품을 느낌으로 안다면 이때부터 본격적인 수행이 시작된다고 할 수 있다. 그런데 나는 지금까지 수행이란 것을 무슨 특별한 것을 대상으로 하는 것으로 알고 살아왔다. 다른 수행자들도 인터뷰 시간에 따스한 것, 혹은 무거운 것들을 아는 것이 위빠사나 수행이라고 하면 예외

없이 놀라는 얼굴을 한다. 그래서 '뭐 이런 것을 수행이라고 하나' 하고 시시하게 생각할 수도 있지만 몸의 느낌을 아는 것이야말로 가장 가치 있는 법을 아는 것이라고 선생님은 강조한다. 수행에 앞서 인식의 전환이 필요하다.

몸을 느낌으로 보고 지수화풍 사대의 요소로 보면 알아차림을 지속시킬 수가 있다. 그런데 이런 느낌들을 연속적으로 알아차리려면 느낌의 변화를 보아야 한다. 몸의 움직임만 보면 금방 싫증이 나기 때문에 느낌의 변화를 보아야 한다. 예를 들어, 눈을 감았을 때 눈꺼풀에서 진동을 느낀다면 이 느낌의 일어남, 사라짐을 보아야 변화를 보는 것이다. 또한 닭고기를 먹을 때에는 닭고기를 먹는 것이 아니라 혀끝에서 느껴지는 닭고기의 맛을 먹는다는 인식을 가져야 한다. 여기서 맛의 변화까지 보면 알아차림을 지속시킬 수가 있다.

이것을 순서대로 정리해 보면 다음과 같다. 가령 경행을 하는 경우에, 먼저 발이 닿는 것을 하나만 알아차리다가 차츰 '왼발, 오른발' 하며 두 발의 움직임을 알아차린다. 그러면 멋대로 떠돌아다니던 마음을 발로 끌어올 수가 있다. 이렇게 마음을 몸으로 오게 하면 편안해진다. 그리고 어느 정도 집중이 되면 발의 느낌을 알아차린다. 이렇게 느낌으로 가면 자연스럽게 차가움, 따스함 혹은 가벼움, 무거움, 단단함, 부드러움 등 지수화풍 사대의 성품으로 보게 되고 알아차림이 연속되는 효과가 있다. 이때부터는 제대로 된 위빠사나 수행으로 들어가는 것이다.

나는 빠른 걸음으로 아침산책을 하는데 이때 발을 들어서 놓기까지의 발의 동선 알아차리기를 많이 한다. 혹은 걸을 때마다 같이 움직이는 팔의 동선을 알아차리기도 하는데 이렇게 발이나 팔이 궤적을 만들면서 움직이는 동선은 풍대의 요소라고 한다. 이렇게 풍대로 보면 신기하리만큼 알아차림이 연속되고 집중이 잘된다.

그러나 처음부터 사대의 느낌을 알아차리기는 어렵다. 우선은 쉬운 동작만을 집중하다가 차차로 알아차리는 힘이 생기면 여러 가지 느낌들을 하나하나 자세히 볼 수 있다.

자투리 시간을 수행의 시간으로

위빠사나 수행은 급한 성질을 다스리는 데에도 좋다. 나는 신호등을 기다리거나 엘리베이터가 내려오기를 기다리는 동안을 못 견딜 정도로 성질이 급한 편이다. 이때 그 급한 마음을 알아차리거나 몸의 자세, 두 다리의 감각 등을 느끼고 있으면 그 시간이 아깝지 않다. 버려지는 자투리 시간이 소중한 수행의 시간으로 바뀌기 때문이다. 특히 저녁에 귀가하는 가족을 기다리는 것이 주부들이 하는 일인데 이때 부글거리는 마음을 수행의 마음으로 돌릴 수 있어서 다행이다. 악업이 선업으로 바뀌기 때문이다.

또 자동차 운전을 할 때에도 알아차림을 할 수 있는 아주 좋은 기회가 된다. 운전을 하려면 아무래도 정신을 한곳으로 모아야 하는데, 운전대를 잡고 있는 손의 감각, 페달을 밟는 발의 움직임, 신호등과 차선을 지켜보는 시선 등을 총체적으로 알아차릴 수가 있다. 마음으로 보는 것이다. 그러나 운전 중에 호흡을 주시하는 것은 사고의 위험이 있다고 한다. 이렇게 깨어서 운전을 하면 앞지르기 경쟁이나 끼어들기에 말려들지 않고 안전운행을 보장하는 효과가 있다.

화장실에서나 목욕을 하면서도 알아차릴 것이 많다. 변기에 앉아서 알아차림을 하면 수행으로 연결될 뿐만 아니라 배변의 기능을 도와주고 알맞게 힘을 주어 뇌졸중이나 치질을 예방할 수 있다. 목욕을 할 때에도 따스한 물을 하나 가득히 담아놓고 느낌으로 알아차리면 몸의 형태는 없고 하체 부분의 따스함과 윗몸의 차가움만 있는 경험을 하게 된다.

위빠사나 수행은 아이들에게도 좋다. 몸과 마음에 대한 알아차림을 가르치면 집중력도 높아지고 심성도 부드러워진다. 집중력이 높아지면 학습에 재미가 붙고 공부도 그만큼 잘하게 되어 있다. 그리고 부수적으로 몸도 튼튼해진다. 병은 잘못된 습관과 잘못된 선입견에서 비롯하는 경우가 많다. 그런데 알아차림을 하는 습관을 키워 주면 긍정적인 마음을 갖게 되고 밝고 건강한 생활을 하게 되므로 자연히 병든 마음으로부터 자유로워진다.

그래서 나는 우리 집 아이들에게도 되도록 알아차리는 습관을 많이 키워 주고 있다. 예를 들어, 식사를 할 때에는 아이들에게 "자, 이제부터는 밥을 먹을 때 어떻게 먹는지 알아차리면서 먹자"고 한다. 그러면 "혀가 막 왔다 갔다 해요" 하기도 하고 "턱이 아래위로 움직여요" 하기도 한다. 어떤 때는 "맛이 점점 약해져요" 하며 맛의 변화까지 보기도 한다. 이렇게 나와 아이들은 밥 먹을 때 밥 먹는 생각만 하며 알아차리는 습관을 키워 나가고 있다.

도과(道果)에 대한 평가는 금물

"우리나라에도 아라한과를 얻은 분이 있다는데 어떻게 생각하시나요?"

"어느 누가 아라한과를 얻었다 혹은 수다원과를 얻었다고 하는 것은 말하는 측이나 묻는 측이나 모두 바람직하지 않은 태도입니다. 이 말은 열반(납바나)에 들었다는 의미인데, 미얀마에서는 수행을 할 때 이런 말을 하면 천박한 사람으로 여깁니다. 누가 '내가 무엇이다'라고 말하면 인정해 주지도 않을 뿐 아니라 스승으로부터 나무람을 당합니다. 면담이나 수행지도를 하는 과정에서 납바나란 말이 간혹 나올 수 있지만 평상시에는 사용하지 않는 용어입니다. 더구나 '당신은 수다원과를 얻었다, 혹은 사다함과를 얻었다'라고 마치 자격증을 얻는 것처럼 말하지 않습니다."

사실 선생님도 원효 스님이나 의상 대사나 최근의 경허 스님까지 역대 명승들이 과연 어느 정도의 도과를 얻었을까 하고 궁금해 하였다고 한다. 그러나 수행자라면 이런 생각을 하지 않아야 한다고 한다. 단지 호기심에 불과할 뿐 자신의 수행과는 무관한 것이기 때문이다. 선생님은 몇 가지 이유를 들어 이런 태도가 바람직하지 않다고 설명해 주었다.

먼저 열반은 일체의 모든 관념으로부터 자유로워진 정신적 상태이므로 그야말로 내가 없는 것이다. 당초에 그런 의식조차도 없다고 한다. 그러기에 수다원과 혹은 아라한과를 얻었다고 하더라도 자신이 그런 도과(道果)를 얻었다고 생각하지 않는다. 『금강경』에서는 "아라한이 아라한과를 얻었다고 하면 이는 곧 아라한이 아니다"라고 밝히고 있다. 도과는 있어도 도과를 얻은 자는 없기 때문이다. 다만 집착이 끊어진 그러한 정신적인 상태가 있을 뿐, 무아다. 따라서 본인이 이를 내색할 리도 없다.

또 하나는 성인의 도과를 비판하는 경우에는 과보가 크기 때문이다. 석가모니 부처님은 전생에 보살로 있으면서 6대 까사빠 부처님이 출현하였을 때 "그가 정말 그렇게 되기 어려운 아라한이란 말인가" 하며 인정하지 않았다고 한다. 바로 그 과보로 석가모니 부처는 6년 동안이나 고행을 하고 나서 법을 얻었다고 한다. 역대 다른 부처님들은 통상 7일에서 3개월 이내에 부처가 되었는데, 오직 석가모니 부처님만이 구업의 과보로 6년이나 걸렸다고 한다. 성인의 도과를 비판하는 구업의 결과가 이렇듯 무서우니 함부로 어느 누구를 평가할 것인가.

또 다른 경우를 생각해 볼 수도 있다. 가령 자신이 수다원과를 얻었다고 하자. 하지만 그는 완성된 인간이 아니므로 무슨 실수를 할 수도 있다. 그때 다른 사람이 "수다원이란 사람이 왜 그 모양이야" 하고 비난을 한다면 그는 공연히 자신으로 인해서 성인을 비난한 업보를 짓게 된다. 그래서 부처님께서는 "자신이 도과를 얻었다고 하는 자는 내 제자가 아니다"라고 하셨다. 하물며 도과를 성취하지도 않았는데 얻었다고 하면 더 큰 죄를 짓는 일이다. 얻어도 말을 하지 않는데 얻지 않고도 얻었다고 하는 과보가 어떨지는 짐작하고도 남음이 있다.

그래서 누가 도과를 얻었는가의 여부는 말하지 않는 것이 좋다고 하는 것이다.

부처님께 바치는 수행

선생님에게 물어 보지 못한 궁금증이 하나 있다. 나에게는 이미 언급한 독경과 염불 이외에도 수행의 지침으로 삼고 있던 일이 한 가지 더 있었다. 부처님께 바친다는 일이다. 이것도 역시 백 선생님과 어머니를 통하여 전수 받은 것인데, 기쁠 때나 슬플 때나, 남을 미워하거나 좋아하는 마음이 생길 때, 혹은 앞으로 궁리할 일이 생겨도 이 마음을 모두 부처님께 바치는 데 주력하였다.

그러고 보니 많은 기독교인들이 "하나님 뜻대로 하옵소서" 하는 것도 같은 맥락일 것 같다. 물론 불교와 기독교는 우리를 주관하는 절대자의 존재 여부에서 근본적으로 다른 관념을 가지고 있다. 기독교인들은 하나님 이라는 인격적인 존재를 인정하고 있기 때문에 하나님 뜻에 맡긴다는 생각을 하면서도 하얀 수염에 인자한 얼굴을 한 어떤 실체를 연상할 가능성이 크다.

그러나 누누이 강조하는 바와 같이 불교에서는 길흉화복(吉凶禍福)을 주는 절대자라는 개념이 없다. 그렇더라도 불교인으로서 이런 개념에서 완전히 벗어난 사람은 그리 많지 않을 것이라고 본다. 아마도 많은 사람들이 원만한 상호를 갖춘 부처님을 연상하고 있을 것이다. 그뿐이랴, 아름답고 우아한 관세음보살도 있고 근엄한 아버지 상을 한 스님 모습의 지장보살도 있다.

백 선생님으로부터 들은 재미난 이야기가 하나 있다. 그분의 제자 중에

한 아가씨가 있었는데, 수행방법의 하나로 그에게 부처님 염불을 시켰다고 한다. 그러던 어느 날 선생의 지혜로 가만히 살펴보니 이 아가씨가 잘생긴 남자의 얼굴을 연상하며 염불을 하고 있더라고 한다. 이 아가씨에게는 부처님이 어느 잘생긴 남성의 모습으로 그려졌던 것이다. 안 되겠다고 생각한 백 선생님은 그 후부터 부처님이 아닌 '금강반야바라밀'을 부르게 하였다고 한다.

이 말을 들은 나는 자신을 곰곰이 살펴보니 그 아가씨와 다를 바가 없어 보였다. 문수보살이 동자(童子) 모습으로 나타났다거나 거지 모습을 하고 왔다는 등의 설화도 많지만, 이는 일시적인 화신(化身)에 불과하고 진짜 부처님은 32상을 갖춘 아름다운 모습일 것이라는 생각, 그리고 그분으로부터 어떤 힘이 나올 것이라는 기대, 즉 부처님의 가피지력(可被之力)을 믿는 마음, 이런 면에서는 그 아가씨뿐만 아니라 나 자신도 기독교의 절대자 개념과 조금도 다를 바가 없는 것 같았다. 그것이 바로 마음속의 우상인 것이다.

이런저런 생각에 나도 '금강반야바라밀'을 부르기 시작하였더니 어느 날은 머릿속에 부처님 영상 대신 『금강경』의 한문 활자가 떠올랐다. 이는 예상치 못한 반응이었다. 사람이란 이렇게까지도 그 무엇인가에 의지해야 하나 하는 생각에 난감하였다. 그러니까 부처님의 모습 대신 책의 활자체가 들어앉은 것이다. 부처님 모습은 물론 그의 가르침인 경전도 소중하게 다루어야 할 것들이다. 하지만 이를 신성시한다는 것은 또 다른 미신을 낳는 것이다. 그리하여 나는 어느 형상을 마음에 그리지 않기 위하여 또 다른 방법을 모색하였지만 역시 안 되는 것은 마찬가지였다.

알아차리지 못하고 있는 한 부처님 염불을 하든 『금강경』 염불을 하든 마음속에 그리기는 마찬가지다. 백 선생님 표현대로 빗속에 서 있으면 어떤 수단을 써도 비는 스며들어오게 마련이다. 반면에 알아차리고 깨어서 보기만 한다면 어떤 영상을 마음에 그리든 그저 볼 뿐이고 생각할 뿐이다.

부처님께 바친다는 것을 이 시점에서 다시 분석해 보니 일어난 마음을 일단 정지시키는 효과가 있었다. 비록 일시적인 것으로 그치고 말지만 '부처님께 바칩니다'라고 하는 순간 떠돌아다니던 마음을 현재로 이끌어 주는 역할을 하였다. 말하자면 일회성 알아차림을 한 것이다. 비록 다음에 일어나는 마음은 챙기지 못하더라도 적어도 그 마음에 대해서는 알아차림을 한 것이다. 다만 알아차림이 연장되지 못하였을 뿐이다. 그래도 그간의 바치는 수행법이 지금의 위빠사나 수행을 받아들이는 데에 좋은 토양이 된 모양이다.

그렇게 본다면 다른 많은 사마타 수행이 일회성 알아차림을 함으로써 효과가 있을지도 모른다는 생각이 들었다. 선생님이 종종 했던 말이 떠올랐다.

"우리는 꼭 수행을 통해서만 알아차리는 것이 아닙니다. 모르고도 합니다. 공부하면서도 운동을 하면서도 정신을 바짝 차리고 하면 이것도 일종의 알아차림입니다. 이렇게 우리는 일상에서도 알아차림인 줄을 모르고 알아차림을 하는 수가 있는데 이제는 그것이 알아차림인 줄을 알고 하자는 것입니다."

선생님의 이 말을 미루어 생각해 보면, 우리는 일상에서도 정신을 가다듬을 때에 일회성 알아차림을 하고 있다. 특히 몸과 마음의 수련을 목적으로 하는 수행이라면 더더욱 그럴 것이다. 부처님께서 수많은 세월을 두고 쌓았다는 바라밀 공덕이 어떻게 하여 만들어졌을까를 생각한다면 그런 생각을 하게 된다.

그래서 위빠사나는 알아차림을 연속시키는 것이 중요하다. 선생님은 알아차림을 하나의 지혜의 구슬이라고 비유하여 말한다. 그리고 위빠사나는 알아차림의 구슬을 하나로 꿰는 작업이라고 하였다. 평소에 알아차림의 구슬을 많이 만들어 두었다가 하나로 꿰는 것이다. 선업의 구슬인 알아차림을 하나로 연속시키는 것이 현재 수행의 핵심이다.

제2장
위빠사나 수행에 대한 초보자의 이해

미얀마로 수행 길을 떠나는 선생님은 귀국하여 다시 모임을 시작할 것을 약속하였다.
남아 있는 우리도 게을리 하지 말아야겠다는 생각에
그동안 선생님이 일러준 가르침을 충실히 정리해 보기로 하였다.
선생님은 나에게 글 쓰는 일에 너무 집착하지 말라고 당부하지만
나는 이 일에 무척 많은 관심을 가지고 있다.
물론 나름대로 알아차리며 한다고는 하지만, 아난 존자가 그러하였듯이,
아마도 이 글을 쓰는 작업이 나의 수행에는 별로 도움이 되지 않을 수도 있다.
그럼에도 불구하고 이 글을 정리하고자 하는 이유는,
주변의 친지들에게도 이 법을 알리고 싶은 어쩔 수 없는 모성애가
또 작동하였기 때문일 것이다.
그런데 이 글을 읽은 친지들의 반응이 이외로 좋았다. 그리고 질문도 많았다.
그래서 이번에는 앞의 내용을 좀더 보충하고 싶은 생각이 들었다.
그런 의미에서 좀 딱딱하기는 하지만 위빠사나 수행을 이해하는 데
도움이 될 것으로 보이는 몇 가지를 적어 보았다.

알아차림(sati)과 그 용어들

위빠사나 수행에서 가장 많이 사용되는 용어의 하나가 사띠(sati)다. 사띠는 부처님 당시에 사용되던 빨리어로서, 보통 '알아차림'으로 통용되고 있지만 사람에 따라서 혹은 그 쓰임새에 따라서 여러 가지로 번역되고 있다. 선생님도 지적하였듯이, 현재 우리가 사용하고 있는 위빠사나에 관한 용어는 매우 다양하며 단어들도 하나로 통일되어 있지 않은 탓에 각자가 나름대로 표기하고 있다. 여기에 한문, 영어, 우리말까지 끼어들어서 그 의미가 더욱 복잡해지고 있다.

이런 상황에서 우리만이라도 용어를 통일하여 사용할 필요가 있다고 보아서 우리는 사띠를 '알아차림'으로 말하고 있는데, 사실 사띠를 한마디로 대변한다는 것은 무리다. 일단 근접하다 싶은 말이라도 또 다른 의미를 내포하고 있기 마련이고, 경우에 따라서는 이에 대한 보조적인 설명이 따를 때가 종종 있다. 예를 들어, 어떤 대상을 만나 알아차림을 하려면 먼저 대상에 마음을 기울여서 주시하여야 한다. 그래야 실제로 대상을 알아차릴 수가 있다. 그러면서도 자신이 알고 있다는 의식, 즉 각성된 상태에서 지금하고 있는 것을 알고 있어야 한다. 그러나 '알아차림'이라는 말에는 이런 숨은 의미가 다 포함되어 있지 않다.

보통 알아차린다는 의미로 '본다'는 말도 많이 사용한다. 이는 한문의 '관(觀)'이라는 용어에서 비롯한 것 같은데 '호흡을 본다' 혹은 '통증을 본다'는 말을 많이 한다. 영어에서도 'look' 혹은 'see'와 같은 단순한 용어를 사용하기도 한다.

그러나 이렇게 '본다'는 용어를 사용할 때는 한 가지 유념할 것이 있다. 본다는 말은 '눈으로 본다'는 의미가 내포되어 있기 때문에 실제로 수행에 들어가서도 눈으로 보려고 할 수가 있다. 그래서 선생님은 본다는 것을 '마음으로 본다'는 개념으로 받아들이라고 한다. 안이비설신의(眼耳鼻舌身意)라는 여섯 구멍으로 들어온 것을 마음으로 아는 것이다.

사띠뿐만 아니라 위빠사나도 마찬가지다. 위빠사나는 그 표기조차도 위빳사나, 위파사나, 비파사나 등 다양하게 쓰이고 있다. 한문으로는 직관, 통찰, 철견 등으로 표현하고 있는데, 이는 모두 '꿰뚫어본다'는 뜻을 가지고 있다. 그런데 이 경우 꿰뚫어본다는 말도 용어가 주는 의미 때문에 오히려 수행에 방해가 될 수가 있다. 실제 수행에 들어가서는 꿰뚫어보려고 해도 꿰뚫어지지가 않기 때문이다. 또한 관찰이라는 용어도 무언가 결과를 얻으려고 주시하는 의도를 가지고 있기 때문에 이런 마음으로 수행을 하면 몸이 긴장되고 관찰하려는 의지 때문에 머리가 아프거나 상기가 오기도 한다. 이것이 바로 언어의 덫이다.

그래서 선생님은 '본다'라는 말을 사용하지 않고 가능한 한 '알아차린다'는 단어를 쓴다. 그리고 실제로 좌선에 들어가서는 느낌으로 알려고 하라고 한다. 우리가 안다는 것은 결국 느낌으로 아는 것이기 때문이다.

이상과 같이 위빠사나 수행을 시작하려면 먼저 빨리어라는 용어의 벽에 부딪치게 되는데 그런 과정에서 나 개인적으로는 불교가 우리 동양인들만의 것이라는 고정관념을 깨게 되었다. 언젠가 아버님에게 "요즘 서양 사람들이 불교에 관심을 많이 가진다"고 말씀드리니까 "그 사람들은 한문을 알지 못하기 때문에 불교를 제대로 이해하지 못할 것이다"고 대답하신 것이 기억난다. 그러나 이제 빨리어를 접하고 보니까 불교는 오히려 서양인들의 정서와 언어에 가까운 것이었다. 왜냐하면 빨리어나 산스크리트어가 바로 인도 아리안들이 쓰던 언어로서 영어나 독일어와 같은 서구권에 속하기 때문이다.

그래서인가 현재 서구권에서의 불교 열풍은 상상을 초월하고 있다. 독일의 경우만 하더라도 대학에서 불교를 가르치는 학과가 백여 개가 넘는다고 한다. 그리고 상좌불교에 대한 연구는 영국이 가장 앞서 있다. 이러한 사실들을 알게 되면서 불교는 한문을 쓰는 동양인들만이 이해할 수 있는 심오한 가르침이라는 자만심에서 벗어나야겠다는 생각을 하게 되었다.

위빠사나는 대상을 분리해서 보는 것이다. 위빠사나는 vi와 passanā의 합성어인데, 여기서 위(vi)는 분리하다, 객관화한다는 의미이다. 당초에 부처님은 위빠사나란 말씀을 하지 않고 신수심법 사념처를 지켜보라고 하였는데, 그 지켜보는 방법이 대상에 밀착하지 않고 떨어져서 보는 것이기 때문에 후대의 사람들이 위빠사나라는 용어를 사용하였다고 한다.

대상에 따라가지 마라

선생님으로부터 들은 것들을 정리하다 보니, 위빠사나 수행에는 도움이 안 되는, 아니 해서는 안 되는 몇 가지 사항이 있다. 대상에 따라가지 마라, 나타난 현상을 관념화하지 마라, 현실을 있는 그대로 받아들이라는 등의 말이 그것이다. 그 중에서 먼저, 대상에 따라가지 말라는 것이 어떤 경우인지 그 실례를 들어보기로 한다.

운동장에서 걷기를 마치고 벤치에 앉아 있노라면 비행기 소리가 종종 들린다. 그런데 비행기 소리를 듣고 있노라면 비행기가 이동함에 따라 나의 눈도 왼쪽에서 오른쪽으로 이동하는 것을 알게 된다. 그러니까 마음도 역시 비행기를 따라 왼쪽에서 오른쪽으로 이동하는 것이다.

이런 경우에 내가 비행기 소리를 '알아차린 것'인가 아니면 '따라간 것'인가를 선생님에게 물었더니 따라간 것이라고 하였다. 비행기 소리를 듣고 있다는 단순한 의식(consciousness)은 있지만 알아차림은 없다는 것이다. 깨어서 알아차림을 한 것이 아니라는 이야기다. 이 경우 알아차림이 있다는 것은 비행기 소리를 듣고 있다는 사실에 마음을 두고 그것을 알고 있는 것을 말한다. 자신이 알고 있다는 사실을 인식할 때에 알아차림이 있다고 한다. 단순히 비행기 소리가 난다고 의식하고 있는 것은 알아차림이 없는 것이지만 비행기 소리를 듣고 그것을 알고 있다는 것에 마음의 초점을 둔다면 알아차림이 있는 것이다.

그래서 선생님은 소리에 있어서도 3단계로 나누어 들어볼 것을 권유한다. 가령 소리가 있으면 소리가 난 곳에 마음을 두고 들을 수도 있고, 귀에 마음을 두고 들을 수도 있으며, 마음에 초점을 두고 들을 수도 있다. 선생님은 이런 세 가지 경우를 실제로 해보라고 한다. 마음에 초점을 둔다는 것은 마음으로 소리를 듣는다는 의미다. 이와 같이 이근(耳根)이나 마음으로 들으면 대상에 마음을 두고 듣는 것보다 알아차림의 질이 더 높아진다. 알아차림을 오래 지속할 수 있기 때문이다. 또한 이렇게 알아차림을 가지고 보면 눈으로 보거나 귀로 소리를 들어도 대상에 빠지지 않고 그 주체가 자신의 몸과 마음으로 돌아와 있게 된다.

반면에 대상에 따라간다는 것은 대상을 객관화하지 못하고 마음이 대상에 넘어간다는 것을 말한다. 그러나 이 경우에도 대상에 마음이 따라가고 있다는 사실을 알기만 한다면 알아차림이 있는 것이다. 이 점이 중요하다. 아무리 대상에 마음이 넘어가 있더라도 이 순간 그런 사실을 알기만 하면 바로 수행으로 연결되는 것이다. 그러니까 마음이 비행기에 있는가의 여부는 중요하지 않다. 알아차렸는가의 여부가 중요하다.

마찬가지로 통증이 왔을 때에도 '통증이 있구나' 하고 통증 그 자체를 보거나 아파하는 마음을 객관화하여 보면 알아차림이 있는 것이다. 그러나 통증 때문에 두려워하거나 이에 대처할 궁리를 한다면 알아차리지 못하고 통증을 따라가는 것이 된다. 괴롭다는 것에 빠진 것이다. 그러나 통증이 나타난 순간 알아차리지 못하고 이미 마음으로 넘어갔더라도 늦은 것은 아니다. 통증을 싫어하거나 괴로워하는 그 마음을 알아차리면 역시 그 순간부터는 대상에 넘어가지 않고 순화된다. 그래서 알아차림에는 늦은 것이 없다고 말한다.

냄새나 맛의 경우, 냄새를 싫어하거나 좋아하는 마음을 가지면 이미 대상에 빠진 것이다. 그저 냄새일 뿐이고 그저 단맛일 뿐일 때에는 냄새나 맛에 따라가지 않고 '깨어서' 냄새와 맛을 보는 것이 된다. 이렇게 알아차림을 하면 더 이상 냄새나 맛을 싫어하거나 좋아하지 않게 된다.

이와 같이 대상에 따라가지 않는다는 것은 대상을 객관화해서 알아차림을 지속한다는 것이다. 그리고 이것을 '바르게 수행하는 것'이라고 말한다.

대상을 관념화하지 마라

대상을 관념화한다는 것은 이미 들어온 정보를 근거로 추상적으로 생각을 만들어 낸다는 것이다. 예를 들어, 경행을 할 때, 한참을 걷다 보면 왼발 후에는 오른발이 나온다는 것을 이미 알고 있기 때문에 굳이 입으로 '왼발' '오른발'을 말하지 않더라도 마음이 먼저 오른발이 올 것에 앞서고 있음을 보게 된다. 같은 일이 되풀이되다 보니 이미 들어온 정보를 기억하여 예견하는 것이다. 이런 마음가짐으로 경행을 하면 한 발짝 걷는다는 것이 판에 박힌 또 다른 하나의 걸음에 불과하다. 그러나 이런 관념적인 생각에서 벗어나서 걸음걸이 그대로의 모양과 성품을 알아차린다면 걸음은 언제나 새로운 것이라는 것을 발견하게 된다.

호흡에서도 마찬가지다. 숨을 들이쉬고 나면 내쉰다는 것을 이미 알고 있기 때문에 마음이 먼저 내쉴 준비를 한다. 초보자들이 종종 호흡을 알아차리려고 하면 숨이 차다고 하면서 시작도 하기 전에 포기하는 수가 있는데 이는 호흡을 관념으로 받아들였기 때문이다. 호흡은 실제로 허파까지밖에 가지 못한다. 호흡이 단전이나 배까지 간다고 한다면 있는 그대로가 아닌 관념으로 말하는 것이다. 그러나 호흡을 공기가 훅! 하고 들어오고 훅! 하고 나가는 느낌으로 알아차린다면 바람의 요소인 풍대(風大)로 보는 것이고, 관념이 아닌 실재하는 것을 보는 것이다.

우리는 '느낌'과 '생각'에서도 있는 그대로를 느끼고 생각하는 것이 아니라 자신의 생각대로 관념화하여 받아들이고 있다. 무엇을 한번 잘못 먹고 체한 경우에 그것을 또 먹으면 쉽게 다시 체하는 수가 있는데, 이는 '그것을 먹고 체했었다'는 기억이 작용하여 조건반사 체질이 되어버린 때문이다. 사람이나 물건에 대한 선호도 이 같은 선입견을 근거로 심한 알레르기 현상을 보이는 수가 있다. 한번 나쁜 놈으로 머릿속에 입력이 되면 그 사람은 영원히 나쁜 놈이 된다. 그러나 위빠사나의 지혜로 보면 그때 그 순간의 몸과 마음은 단지 그 순간의 몸과 마음일 뿐 이미 그의 것이 아니다. 마찬가지로 그때 그 사람을 괘씸하게 생각하였던 내 마음도 이미 그때 사라진 것인데 지금까지도 기억하고 되씹고 있는 것이다.

이미 오래전부터 들어와 있던 정보와 되풀이되어 온 습관을 통하여 우리의 마음속에는 이렇게 관념화한 원리 원칙들이 철통같이 자리잡고 있어서 진리를 보는 데 방해가 되고 있다. 『금강경(金剛經)』에서는 이를 아상(我相), 인상(人相), 중생상(衆生相), 수자상(壽者相) 등으로 세분하고 있는데, 이 가운데는 자기 자신뿐만 아니라 오랜 인류 역사와 더불어 축적되어 온 사회적인 고정관념들까지 합세하고 있다.

이러한 고정관념들은 현실의 흐름을 제대로 보지 못하게 막는 역할을 한다. 이런 것들 때문에 우리는 사물을 있는 그대로 보지 못하고 왜곡하여, 혹은 색안경을 끼고 본다. 그래서 수행자는 들어온 현상을 '좋다, 나쁘다' 혹은 '된다, 안 된다' 판단하지 말고 그대로 인정하고 지켜보라고 한다.

고정관념의 틀을 깨고 '있는 그대로'를 볼 수 있도록 도와주는 것이 바로 알아차림이다.

결국 중요한 것은 '있는 그대로'를 본다는 사실에 있다. 여실지견(如實之見), 즉 실상(實相)을 본다는 것인데, 이는 현재에 마음을 둘 때에 가능하다. 호흡이 일어났을 때 호흡이 일어남을 알고 꺼졌을 때 꺼짐을 아는 것, 화가 날 때 화가 난 것을 아는 것이 있는 그대로를 아는 것이고, 이것이 바로 '할 때 하는 것'을 아는 것이다. 이렇게 마음이 현재에 있을 때에만 고정관념의 덫에 넘어가지 않고 비로소 대상의 성품을 볼 수 있다.

병사가 성문을 지키듯

위빠사나 수행을 할 때에는 "병사가 성문을 지켜보듯이 하라"는 말이 나온다. 병사가 해야 할 일은 성문을 드나드는 모든 사람을 면밀하게, 그러면서도 사심 없이 점검하는 것이다. 아름다운 사람이 지나간다고 하여 한눈을 팔아서도 안 되고 평소에 못마땅해 하던 사람이 왔다고 시비를 걸어서도 안 된다. 한 사람도 빠짐없이 점검하되 좋고 싫음의 감정을 개입시키지 않고 그대로 통과시켜야 한다. 그래야 얼마나 많은 사람이 들어왔는지 어떤 사람이 들어왔는지 등의 상황을 정확하게 파악할 수 있다.

그것이 문지기의 의무다. 위빠사나는 이와 같이 문지기의 자세로 들어오는 현상들을 지켜보라고 한다. 그러나 간단할 것 같은 문지기의 의무가 결코 수월한 것이 아니다. 아니 한눈을 팔고 딴 생각을 하느라고 문지기 노릇을 거의 못하고 있다. 너무 많은 것들이 드나들어서 미처 눈치 채지도 못할 뿐 아니라 어쩌다 눈에 띄더라도 집착과 욕망으로 색칠된 차별심 때문에 문지기로서의 본분을 떠나 못 들어오게 하거나 따라가기가 일쑤다.

그래서 부처님께서는 육문(六門)을 지키라고 말씀하셨다.
"우리의 문은 여섯 개가 있다. 눈, 귀, 코, 입, 신체, 의식의 문[육근, 六根]이다. 이 문으로 물질, 소리, 냄새, 맛, 접촉, 생각이란 대상[육경, 六境]을 맞는다. 그리고 모두 각기 육식(六識)한다. 이때 여섯 가지 문에서 대상과 접촉할 때마다 알아차림이 있으면 문지기가 지키고 있는 것이다. 알아차림이 없으면 탐, 진, 치라는 불선업의 도둑이 들어와 주인 노릇을 하게 되는 것이다. 그래서 알아차림이란 것은 문지기의 역할과 같다."

그래서 부처님은 중구난방으로 드나드는 출입자를 몸, 느낌, 마음, 법(마음의 대상)이라는 네 가지 특성에 따라 구분하여 놓고 이 문을 통과하는 것을 집중적으로 지켜보라고 하였다.

그 중에 호흡을 알아차리는 이유는 항상 있는 것이고, 또 호흡을 지켜보는 것이 가장 능률적이기 때문이다. 따라서 통증이든 맛이든 현재 이 시점에서 가장 두드러지게 나타나는 것이 있을 때에는 그것을 집중적으로 알아차려야 한다.

그러나 그 강렬함이 사라지고 평상으로 되돌아갈 때에는 다시 호흡을 보는 것이 알아차림을 놓치지 않고 지속시키는 효과가 있다. 그래야 직무 태만을 하지 않는다.

피하는 것은 화내는 마음과 같다

추우면 옷을 끼어 입고 더우면 옷을 벗는다. 맛있으면 더 먹으려 하고 입맛에 맞지 않으면 그만 먹는다. 이것은 사람이라면 누구나 할 줄 아는 자기 보호능력의 한 수단이다. 그러나 이런 능력이 지나치면 역시 수행에는 도움이 되지 않는다.

이건 나의 평소 생각이지만, 세상 살아가는 데 있어서 영리하거나 요령이 좋을수록 위빠사나 수행과는 거리가 먼 것 같다. 가령 우리들 중에는 잡다한 집안일이나 일상생활에서 문을 여닫는 작은 손놀림 하나에도 능률적으로 움직이는가 하면 명민한 두뇌 회전으로 자신은 물론 주변 사람들조차 편하게 해주는 그런 똑똑한 사람이 있다. 이런 이들은 매사에 서툰 사람에 비하여 일의 능률도 빠르고 세상을 사는 데 고생도 훨씬 덜한다.

그렇다고 하여 이런 사람들이 수행에서조차 우등생이라고는 할 수 없다. 이처럼 요령 좋은 사람일수록 주어진 조건을 그대로 받아들이지 않고 잘 회피하기 때문이다.

나도 오늘은 그런 사람이었다. 차를 운전하면서 좀 더웠던 탓인지 창문을 열었다 닫았다 하고 에어컨도 켰다 껐다 하며 차 안의 쾌적한 분위기를 유지하기 위해 부산하게 움직이는 자신을 알아차렸다. 그러고 보니 내 마음은 끊임없는 욕망의 연속이었다. 더우면 시원하게 하려는 욕망, 추워지면 따스하게 하려는 욕망, 주변을 쾌적하게 하려는 욕망의 연속일 뿐 몸의 어리광은 더욱 늘어만 가고 있는 것이다. 덥고 춥고 지루하고 즐겁고 하는 등의 현상으로부터 '어떻게 하면 벗어날 것인가, 혹은 유지할 것인가'만을 궁리하고 있는 것이다.

이것이 바로 현실을 회피하는 것이고 화내는 마음의 다른 모습이기도 하다. 불편한 조건을 좀 지켜볼 생각을 하지 않고 미리 피해 가거나 아니면 얼른 벗어날 궁리만 하고 있기 때문에 그 고통의 실체를 볼 수가 없다. 그러니까 세상살이에 요령이 좋을수록 현실을 직시하는 능력이 떨어지게 된다. 그리고 또 다른 업(業)을 낳는 반응만을 되풀이하고 있는 것이다.

이런 요령을 아는 사람은 정신적인 고민도 가볍게 넘길 줄 안다. 가령 마음의 상처를 입고 근심에 잠겨 있다 하더라도 금세 마음을 즐거운 쪽으로 돌릴 줄 알고 잘못된 일이 있어도 적당히 정당화시키고 더 이상 그 일에 연연하지 않는다. 이 또한 현실을 직시하지 않고 회피하는 것이다. 물론 이 정도의 세련된 태도와 마음가짐도 결코 쉬운 일이 아니지만, 그렇게 포장되었을 뿐 결국 그 마음은 어딘가에 숨어 있게 마련이다.

이렇듯 일어난 현상을 그 자리에서 알아차리지 않고 회피한다면 숨어 있던 그 문제가 다시 재연되는 경우가 많다. 연애에 실패한 경우에도 식음을 전폐하고 며칠씩 실연의 고배를 앓는 사람이 있는가 하면 마음속은 울고 있으면서도 태연하게 대처하는 사람이 있다. 그러나 결과적으로는 후자가 더 오랫동안 마음앓이를 하는 것을 본 적이 있다. 경우에 따라서는 그 마음의 상처가 전혀 다른 모양새로 변형되어 자신감을 상실한다든지 혹은 의처증을 가진다든지 하여 평생 동안 그 사람을 지배하는 경우도 있다.

선생님은 고통을 뼈저리게 느낄 줄 아는 자만이 수행을 한다고 한다. 이는 현실을 회피하지 않고 고통을 있는 그대로 받아들이라는 말이다. 무너져도 끝까지 무너지는 사람이 재기도 빠른 법이다. 수시로 일어나는 작은 고통을 회피하지 말고 지켜보노라면 궁극적으로 근본적인 고통을 벗어나는 길이 트인다는 것이다. 그래서 선생님은 고통이 있는 줄을 알고 받아들이는 것이 수행의 첫 단계라고 말한다.

남편은 또 다른 대상일 뿐이다

아파트 단지 내 부녀회에서 벚꽃 축제를 열었다. 작년과 같이 약수터 옆에 천막을 치고 단지 내 노인들에게 대접할 음식을 차리느라 부녀회 회원들이 부산하게 움직였다. 뽕짝 노래와 춤이 곁들여졌다. 어디 나서기를 수줍어하는 우리 집 젊은 노인을 위하여 그곳에 가서 떡과 부침개, 돼지고기 편육을 얻어 왔다. 남편은 이렇게 한 점 얻어먹는 것을 너무 좋아한다.

엊그제는 남편에 대한 미운 마음으로 하루 종일 심사가 가라앉아 있었다. 나에 대한 남편의 좀스런 마음 씀씀이에 불만을 품고 티격태격하였는데, 젊었을 때처럼 가슴이 부글거리는 것은 아니지만 다음날이 되어도 침체된 마음이 좀처럼 되살아나지 않았다.

그런데 오늘은 문득 '부처님은 내 몸을 나의 것이 아닌 물체로 보라고 하셨는데, 물체인 나라는 존재가 또 다른 물체인 남편이라는 존재를 미워하고 있구나' 생각하며 이 사실을 화면을 보듯 그려 보니 갑자기 웃음이 나왔다. 그러자 남편에 대한 미움이 사라지면서 서서히 나의 명랑함이 되살아났다.

자신의 몸을 하나의 물체로 보면서 순간적으로 '나'라는 생각에서 조금은 벗어날 수 있었던 것 같다. 그래서 부처님은 가능하면 자신의 몸을 몸이라고 부르지 말하고 하였다. 몸과 마음을 구별할 필요가 있을 때를 제외하고는 자신의 몸을 뼈, 살, 머리카락, 창자 등 32가지 물질로 구성된 물질로 보도록 유도하였다. 이렇게 몸을 32가지의 구성 물질로 보면, 마치 정육점에 걸려 있는 부위별 고깃덩어리를 보듯이 몸에 대한 집착에서 어느 정도 벗어날 수 있다는 것이다.

매일 보던 산이 달라 보인다

다른 날과 마찬가지로 오늘도 저녁 산보를 하기 위하여 운동장으로 갔다. 운동장으로 가는 층층대를 다 올라가 크게 숨을 내쉬면서 수리산 쪽을 바라보니 수리산을 뒤로한 아파트 숲이 오늘 따라 유달리 우뚝 솟아 보였다. 산본에 사는 주민 치고 수리산이 높은 줄 모르는 사람이 어디 있겠는가. 그러나 지금 내 눈앞에 펼쳐진 광경은 저 멀리 수리산을 배경으로 한 아파트의 거대한 몸체가 수리산보다 더 높고 압도적인 모습이었다.

무심코 보던 예전의 광경이 아니었다. 원근법의 원리를 모르는 나도 아니련만 눈앞의 집들이 새삼스럽게 커 보이는 것은 오늘에야 알아차리고 보았기 때문이리라. 예전 같았으면, 누가 나에게 산본의 모습을 눈을 감고 그리라고 하면 수리산을 제일 높게 그렸을 것이다.

수리산이 높다는 것은 나의 관념이다. 그러나 지금 내 눈앞의 수리산은 거대한 아파트 숲 사이로 간신히 그 산등성이를 들이밀고 있을 뿐이다. 그러니까 나는 이제까지 그때그때 위치에 따라 변할 수 있는 눈앞의 모습보다는 관념상의 모습으로 산본을 보고 있었던 것이다. 그것이 산본에 대한 나의 고정관념이었다. 수리산이 산본에서 제일 높다는 것은 사실이다.

그러나 지금 당장 내 눈앞에는 수리산보다 훨씬 높아 보이는 아파트 숲이 다가와 있다.

위빠사나의 기본은 바로 여기에 있는 것 같다. 내가 지금 몸과 마음을 통해 보고, 듣고, 아는 모든 것들이 실은 모두가 허망하고 진실하지 않으며 변하는 것들이다. 안이비설신의(眼耳鼻舌身意)와 그 대상인 색성향미촉법(色聲香味觸法)이 그러하며 그 주체라고 하는 마음도 뿌리가 없이 자기가 심어 놓은 종자에 따라 제멋대로 떠돌아다닐 뿐이다. 주체가 없는 이 마음은 대상이 있을 때 언제든지 일어난다. 그것도 부처님 말씀에 의하면 최초의 순간에 마음이 열일곱 번이나 생멸한다고 하니 어찌 이 마음을 나의 실체라고 할 수 있겠는가.

그럼에도 불구하고 신수심법 사념처를 통해 받아들이는 거친 호흡과 고통과 희로애락은 나에게는 엄연한 현실이다. 그간의 귀동냥을 통하여, 결국은 이 모든 것이 무상과 무아로 귀속되는 줄은 알면서도 이 현실을 무시할 만큼 나를 둘러싸고 펼쳐지는 이 모든 것들이 결코 아무것도 아닌 것이 아니다. 그리하여 부처님은 이를 '깨어서 알아차리라'고 하였다. 취사선택을 하지 말고 오직 지켜보라고만 하였다. 어떤 것이든 거부하거나 따라가지 말고 알아차리라고 하였다.

그래서 나는 화가가 되지 못한 모양이다. 만약 화가였다면 지금 내가 문득 깨달은 것처럼 우뚝 솟은 아파트 허리쯤에 걸쳐져 있는 수리산의 늠름한 모습을 자신 있게 화폭에 그렸을 것이다. 나의 고정관념이 현실을 제대로 보지 못하게 한다는 평범한 사실을 오늘 새삼스럽게 깨닫는다.

설거지는 그냥 있어서 한다

그냥 있어서 하라고 선생님은 늘 말한다. 있어서 일하고, 있어서 먹고, 있어서 한다는 마음으로 하라고 한다. 마찬가지로 설거지도 깨끗이 하기 위해서 하는 것이 아니라 그냥 있어서 하라고 한다. 그것이 필요에 의해서 하는 것이다. 그러면 하기 싫은 설거지도 편안한 마음으로 할 수 있을 것이라고 한다.

"바라는 마음이 있으면 차별하는 마음이 생깁니다. 그러나 평등심으로 하면 싫다, 좋다, 차별하는 마음을 내지 않습니다. '그냥 있어서 하고, 있어서 먹고, 있어서 하는 것'이 부처님의 가르침에 합당한 행동입니다."

대상을 있는 그대로 보는 것, 그것이 성품을 보는 것이다. 나무를 볼 때에도 그냥 안근(眼根)으로 보면 '있는 그대로' 보는 것이다. 그러나 비싼 나무, 혹은 예쁘게 생긴 나무 등으로 보면 관념으로 보는 것이다. 이것을 빨리어로 빤냐띠(모양, 관념)라고 한다. 이렇게 있는 그대로 보지 못하고 고정관념으로 보면 제대로 보지 못한다.

그러나 이런 것들을 분별하지 않고 있는 그대로 보면 이것이 바로 평등심의 상태이다. 평등심의 상태에서 대상을 있는 그대로 보면 그대로가 진리다. 이것을 빨리어로는 빠라마타(궁극적 진리, 실재하는 것)라고 하는데 진리는 있는 그대로 볼 때 접할 수 있다.

한 예로서 선생님은 테레사 수녀에 얽힌 이야기를 들려주었다. 그는 독재자를 대하거나 민주인사를 대하거나 똑같은 태도를 가지고 살았다고 한다. 독재자를 만난다고 해서 거부하지도 않고 민주인사를 만나서 더 반가워하지도 않는 그분의 태도가 오히려 오해를 사기도 했지만, 이 같은 태도는 그분이 대상을 차별 없는 평등심으로 대하기에 가능한 것이었다. 대상에 빠지지 않고 안근, 안식으로만 받아들이면 그런 마음가짐이 나온다는 것이다.

설거지도 그런 마음으로 하라는 것이다. 잘하려는 탐심을 가지고 하면 산란하여 마음이 붙지를 못한다. '잘하려는 알아차림'이 아니라 '그냥 아는 알아차림'이어야 한다. 그것이 '필요에 의해서 하는 것'이다. 이렇게 그냥 필요에 의해서 하면 설거지도, 먼 거리를 갈 때도 피곤하지가 않다.

나와 같이 수행을 하는 부인도 하루는 이런 마음가짐을 가지고 설거지를 하였다고 한다. '그냥 있어서 한다, 필요에 의해서 한다'는 마음으로 하니까 그 많은 설거지를 하면서도 조금도 지겹지가 않았다고 한다. 이와 같이 필요에 의해서 설거지하고, 필요에 의해서 먹고, 필요에 의해서 준다는 것은 욕망을 가지고 하지 않는다는 의미다.

그런데 나는 이런 마음으로 설거지를 하는데도 좀처럼 그 싫은 마음이 없어지지 않았다. 수도꼭지에서 흐르는 물의 감촉을 느끼는 한편, 있어서 한다는 것을 염두에 두고 하였지만 설거지를 하기 싫은 마음은 여전하였다.

그런데 어느 날 선생님이 말하였다.
"그때에는 싫어하는 그 마음을 먼저 보아야 합니다."

그러고 보니 나에게는 싫어하는 마음이 너무 많이 있다는 사실을 알았다. 설거지를 한다는 생각만 해도 손의 마디마디가 저리고 지겹다는 생각을 하고 있었다. 게다가 깨끗이 해야겠다는 탐심까지 합세하여 싫어하는 마음으로 꽉 차 있었다. 그래서 싫어하는 마음을 먼저 보기로 하였다. 그러니까 신기하게도 마음이 편해졌다.

알아차림의 힘이 신통치 않았는지 단숨에 마음의 평정을 얻은 것은 아니었지만 설거지를 할 때마다 떠오르는 마음을 알아차리다 보니 어느새 설거지대 앞에 서 있어도 마음이 전혀 불편하지 않았다. 손을 뻗어 수도꼭지를 틀고, 흘러나오는 물에 닿는 손의 느낌을 느끼며 하다 보니 어느새 설거지가 끝나 있었다.

바라고 하면 수행이 아니다

뉴질랜드의 수도인 오클랜드에 살고 있는 큰딸 뽕아(애칭)는 요즘 날로 크는 아기 예니를 보는 재미에 폭 빠져 있다. 그런 예니를 독립심도 키우고 우리말뿐만 아니라 영어도 같이 익힐 겸 일주일에 두 번, 하루에 세 시간씩 탁아소에 맡기기로 하였다. 그러나 그 일이 아기에게는 쉬운 일이 아니어서 애를 먹고 있는 중이다.

어느 날 뽕아는 이메일(E-mail)로 나에게 이런 글을 보내왔다.

저는 요새 아이 맡기는 일로 무척 신경이 쓰이는 상태랍니다. 제가 너무 민감하게 반응하는 것일 수도 있지만 벌써 맡긴 지 2주가 지난 셈인데 또 내일이 걱정입니다. 이번 주까지만 두고 보고 계속 예니가 싫어한다면 일단 중지할 생각입니다.

아무래도 가볍게 생각되지가 않아요. 맡기는 후유증인지 예니는 바깥에만 나가면 나를 찾고 안아달라고 매달리고 공공장소에서도 서슴지 않고 울어댑니다. 내 아이가 이렇다는 것이 좀 창피하기도 하고 저의 하루가 더더욱 힘들어지기도 해서 요즘은 힘이 빠져요.

엄마! 알아차리는 게 잘 안 돼요. 너무 많은 생각이 한꺼번에 떠오를 경우에는 어떤 것을 보아야 하는 걸까요. 사실 제가 예니를 맡기는 것에 어떤 마음을 가지고 있는지도 잘 모르겠어요. 예니를 맡기고 잠시 자유시간을 갖고 싶은 건지, 아니면 예니가 나만을 사랑하기를 바라는 건지도 모르겠어요.

딸아이의 메일을 읽고 나는 이런 답장을 보냈다.

너는 안 된다는 생각 때문에 꽤 많이 알아차릴 것들을 놓치고 있는 것 같다. 그것도 알아차릴 좋은 대상들이다. 선생님은 늘 있는 그대로를 받아들이라고 한다. 그냥 그대로 인정하고 받아들이는 것이 위빠사나다. 생각이 많고 복잡하면 복잡한 그대로의 현상을 인정하는 것이 중요하다. 많이 혼란스러울 때는 '복잡하다'고 명칭을 붙이는 것도 도움이 될 것이다. 예니에 관해서는, 아이에게서 문제를 찾기보다는 아이에 대한 너의 마음에서 찾아야 한다. 물론 노력해도 잘 안 될 것이다. 그때는 안 된다는 그 상황까지도 알아차리고 있노라면 또 다른 것을 알 수 있을 것이다. 이를테면 알아차림을 하면 문제가 해결되리라고 '기대하는 마음'이라든가, 아니면 빨리 해결되기를 바라는 '조급한 마음'이라든가, 대상에 반응하는 마음은 한두 가지가 아닐 테니까 편안한 마음으로 지켜보기 바란다.

답장은 그렇게 했지만 그 번민이 나에게로 옮겨왔는지 계속 생각이 머릿속을 떠나지 않아서 선생님에게 여쭈었다.

"지금 뽕아는 수행이 잘되기를 바라고 있는 것 같습니다. 이 바라는 마음이 바로 탐심이라는 것을 알아야 합니다. 수행을 한다는 것은 일단 무엇이나 대상을 알아차린다는 것인데, 모든 것을 그냥 대상으로 보면 들뜨지 않고 고요해집니다. 지금은 아이 때문에 모든 것이 바라는 마음으로 가득 차서 들떠 있을 가능성이 많습니다. 그런 자신의 마음을 먼저 살펴보아야 합니다."

아무리 수행자라 하더라도 자식의 문제에서는 내 자식, 나의 분신이라는 생각 때문에 객관성을 유지하기가 어렵다. 특히 모성 본능이 작용할 때에는 집착 때문에 대상을 제대로 볼 수가 없다. 현재 뿡아가 그럴 가능성이 높다.

그래서 선생님은 "무엇도 되려 하지 마라, 바라지 마라, 그냥 알면 된다"고 한다. 그냥 알고 말라고 한다. 무엇도 바라지 말고, 운동경기의 관람자와 같이 나타난 현상을 그대로 지켜보라고 한다. 수행에서조차도 바라는 마음으로 하면 수행이 잘 안 된다는 것이다. 수행을 잘하고자 하는 것도 탐심이기 때문이다.

치통사건

이야기가 나왔으니 큰딸 뿡아의 수행 경험을 한 가지 더 이야기하기로 한다. 그의 글을 보기로 한다.

엄마가 이메일로 보내 주신 글을 읽고 며칠간 위빠사나를 염두에 두고 있던 중 제게 생긴 어려움이 바로 '무엇이 된다, 안 된다' 하는 생각에 있다는 것을 알았습니다.

그러던 중 오늘 저는 아주 분명하게 위빠사나를 경험하였습니다. 치통입니다. 지독한 치통으로 서너 시간 고생했는데, 처음에는 약도 먹고 고통을 알아차리기 위해 노력도 했습니다. 그런데 오늘 나영이가 예니를 조금 봐주어서 한 시간 정도 누워서 쉴 수 있었습니다. 저는 가만히 누워서 고통을 보았습니다. 치통은 점점 퍼져서 아래로는 목까지 위로는 눈언저리까지 아파 오기 시작했습니다. 그래서 '알아차림'으로 보기 위해 노력했어요.

그런데 그 지속되는 고통 속을 자세히 살펴보니 자그마한 통증들이 이곳저곳에서 올라왔다가는 사라지기를 반복하고 있는 거예요. 물론 지속되는 통증들도 있었던 것 같아요. 그때 저는 뭔가 '아!' 하는 느낌을 받았어요. 위빠사나에서 알아차림이란 생(生)과 멸(滅)의 알아차림이라는 것을요. 고통은 단순히 일어나는 것만이 아니라 사라지는 것까지도 알아차릴 수 있다는 사실을 알았습니다. 지금까지는 위빠사나를 제대로 이해하지 못하고 있었다는 것도 알았어요.

얼마를 지나니 고통이 어느 정도 사라졌습니다. 저는 그때 사라짐을 느꼈지요. 이 경험을 통해 숨 쉬는 것을 알아차리는 방법, 느낌을 알아차리는 방법과 같은 모든 위빠사나 방법의 근본은 그 생멸(生滅)을 아는 것이라는 것을 새삼 배웠습니다. 눈을 뜨고는 나영에게 나는 위빠사나가 뭔지 이제야 알았다고 말했어요.

이제 와서 보니 알아차림과 삼매의 차이도, 부처님께 바치는 마음의 차이도 알 수 있을 것 같습니다. 어떤 어려움이 생겼을 때 그것에 집중하면 삼매이고 부처님께 바치면 그것도 하나의 위빠사나입니다. 그러나 삼매에 들었다가 깨어나는 순간 그 깨어남을 알아차리는 것이 위빠사나고, 부처님께 바치고 나서 그 마음이 사라지는 것까지 보면 그것이 위빠사나라는 생각이 듭니다.

엄마, 저는 이 작은 고통으로 참으로 큰 깨달음을 얻은 것 같습니다.

이렇게 작은 고통을 통하여 지혜를 얻어 가는 뿡아의 소식을 들으면서 기특하다는 생각과 함께 젊은 나이에 벌써 이런 경험을 할 만한 조건을 갖고 태어난 그의 선업이 부러웠다.

사마타와 위빠사나

선생님의 법문을 듣다 보면 위빠사나(Vipassanā)와 비교되는 사마타 (Samatha)라는 생소한 용어가 자주 등장한다. 그런데 우리는 그 의미도 잘 모를 뿐만 아니라 사마타와 위빠사나의 차이에 대하여는 더더욱 잘 모르고 있다. 이쯤에서 한번 정리를 해볼 필요가 있다.

돌이켜보니 나는 지금까지 수행이란 어떤 것인가에 대하여 참 막연하게 알고 있었다. 굳이 말로 표현하자면 몸과 마음을 닦는 것이라고나 할까. 구체적으로는 눈을 감고 좌선을 하거나 염불 혹은 삼천배를 하면서 몸과 마음을 다스리는 것 정도로 생각하며 살아왔다. 그래서 어느 스님이 토굴에 들어가 수행을 시작하였다고 하면 식사를 조절하고 몸을 극복하면서 마음을 하나로 모으는 수행을 하려니 하고 생각하였다. 그리고 마음을 하나로 모으기 위해서는 촛불이나 어느 설정 된 점을 응시하기도 하고 신(神)이나 화두와 같은 관념적인 대상에 몰두하는 것이 도움이 될 것이라고 보았다. 좀더 광범위하게는 태권도를 하거나 운동을 통해 몸을 단련하는 것도 일종의 수행이라고 보았다. 또한 피아노나 바이올린을 연주하면서 마음이 하나로 집중이 된다면 이것도 수행과 연결된다고 생각하였다.

그런데 미얀마 스승들은 이런 다양한 수행들을 두 가지로 나누어 말하고 있다. 사마타와 위빠사나다. 그리고 위빠사나는 오직 부처님에 의해서 개발된 수행방법이라고 한다. 그러니까 고따마 싯닷타라는 분이 위빠사나 수행을 통하여 부처가 되고 난 후 "오직 이 방법을 통해서만 열반에 들어갈 수 있다", "이 방법이 아니고는 번뇌를 해결할 수 없다"라고 말씀하시기 이전까지는 오직 사마타 수행만이 있었다는 이야기다. 부처님도 깨달음을 얻기 전까지는 사마타 수행을 한 것이다.

한문으로는 사마타를 지(止)라고 하고 위빠사나를 관(觀)이라고 하는데, 사마타는 대상에 마음을 두고 깊은 집중을 유도하는 것이다. 그래서 마음이 그곳에 머무는 것[止]이다. 그러나 위빠사나는 대상에 마음이 머물러 있으면 안 된다. 대상을 객관화해서 계속하여 지켜보아야 한다. 대상이 어떻게 변화하는가를 보는 것이다. 이때의 대상은 몸과 마음에서 일어나는 실제 상황이다. 오직 현재 일어나고 있는 변화만이 대상이다. 사마타 수행에서와 같이 관념적이거나 어떤 모양을 대상으로 하지 않는다.

이런 이야기는 위빠사나 수행을 접하게 되면서 처음 알게 되었다. 그리고 이제는 누가 수행을 한다고 하면 사마타를 하는지, 위빠사나를 하는지 구분도 할 수 있게 되었다.

그러고 보면, 촛불이나 붉은 점을 응시하면서 마음을 하나로 모으는 것은 사마타다. 밤새 염불을 하거나 삼천배를 하면서 정신을 하나로 집중하는 것도 사마타다. 이때에는 촛불이나 점이 수행의 대상이 된다. 염불이나 삼천배를 할 때에는 자신의 목소리나 동작 등이 대상이 될 수 있는데 대상과 내가 하나가 될 때 사마타 수행은 절정에 이르게 된다. 이렇게 사마타는 대상에 밀착하여 집중하는 것이기 때문에 고요함(사마디)을 얻는다. 그래서 사마타를 선정수행(禪定修行)이라고도 한다.

그러나 이때 촛불을 응시하고 있는 자신의 눈이나 염불 소리를 듣고 있는 귀에 마음을 두고 지켜본다면 위빠사나가 된다. 삼천배를 할 때에도 몸의 움직임, 고개를 숙이는 머리의 무거움, 손이 바닥에 닿는 차가운 느낌들을 알아차리면서 한다면 위빠사나가 된다. 이렇게 위빠사나는 하나의 대상만을 보지 않고 몸과 마음에서 일어나는 여러 가지 대상을 보기 때문에 한 가지 대상에 머물 겨를이 없다. 찰나 찰나를 알아차리면서 변화를 보아야 한다. 이렇게 위빠사나는 순간순간 일어나는 대상의 변화를 보기 때문에 번뇌를 해결하는 지혜를 얻을 수 있다. 그래서 위빠사나를 지혜수행(智慧修行)이라고도 한다.

부처님은 사마타 수행과 위빠사나 수행 두 가지를 모두 권하였다. 주석서인 『청정도론(淸淨道論)』에 보면 무려 40가지의 사마타 수행이 소개되고 있다. 이것들이 모두 부처님 당시에 행해지던 수행이다. 그러나 어느 경우에든 열반을 목적으로 한다면 사마타를 하더라도 나중에는 위빠사나로 들어가야 한다고 하였다. 부처님은 6년간 사마타만 하다가 마지막 순간에 위빠사나로 전환하여 열반에 들었다. 그리고 이 수행이야말로 번뇌를 해결하고 열반에 이르는 필수적이고도 유일한 길이라고 하였다.

이 두 가지 수행을 어떻게 적절히 활용하는가에 따라 수행의 방법과 지도가 달라질 수는 있다. 현재 미얀마에서는 스승에 따라 지도하는 방법이 각기 다른데, 처음에는 사마타를 하다가 위빠사나로 전환하기도 하고 사마타와 위빠사나를 겸하기도 한다. 지금 우리가 하고 있는 방법은 처음부터 위빠사나를 하는 방법이지만 순간순간 사마타가 곁들여지기도 한다.

그런데 이런 위빠사나 수행에 관한 것들은 철저하게 『대념처경(大念處經)』과 주석서에 입각한 것이라고 한다. 그것이 또 하나 위빠사나 수행의 핵심이라고도 할 수 있다. 완전한 위빠사나는 경전에 입각한 신·수·심·법을 종합적으로 포용하고 있을 때 바른 것이라고 말할 수 있다.

삼매와 선정의 진정한 의미

위빠사나에 관한 이야기를 기록하다 보니 삼매 혹은 선정이라는 용어를 많이 쓰게 되는데, 사실 나 자신이 그 의미를 정확히 파악하지 못한 채로 혼용하고 있었음을 알게 되었다. 두 용어가 모두 빨리어의 사마디(samadhi)에서 비롯한 것인데, 따지고 보면 이들 용어는 그 쓰임새에 따라서 조금씩 다른 의미를 가지고 있다. 이 기회에 간단하게나마 그 차이점들을 짚어보기로 한다.

삼매는 '사마디'를 소리 나는 대로 중국말로 옮겨 놓은 것이다. 산스크리트어의 '니르바나'를 열반(涅槃)이라고 한 것과 같은 과정을 거치면서 한문화한 것이다. 전문가에 의하면, 열반이라는 단어가 중국에 정착하기까지는 상당 기간이 걸렸다고 한다. 열반의 의미가 이미 그 당시 중국에서 알려져 있던 노자의 무위사상(無爲思想)과 비슷하다고 해서 무위라는 용어로도 사용되었지만 시간이 지나면서 음역인 '열반'으로 정착된 것이다.

삼매의 경우도 비슷한 과정을 거쳐 정착하였을 것으로 짐작되는데, 중국 고유의 신선사상과 접목되어서 선정(禪定)이라는 말로도 표현된다. 그러나 선정은 대상과 마음이 하나가 되는 것을 목적으로 하는 것이기 때문에 사마타 수행의 결과 얻어지는 고요함을 의미한다고 볼 수 있다. 이에 해당하는 빨리어로는 자나(Jhāna)라는 말이 있다.

부처님은 무색계 4선정(四禪定)까지 갔는데도 번뇌를 해결하지 못하였다. 이때 하였던 수행은 사마타다. 그러나 위빠사나 수행으로 전환하면서 열반에 들었다고 한다. 이때에는 대상과 하나가 되는 선정수행을 하는 것이 아니라 일어나고 사라짐의 변화를 보는 찰나삼매를 하여야 한다.

그래서 삼매에는 3가지가 있다고 한다. 근본삼매와 근접삼매, 찰나삼매가 있는데 근본삼매와 근접삼매는 선정수행 혹은 사마타에서 추구하는 것이고 위빠사나에서는 찰나삼매를 한다. 근본삼매에 머물면 진리를 보지 못하기 때문이다. 이로 미루어 보면, 삼매와 선정은 모두 수행의 결과 얻어지는 고요한 마음의 집중이라고 할 수 있는데 선정은 사마타 수행의 경우에 적합한 용어라고 할 수 있다.

이와 같이 삼매와 선정은 쓰임새에 따라서 다르게 사용되고 있는데, 나는 지금까지 이 두 가지를 구별하지 않고 사용하였다. 나는 평소에 스스로를 삼매 체질이 아니라고 생각하여 왔다. 남들이 하는 것처럼 염불삼매에 들고 싶어도 잡념만 들어오고 마음의 집중을 할 수가 없어서 이 부분에 관해서는 그런 성향이 없다고 생각하고 스스로 포기하여 버렸다. 그런데 이렇게 두 용어의 쓰임새를 검토하고 보니 내가 할 수 없었던 것은 고요함에 머무는 것을 목적으로 하는 선정이었다. 그리고 깊은 삼매(근본삼매)였다. 그런데 지금 와서 위빠사나를 하고 순간의 변화를 지켜보면서 찰나삼매에는 소질이 없지 않다는 것을 발견하였다.

그리고 또 하나 지적할 것이 있다. 위빠사나 수행에서 좌선을 하고 경행을 하는 이유는 무엇일까. 일차적으로는 고요한 집중을 얻기 위해서다. 고요함을 얻었을 때 비로소 몸과 마음에서 일어나는 변화를 알 수 있고 변화를 보아야 지혜가 나서 실상을 알 수 있기 때문이다. 그러기에 정확하게 표현하자면 사마디를 삼매라고 하기보다는 '청정한 마음의 집중'이라고 표현하는 것이 적절하다고 말한다.

그러면서 선생님은 우리에게 이렇게 물었다.

"여기서 말하는 '청정'은 무엇을 의미하는 것일까요?"

우리는 각자 생각나는 대로 '알아차리는 마음이다' 혹은 '욕심 없는 마음이다'라고 대답하였다. 우리의 표현을 모두 들은 후 선생님이 말하였다.

"여기서 말하는 청정함이란 바로 18계를 청정하게 아는 것을 의미합니다. 다시 말하면 18계를 있는 그대로 아는 것을 말합니다. 육근(안·이·비·설·신·의)이 육경(색·성·향·미·촉·법)에 부딪쳐서 육식(안식·이식·비식·설식·신식·의식)하는 것, 이것이 18계인데, 이것은 바로 내 안에 있는 세계입니다. 18계가 제대로 되어지는 것, 그것은 대상의 성품을 제대로 보는 것입니다."

그러므로 위빠사나 수행에서 사마디라고 하면 '있는 그대로의 성품을 보아서 얻어지는 고요함'이라고 하는 것이 정확한 표현이다.

고정관념의 틀

어린아이들이 그림을 그리면 얼굴은 크고 팔다리는 짧으며 머리털은 있기도 하고 없기도 한 우스꽝스런 모습의 엄마를 그린다. 어떤 때는 엄마보다 아빠를 더 작게 그리기도 한다. 들어온 정보에 따라 그림이 만들어지는 것이다. 이런 아이들이 좀더 크면 그림은 더욱 복잡해진다.

이렇게 아이들이 들어온 정보에 따라 그림을 그리는 것을 보면 저런 것이 쌓여서 고정관념이 되는구나 하는 생각이 든다. 만약 어느 노련한 화가가 사실적인 그림을 그린다면 있는 그대로의 모습을 화폭에 옮겨 놓으려고 노력할 것이다. 대상의 길고 짧음과 명암에 포인트를 두고 보이는 그대로 옮기다 보면 어느새 얼굴의 윤곽도 드러나고 눈, 코, 입의 모습도 그려질 것이다. 그런데 아이들은 손을 그릴 때에도 다섯 개의 펼쳐진 손가락을 또렷하게 그려 놓는다. 화가의 눈으로는 손이 보일 수도 있고 안 보일 수도 있으며 손가락이 두 개만 보일 수도 있다. 그런데 아이들에게는 어느새 손가락이 다섯 개라는 정보가 들어와 하나의 고정관념으로 굳어져 있는 것이다.

우리는 어른이 되어서도 매사에 이렇게 들어온 정보를 바탕으로 생각하고 느끼며 살고 있다. 실재하는 것은 보지 못하고 온통 정보와 고정관념에 휘둘려서 자신이 무엇을 하고 있는지조차 모른 채 살고 있다. 이런 고정관념의 틀을 어떻게 벗어나느냐에 따라 삶의 질이 달라질 수 있겠지만 이런 틀을 벗어나는 일이 쉽지가 않다.

여자들이 처음 결혼하여 제일 먼저 부딪치는 일이 시댁에 어떻게 적응하는가의 문제인데, 거의 대부분의 여자들이 있는 그대로를 받아들이지 못하고 엄청난 고정관념을 가지고 맞는다. 나도 예외가 아니었는데 처음에는 남편이 그 중간역할을 해주기를 기대하였다. 그러나 남편은 전혀 해주지 않았다. 일부러 그랬다고는 생각되지 않았는데 아마도 남의 일에 끼어들지 않는 그의 타고난 성품 때문에 그랬던 것 같다. 이렇게 남편이 할 일을 해주지 않으니 나는 무슨 큰 손해나 보는 듯 억울한 마음으로 살았다.

그러다가 하루는 이런 생각을 하였다.
"내가 부처님의 윤회사상을 믿는다면 이런 마음을 가지는 것이 아니다. 시댁 식구들이 전생에는 나의 어머니였을 수도 있고 자식이었을 수도 있다."

그리고 마음을 크게 바꾸어 버렸다. 생각이 여기까지 미치자 그들과 나 사이에는 남편이 끼어들 여지가 없었다. 그리고 시댁과 나 사이에 '이래야 한다, 저러면 안 된다' 하는 고정관념도 없어져 버렸다. 그리고 나서부터는 그들과의 관계에서 전혀 불편하지가 않았다. 오히려 친정식구들에게 갖는 집착이 없어서 더 편안한 사이가 되었다. 신기한 것은 자신의 마음이 편안해지니까 오히려 하고 싶은 말도 스스럼없이 할 수 있고 잔소리를 들어도 친정어머니에게서 야단을 맞은 듯 섭섭하지가 않았다.

명분이나 당위성을 가지고 세상을 보면 고정관념의 틀에서 벗어나기가 힘들다. 그러나 대상을 성품으로 보면 쉽게 벗어날 수 있다. 부처님은 대상을 모양이나 개념, 명칭(빤냐띠)으로 보지 말고, 실재하는 성품(빠라마타)으로 보라고 하였다. 이는 마치 화가가 손가락을 다섯 개로 그리지 않고 명암의 개념으로 그리는 것과 같다. 자신의 몸도 이런 관점에서 보면 '나'라는 것을 내세우지 않고 집착이 좀 떨어진다.

위빠사나는 생활선(生活禪)이다

우리 어머니는 수행에 대한 열정이 많은 분이었다. 언젠가는 본격적으로 수행을 해보고 싶다는 갈망을 항상 가지고 있었다. 수행을 전공으로 하고 싶었던 것이다. 그래서 막내 동생이 일곱 살만 되면 머리 깎고 스님이 될 속셈으로 안방 장롱 속 깊숙이에 회색 승복을 숨겨 놓고 있었다. 이런 사실을 눈치 채고 있던 아버님은 "여보, 당신이 극락 가면 나는 당신의 치맛자락이라도 잡고 갑시다" 하고 농담 섞인 말을 하였지만, 사실 내심으로는 어머니가 어느 날 불쑥 출가할까 봐 불안하셨을 것이다.

그러던 어느 날 어머니는 가족들을 이렇게 불안하게 하면서 수행을 한다는 것이 과연 합당한 일인가에 대해 회의를 느끼게 되었고, 결국은 그 비밀계획을 포기하였다. 그 대신 동국대학에 들어가 불교에 관한 공부를 본격적으로 시작하였는데, 어머니의 석사논문 주제는 재가불교(在家佛敎)에 관한 것이었다. 경전 공부를 하다 보니 출가를 하지 않고도 수행을 할 수 있는 실마리를 찾은 것이다. 1950년도 당시에는 이렇게 수행의 무대가 산속에 국한되어 있었는데 어머니는 경전들을 근거로 집에서도 수행을 할 수 있다는 구실을 찾아낸 것이다.

이 무렵 어머니는 어느 비구니 스님과 교류를 하고 있었다. 주로 스님이 우리 집을 방문하였는데 이 스님은 출가하기 전에 그 당시로서는 드물게 일본에서 공부한 신여성이었다. 남편도 은행장인가 하는 유복한 사람이었고 자식들도 있었다. 그런데 그분은 우리 어머니와 달리 남편과 자식을 두고 출가를 하였다. 그래서인가 다른 비구니들이 기거하는 사찰에 머물지 않고 절 뒷산 토굴에서 생식을 하며 수행하였다. 마음이 급하였던 것이다. 우리는 그분을 '생식 비구니 스님'이라고 불렀는데, 그분은 거의 정기적으로 그간에 있었던 수행의 결과를 보고도 할 겸 자랑도 할 겸 어머니를 찾았다.

지금 와서 생각하니 그분은 아마 토굴에서 사마타 수행을 하였던 것 같다. 수행을 하는 도중에 신체구조의 경락도 보이고 남의 운명도 보인다고 하였다. 선생님에 의하면, 사마타 수행을 하면 예지능력이나 축지법과 같은 '능력'이 생긴다고 하는데 스님도 그런 경우였던 것 같다. 그런데 우리 어머니는 빨리 거기서 벗어나라고 충고하였다. 그때는 몰랐지만 지금 생각해 보니 어머니의 판단이 지혜로웠다. 어머니는 스님과 달리 남편도 있고 어린 자식들도 있는 현실을 그대로 수용하였다. 이렇게 있는 그대로의 현실을 받아들였다면 거기에는 알아차림이 있었을 것이다. 그것이 알아차림인 줄은 몰랐겠지만 주어진 현실을 받아들이고 고정관념을 키우지 않는 지혜를 가졌고 대상을 객관화할 줄 아는 타고난 성향이 있었던 것 같다.

이렇게 어머니는 일상에서도 수행을 할 수 있다는 자신의 신념을 경전 기록들을 통해서 정당화하려고 하였지만, 사실 부처님은 이미 행주좌와(行住坐臥) 모두가 수행의 대상이 된다고 하였다. 아니, 수행의 대상 자체가 바로 자신의 몸과 마음이라고 하였다. 어떻게 움직이고 느끼며 생각하는가를 지켜보는 가운데 그것들은 변하는 것이고[無常], 괴로운 것이며[苦], 내 뜻대로 안 되는 것[無我]이라는 3가지 진리를 알 수 있다고 하였다. 그러니까 수행은 어느 때나 가능하다. 걸으면서도 밥 먹으면서도 심지어 화장실에서 볼일 보고 목욕탕에서 목욕하면서도 마음만 먹으면 수행을 할 수 있다. 그래서 선생님은 위빠사나를 생활선(生活禪 Life Meditation)이라고 말한다. 수행을 한다고 따로 멍석을 깔 필요가 없이 언제 어디서나 가능하다는 의미다.

어떤 이는 수행이 하고 싶은데도 너무 바빠서 위빠사나 수행을 못한다고 하는데, 이는 위빠사나를 제대로 이해하지 못한 사람들의 이야기다. 나도 한때는 수행은 한가로운 사람들이 다른 일 제쳐놓고 하는 것으로 생각하였다. 그러나 이제는 집안일이나 직장 일을 하면서도, 심지어는 남과 대화를 하고 돈벌이를 하면서도 알아차리려는 마음만 가지면 수행이 가능하다는 것을 알게 되었다. 오히려 이렇게 일상의 알아차림이 몸에 배면 삶의 질이 훨씬 좋아진다.

제3장
마음 보는 위빠사나

선생님이 미얀마에서 돌아오셨다는 전화를 받고 직접 댁을 방문하였다.
분당의 맨 끝자락인 미금역 부근의 한 아파트를 찾아 초인종을 누르니
머리를 깎은 스님 모습의 선생님이 반갑게 맞아주었다.
안거(安居)를 무사히 마치고 돌아온 선생님은 건강해 보였고 할 말도 많아 보였다.
"그동안 수행 잘하셨습니까?"
선생님의 첫인사였다. 내 입에서 '그렇다'는 대답이 나올 리 만무하다.
그러나 선생님은 그간 미얀마에서 어떻게 수행하였는지, 그 내용이 무엇인지
우리가 알아들을 수 있는 정도 내에서 친절하게 들려주었다.

20%의 사띠

이제까지는 알아차림의 연속성 문제에 주력하였는데 앞으로는 알아차림의 깊이에 관심을 가질 것이라고 선생님은 말하였다. 그러니까 어떻게 하면 알아차림을 오래 지속할 것인가가 그간의 과제였다면, 이제부터는 얼마나 내용 있는 알아차림에 들어갈 것인가에 초점을 둔다는 것이다. 이 것은 알아차림의 정확성을 말하는 것이다.

선생님의 입에서 알아차림에도 순도(純度)가 있다는 말이 나오자 내가 물었다.

"그렇다면 사띠도 그 깊이가 다르다는 말입니까?"

그렇다는 대답이다.

"예를 들어 20%의 사띠도 있고 50%, 90%의 사띠도 있다는 말인가요?"

"물론입니다. 20% 정도의 사띠도 있고 50%, 90% 정도의 사띠도 있습니다. 100%의 사띠도 있을 수 있습니다. 이 점은 삼매에서도 마찬가지입니다. 삼매는 사마타 수행의 삼매와 위빠사나 수행의 삼매가 다르지만 가장 이상적인 삼매는 성품(빠라마타)을 알아차려서 생기는 것입니다. 그때는 찰나삼매를 해야 합니다. 그리하여 대상에 정확히 밀착하여 알아차림이 지속될 때 이것을 좋은 삼매라고 할 수 있습니다."

이치적으로 따지면 그럴 수도 있겠다는 생각이 들었다. 하지만 이런 식의 생각은 해본 적이 없었기 때문에 알아차림과 삼매에도 그 깊이와 순도가 다르다는 이야기는 참 놀라웠다. 그러나 순도가 높은 알아차림과 삼매는 역시 순도가 높은 노력과 함께 조화를 이룰 때 바른 수행이 된다고 한다.

어쨌든 선생님의 수행방법은 그간 조금 달라진 것 같았다. 앞으로는 이 방법으로 수행지도를 받게 될 것 같다.

아는 마음을 아는 것

몇 차례의 전화가 오고 간 후에 드디어 오늘 선생님 댁에서 다시 위빠사나 모임을 갖기로 하였다. 새로운 멤버가 짜이고 수행을 처음 시작한 사람을 위하여 선생님은 또다시 수행의 기초가 되는 마음 자세에 대하여 설명해 주었다.

지난번 모임에서의 수행과 다른 점이 있다면, 가슴에서 알아차리는 위빠사나, 즉 마음을 알아차리고 나서 마음의 작용인 느낌을 아는 수행이 강조된다는 점이다. 그동안 선생님은 가슴에서 느낌을 알아차리는 위빠사나에 대한 확신을 굳혔고, 이를 위한 테크닉도 조금 다르게 개발한 것 같아 보였다.

이번 수행에서 강조되는 것은 '아는 마음을 아는 것'이다. 영어로는 'noting mind'를 'watching'하는 것이라고 하는데, 이런 용어는 마음을 알아차리는 수행을 하는 곳에서만 강조되는 것이다.

그러나 실상 초보자들에게 있어서는 마음 보기가 쉽지가 않다. 그래서 수행자들 입에서는 가끔 "어떻게 하는 것이 마음을 보는 것인가?"라는 질문이 나온다. 그러나 마음은 비물질이기 때문에 마음을 보고도 그것이 마음을 본 것인 줄을 모르는 것이 일반이라고 선생님은 말한다.

"마음이란 주체가 없습니다. 마음은 순간적으로 일어났다가 사라짐의 연속일 뿐입니다. 일어났던 마음이 사라지면서 또 다음 마음을 일어나게 하고 사라집니다. 이때 이 마음이 다음 마음에게 모든 정보를 넘겨주고 소멸합니다. 이렇게 마음은 대상만 있으면 계속하여 일어나지만 또 사라집니다. 조건에 의해 일어나고 사라지는 마음만 있습니다. 그래서 나란 것이 없다고 하는 것입니다."

그리고 선생님은 우리들에게 눈을 감고 마음이 어디 있는가를 찾아보라고 하였다. 한참을 머뭇거리고 있던 한 수행자가 "찾을 수 없다"고 말하자 "지금 마음을 찾지 못해 머뭇거리고 있는 그것이 바로 현재의 마음입니다"라고 선생님이 대답하였다. 그것이 현재를 보는 방법이다.

이렇게 마음은 일상적인 것에서 대중적(對證的)으로 그 모습을 드러낸다. 마치 깃발이 나부끼는 것을 통하여 바람이라는 존재를 알듯이 마음이 일으키고 남긴 느낌[受]과 기억, 생각[想]을 통해서 안다. 마음을 알아차렸다고 하더라도 그 느낌이 분명하게 나타날 때도 있지만 그렇지 않을 때도 있다. 그러나 일단 알아차렸으면 잡히는 것이 없어도 마음을 본 것으로 간주하는 것이 좋다고 한다. 아는 것이 중요하지 그 결과는 의미가 없다는 것이다.

여기서 중요한 것은 새로 마음을 낸다는 것이다. 마음을 새로 낸다는 인식을 가지고 알아차리는 것이다. 그래서 선생님은 늘 '지금 내 마음이 무엇을 하고 있는가를 보라고 한다. 그러면 새로 마음을 내서 먼저 마음을 보게 된다. 이것이 바로 '아는 마음을 아는 것'이다. 즉, 새로 알아차린 마음이 현재를 보는 것이다.

이런 방법으로 알아차림을 하면 '아는 마음을 다시 아는' 정신적 상태에 즉시 들어갈 수가 있다고 한다. 선생님은 아는 마음을 안다는 것보다는 '아는 마음을 다시 지켜본다'는 것이 이해하기에 더 낫다고 한다. 마음을 '본다'고 하면 눈으로 보는 것으로 오해하기 쉽기 때문에 그냥 '안다'고 하는 것이 이해하기에 좋다고 한다. 더 정확히 말하면 '아는 마음을 다시 아는 것'이다. 이는 사마디, 즉 고요한 마음의 집중이 있을 때라야 쉽게 이 상태에 이르게 된다.

또한 아는 마음을 안다고 하면 '아는 마음'과 이를 아는 '또 다른 마음'에 순서가 있는 것으로 생각할 수 있는데 거의 같이 일어나는 것으로 이해하는 것이 좋다고 한다. 마음은 빛의 속도보다도 빠르기 때문에 거의 동시에 일어난다고 보는 것이 좋다. 그러므로 그 전후를 따지려 들지 말고 아는 마음을 아는 상태를 챙긴다는 개념으로 이해하여야 한다. 이는 자꾸 달아나는 마음을 대상에 더욱 밀착시키고자 하는 방법일 뿐이기 때문이다.

그런데 실제 상황에 들어가서 아는 마음을 다시 안다는 것은 역시 어렵다. 예를 들어, 화가 났을 때 '내가 화가 났구나' 하고 아는 것은 알아차림이다. 그런데 이때 '화가 난 마음을 봐야지' 하고 다시 마음을 내면 그때는 마음을 알아차린 것이다. 화가 난 것을 아는 것은 느낌[受]이고, 화가 난 마음을 아는 것은 마음[心]이다.

마찬가지로 망상한 것을 아는 것은 느낌에 대한 알아차림이고 망상한 마음을 아는 것은 마음에 대한 알아차림이다. 이와 같이 대상이 일어난 것을 아는 것(사띠)과 대상을 일으키게 한 마음을 알아차리는 것은 다르다. 두 번째 것은 신수심법 중에서 마음[心]을 대상으로 선택하는 것이다. 그래서 '마음이 마음을 알아차리는 것'이라고 하는 것이다.

이과 같이 연속적으로 알아차림을 하면, 선생님의 표현대로 대상을 두 번 태클을 하는 것이다. 나중 일어난 마음이 먼저 일어난 마음을 아는 과정에서 알아차림은 연속되고 선심의 마음도 연속적으로 일어나는 것이다.

그래서 선생님은 '의도'를 알아차리라고 한다. 의도는 마음이다. 말할 때 말하는 것을 아는 것은 알아차림이지만, 말하려는 '의도'를 알아차리면 '마음을 아는 것'이다. 행동을 할 때도 행동하는 것을 아는 것은 알아차림이지만 행동하려는 의도를 아는 것은 마음을 아는 것이다.

이상으로 초보자에게는 좀 어려운 '아는 마음 알아차리기'에 대하여 간단히 설명하였는데 그대로 할 수 없다고 해서 기가 죽을 일은 아니다. 할 수 있는 만큼만 하는 것이 수행이다. 되풀이하지만 아는 것이 중요하지 깊이 아는 것은 중요하지 않다.

일어남과 꺼짐

미얀마에서는 보편적으로 숨을 쉴 때 움직이는 배의 모양에 따라 '일어남, 꺼짐'의 명칭을 붙이도록 지도하고 있다. 특히 마하시 센터에서는 모든 알아차림에 명칭을 붙이도록 하고 있는데, 선생님의 입장에서는 이렇게 명칭을 붙이면 느낌과 마음을 알아차릴 수 없었다고 한다. 특히 '마음'을 알아차리는 데에는 명칭이 오히려 방해가 되었다고 한다. 빠르게 움직이는 마음은 이미 달아나고 없는데 명칭을 붙이고 있으면 명칭에 따른 관념만 보게 되고 지나간 대상을 붙들고 있는 격이었다. 그러나 명칭을 붙이지 않고 그 느낌만 보기 시작하면서 아는 마음을 또 볼 수 있었다고 한다. 그래서 선생님은 호흡을 알아차릴 때에도 명칭에 연연하지 않고 '일어남, 꺼짐'의 느낌을 보라고 한다.

그런데 호흡을 알아차릴 때, 수행자들은 보통 '일어남, 사라짐'이라는 용어를 사용하고 있는데 선생님 개인적으로는 '일어남, 꺼짐'이 적합한 표현이라고 한다. 어느 날 스승과 면담을 하면서, 호흡이 일어나고 사라진다는 의미로 '일어남 사라짐'을 보았다고 말하였더니, 스승은 "지금 말하는 일어남, 사라짐은 생멸이냐? 아니면 호흡을 말하는 것이냐?" 하고 반문하였다고 한다. 그러므로 '일어남, 사라짐'이라고 하면 생멸을 이야기할 때

적합한 표현이라고 한다.

실제로도 미얀마어나 영어에서는 호흡을 이야기할 때 '수축, 팽창' 혹은
'일어남, 꺼짐'이라는 의미의 'rising and falling'을 사용한다. 그런데 우리나
라 사람들은 호흡을 말할 때도 '일어남, 사라짐'이라고 한다. 그러면 호흡
과 생멸 중 어느 경우를 말하는지 몰라서 혼란이 오기 때문에 확실하게
용어정리를 해둘 필요가 있다고 말한다. 그래야 면담을 할 때나 대화를
할 때 혼란이 생기지 않는다는 것이다.

사실 수행을 하면서 호흡을 알아차린다고 하면 숨을 들이쉴 때 팽창하
는 배의 부푸는 느낌과 숨을 내쉴 때 수축하는 배의 꺼지는 느낌을 알아차
리는 것이다. 이 느낌은 배뿐만 아니라 가슴이나 몸 전체로도 알 수 있다.
이것이 호흡을 통해 몸의 풍대(風大), 즉 바람의 요소를 아는 것이다. 이렇
게 호흡을 몸의 요소로 보는 것이 느낌을 아는 것이고, 성품을 보는 것이다.

삼매가 깊어지면 헛것을 본다

대화를 나누다 보니 귀신에 관한 이야기가 나왔다. 선생님에 의하면 부처님은 귀신에 대한 이야기를 하지 않았다고 한다. 그렇다면 귀신이 없다는 이야기다.

어떤 한 사람이 반기를 들었다.

"귀신이 실제로 없다는 말입니까. 그렇다면 귀신을 보았다고 하는 것은 무엇인가요?"

"부처님은 중생의 세계를 육도로 분류하여 말씀하셨습니다. 인간을 중심으로 보자면 밑으로 지옥, 축생, 아귀, 아수라의 세계가 있고 위로는 색계, 무색계가 있습니다. 우리는 선업과 불선업의 결과에 따라 사악도로 가기도 하고 천상세계에 가기도 하는데 이렇게 가는 세계가 통틀어 31천이라고 합니다.

그런데 어디에도 귀신이란 존재에 대한 언급은 하지 않았습니다. 다만 경전에 나오는 천인이나 아귀, 아수라를 귀신의 개념으로 받아들일 수는 있습니다. 실제로 귀신의 경지와 비슷한 존재로 아귀가 있는데 더럽고 습한 곳에 산다고 합니다. 그러나 인간의 주변에서 떠돈다는 귀신의 개념과는 다릅니다. 또한 인간 세계에 관심을 가지고 있는 천인도 있는데, 그들은 우리와 정신적 파장이 맞지 않아서 특수한 능력이 없는 한 교감을 할 수가 없습니다."

경전에 의하면, 사람은 죽음을 맞이한 순간 바로 다음 생을 받는다고 한다. 따라서 죽어서 떠나지 못한 영혼이 남아 귀신으로 떠돈다는 이야기는 부처님 말씀이 아니다. 다만 많은 사람들이 귀신에 대하여 실제인 것으로 믿고 있을 뿐이다.

그래서 귀신은 오직 보는 이의 환상에 불과하다고 말한다. 정신적 장애로 인해 환상을 보았거나 아니면 깊게 집중이 된 상태에서 알아차림이 약해서 나타난 허상이라는 것이다. 이런 사마디, 집중상태에서는 예지능력과 초능력도 가질 수 있다. 무술이나 최면 같은 것이 그 좋은 예다. 샤먼의 경우에는 골몰한 집중현상에 의한 약간의 착란현상일 수도 있다고 선생님은 말한다.

그렇다면 그런 환상이나 허상은 어떻게 하여 생겨나는 것일까.

수행을 할 때에는 기본적으로 노력과 알아차림과 집중이라는 세 가지가 작용해야 한다. 그런데 집중이 깊어지면 사마디 상태가 강해지면서 고요함도 커지는데 이때 알아차림도 함께 커지면 더 좋은 수행이 될 수 있지만 그렇지 않으면 사마디만 커지고 수행의 균형을 잃게 된다. 이때 수행자는 졸거나 아니면 어떤 형상을 만들어서 환상에 빠질 수 있다. 그래서 산신령도 나타나고 귀신도 보이게 된다는 것이다.

그러고 보니 어렸을 적에 보았던 일이 생각난다. 어머니를 따라 어느 절에서 밤샘을 하며 용맹정진을 한 적이 있는데 새벽 3시쯤 되니까 해롱해롱 조는 사람이 많았다. 그런데 어떤 할머니가 염불 대신 알 수 없는 이상한 소리를 되풀이하며 외우고 있어서 웃었던 기억이 난다.

"이렇게 사마디만 커진 상태에서는 고요함은 있으나 알아차리는 힘이 약해진 탓에 상상력이 작용합니다. 평소에 생각했던 것들이 투사되어 실제로 나타난 것처럼 보입니다. 이것은 오온(色受想行識) 중에서 상(想)의 기능으로 잠재의식 속에 기억되어 있던 정보가 상상으로 나타나는 것입니다. 그래서 헛것이 보이는데 이때 보이는 것은 자신의 마음의 작용인 상이 역할을 하는 것이며 경우에 따라서는 혼자 대화를 하기도 합니다. 그런데 사실 이것은 자신이 자신과 하는 대화입니다. 그래서 수행은 알아차림과 집중과 노력의 조화가 필요한 것입니다."

이런 현상은 마치 병이 병을 부르는 현상과 같다. 오랫동안 병을 앓다 보면, 병이 또 병을 부르고 또다시 잠재의식 속에 깊이 박혀서 병과 아주 친숙한 관계가 되어버리는 것과 같다. 이는 또한 자신의 운명을 스스로 설정해 놓고 그 덫에 걸려 허덕이는 것과도 같다. 그래서 어떤 이들은 사주를 보러 가더라도 긍정적인 말만 해주는 점집만 찾아다닌다. 나쁜 이야기를 해주면 그것이 마음에 걸려 계속해서 생각하다 보니 정말로 그런 일이 생긴다는 것이다. 또한 말한 그대로 안 되면 실망하기까지 한다는 것이다.

그래서 이런 현상이 생기면 알아차림을 강화해야 한다고 선생님은 말한다. '지금 내 마음이 무엇을 하고 있는가?' 하고 현재의 마음으로 돌아와서 새로운 마음을 내라고 한다. 이것이 바로 알아차림을 강화하는 방법이고, 행(行)이며, 노력이다.

그러나 위빠사나 수행에서는 다양한 대상에 따라 일어나는 마음을 알아차리는 것이기 때문에 이 같은 관념에 빠지지 않는다. 그래서 사마타, 선정 수행을 하더라도 그것에 머물지 말고 다음 단계인 위빠사나로 전환해야 한다고 말한다.

실제로 우리 선원에는 타고난 성향인지, 아니면 오래된 습관인지 이렇게 헛것이 자주 나타나는 사람이 있는데, 이제는 헛것이 눈에 보이더라도 "응, 나타났네!" 하고 그냥 알아차린다고 한다. 지금까지 배운 수행을 잘 활용하고 있는 셈이다. 그냥 그랬네, 하고 그 순간의 현상을 알아차리면 그것은 그냥 환영일 뿐 더 이상 문제가 되지 않는다.

천상세계와 지옥은 마음에도 있다

천상에서는 명(命)으로 살지만 사악도에서는 업으로 산다고 한다. 그러니까 천상에서는 명이 다함으로써 그 과보가 끝나고 사악도에서는 업이 다하면 수명도 끝난다는 의미다.

천상계는 색계와 무색계로 되어 있다. 이는 각각 3선정(三禪定)의 세계, 4선정(四禪定)의 세계라고도 하는데, 이곳은 오직 행복만이 있다고 한다. 그러나 이곳도 역시 집착을 여의지 못한 사바세계인지라 명이 다하면 다른 세계로 몸을 받아 떨어진다고 한다. 고통이 없기 때문에 지혜를 계발하지 못하여 윤회에서 벗어나지 못하는 것이다.

그런데 지옥과 천국은 실제 그곳에 몸을 받아 태어나지 않고도 존재할 수 있다고 할 수 있다. 현재 살아 있는 사람의 몸으로도 지옥, 아귀, 축생의 과보를 겪을 수 있다는 이야기다. 바꾸어 말하면 실제로도 천국과 지옥이 있지만 우리의 마음속에도 지옥과 천국이 있다는 말이다.

그렇다면 살아 있는 현재의 사악도는 무엇인가. 첫째, 현재 끊임없는 욕망과 집착으로 괴로워한다면 살아 있는 아귀다. 둘째, 미워하는 마음과 화내는 마음으로 부글부글 끓고 있으면 살아 있는 지옥이다. 셋째, 마음이 꽉 막히고 우매하게 사는 사람은 다름 아닌 짐승의 삶이다.

이와 같이 우리는 살아서나 죽어서나 천국과 지옥을 다 경험할 수 있는데 이는 오직 사람의 몸을 받고 있을 때만 가능하다고 한다. 실제로 우리는 짐승보다 못한 인간을 만나기도 하고, 천사보다 더 선하고 지혜로운 사람을 만나기도 한다. 또한 사람은 지옥의 마음을 천국의 마음으로 바꿀 수 있는 유일한 존재이기도 하다. 사악도에 빠져 있을 때에는 너무 고통스러워서 수행을 할 수 없고, 천상에 있을 때에는 너무 행복해서 수행할 마음을 내지 않는다.

그러니까 알아차림을 해서 현재의 마음을 천국으로 바꾸는 것은 인간만이 가진 특권이라고 할 수 있다. 반전이 가능하다는 것이다.

그래서 우리는 윤회를 끊는 것이 일차적인 목적이지만 그것이 안 되면 죽어서 천국에 태어나기보다는 다시 사람으로 태어나기를 원해야 한다.

선생님은 자주 우리에게 두 손바닥을 마주 대게 한 후 "무엇을 알아차리느냐"고 묻곤 한다. 그러면 대부분의 수행자들은 "두 손바닥을 대고 있는 것을 안다"고 말한다. 이때 선생님은 다시 그것을 느낌으로 알아차리라고 한다. 그러면 우리는 '따뜻하다' 혹은 '단단하다' 하며 손이 닿아 있는 느낌을 이야기한다.

이때 그냥 두 손바닥을 대고 있는 것을 안다고 하는 것은 '손바닥'이라는 하나의 명칭과 '대고 있다'는 모양새를 말한 것이다. 그러나 '따스하다' 혹은 '단단하다'고 하면 두 손바닥이 마주 닿아 있을 때의 느낌을 말하는 것이고 그 느낌의 성품을 말하는 것이다. 그리고 이 느낌이야말로 실재하는 것이라고 한다.

부처님은 몸을 머리카락, 피부, 손톱, 뼈와 같이 32가지 요소로 분류하고 있다. 그러나 이런 것들은 따지고 보면 모두 명칭이나 모양을 말한 것이다. 그 내면의 실재하는 성품은 지, 수, 화, 풍 사대다. 지(地)는 단단함, 부드러움의 요소를 말하고 화(火)는 뜨거움, 차가움의 요소. 수(水)는 응집성과 흐름의 요소를 말하고 풍(風)은 바람의 움직임과 같은 요소다. 호흡의 일어남,

꺼짐도 바람의 요소다. 그래서 수행자가 몸을 32가지로 보지 않고 사대의 요소로 본다면 성품으로 보는 것이라고 말한다.

또 다른 예를 들 수 있다. 우리의 몸에 병이 나거나 통증이 있을 때에 '아프다'로 받아들이면 병이나 통증이라고 하는 관념을 말하는 것이다. 그러나 이 경우에도 몸이 '뜨겁다, 차다, 무겁다'와 같이 느낌으로 받아들이면 성품으로 보는 것이다. 호흡을 알아차릴 때에도 '단단하다, 부드럽다, 수축한다, 팽창한다, 따뜻하다, 가볍다, 무겁다, 뻑뻑하다' 등 느낌으로 받아들이면 모양이나 명칭이 아니라 호흡의 성품을 말하는 것이다.

이렇게 모든 것을 모양이나 명칭 혹은 관념으로 보지 않고 그 안에 숨어 있는 성품으로 받아들이면 그것이 바로 실재하는 것이다. 부처님은 이렇게 대상을 모양, 명칭, 관념으로 보는 것을 빤냐띠(Paññatti)라고 하였다. 그리고 실재하는 성품으로 보는 것을 빠라마타(Paramattha)라고 하였다. 그리고 대상을 빤냐띠가 아닌 빠라마타로 볼 수 있을 때 비로소 수행의 질이 향상되고 진리를 볼 수 있다고 하였다. 그래서 빠라마타를 궁극적 진리라고도 하고 법(法)이라고도 한다.

이와 같이 오직 몸과 마음이 대상에 부딪쳐서 생기는 것, 몸을 통해서 인식할 수 있는 것, 이것만이 실재하는 것이라고 말하지만 처음부터 빠라마타로 받아들이기는 결코 쉬운 일이 아니다. 우리는 태어나면서부터 이 세상을 관념과 명칭 등으로 보도록 키워져 왔기 때문에 여기서 벗어나기가 쉽지 않다.

그래서 스승들은 처음 수행을 시작할 때에는 빤냐띠부터 알다가 차츰 익숙해지면 빠라마타로 알아차리라고 한다. 보는 힘이 생기면 자연스럽게 성품이 드러나기 때문이다. 빤냐띠를 근거로 빠라마타가 드러나는 것이다. 그러면 모양은 작아지고 성품이 커지게 된다.

그렇다고 해서 빠라마타로만 살 수 있는 것도 아니다. 내용만 충실하다고 해서 다 알아주는 것이 아니다. 때로는 형식도 필요하고 기본적인 규칙이나 예절도 지켜져야 한다. 그래서 계율도 필요하고 단정한 옷차림도 필요한 것이다. 다만 모든 대상을 오직 빤냐띠만으로 보지 않고 그 속에 숨어 있는 빠라마타인 성품으로 볼 때 우리는 나라고 하는 고정관념으로부터 벗어날 수 있는 것이다. 그렇게 겉모습에 빠지지 않고 성품으로 대상을 볼 수 있어야 비로소 진리를 볼 수 있다고 한다.

관념의 부질없음

수행자가 궁극적으로 알아야 할 것은 빤냐띠(Paññatti)가 아닌 빠라마타(Paramattha)라는 이야기를 하다 보니 새삼스럽게 생각나는 것이 있다. 법철학 교수였던 나의 아버님이 강의시간에 해주시던 이야기다.

"나란 존재는 무엇인가. 학생들 앞에서 강의할 때는 선생님이다. 그러나 강의실에서 나와 길거리로 나서면 행인이 된다. 그러다가 어느 상점에 들어가서 성냥을 살 때는 그 상점의 고객이 된다. 그리고 집에 들어가면 한 사람의 남편이자 애들의 아버지가 된다. 그렇다면 어느 것이 진짜 나인가?"

아버님은 또 『여래장(如來藏)』이라고 하는 그의 저서에서 '사과의 예'를 들어 같은 이야기를 하셨다.

앞에 있는 사과를 보면서 우리는 그것이 먹는 것이라고 생각한다. 그러나 점포에 내놓은 사과는 상품일 뿐이고, 화가 앞에서는 오직 정물(靜物)일 뿐이다……. 또한 사과의 속을 도려내어 술을 따라 마신다면 이때의 사과는 대용(代用) 술잔일 뿐이다.
그렇다면 사과란 도대체 무엇인가. 거기에서 우리는 사과의 본질이나 실체 같은 것을 찾아낼 수는 없다. 본질이나 실체 같은 것은 처음부터 존재하지 않는다.

지금 와서 보니 이때 말씀하신 '실체 없음'이 바로 빤냐띠의 부질없음을 말하는 것이었다. 사과를 빤냐띠로 보면 없는 것이다. 사과를 오직 먹는 것이라고만 할 수도 없고 그렇다고 해서 정물이나 대용 술잔이라고 할 수도 없다. 이런 것들이 다 사과를 관념으로 본 것들이다. 아니 사과라는 이름조차도 영어로는 'apple'이고 독일어로는 'Apfel'이다. '사과'라고 말하지 않는다. 이런 것들은 모두 사과를 모양이나 명칭, 관념으로 말하는 것이다.

이와 같이 사과의 빤냐띠는 허상이라는 것, 이런 허상을 통하여 궁극적인 진리를 찾으려는 것은 무의미하다는 사실을 아버님은 이야기하려 하였다. 나라는 존재에 대해서도 모양이나 개념 혹은 명칭으로 그 실체를 찾으려고 하면 '없는 것'이라고 하였는데, 이것이 나란 존재의 빤냐띠를 말하는 것이다. 나의 개인적인 생각이지만 스님들이 항상 '참나'를 찾으라고 하는 것도 바로 나라는 존재를 빤냐띠가 아닌 빠라마타로 보라는 것으로 이해된다.

하지만 부처님은 이런 성품으로서의 나도 '없는 것'이라고 하였다. 찰나생, 찰나멸 하는 그 순간의 조건일 뿐이다. 영원불변한 '참나'는 없다는 의미다. 경전에서는 우리의 몸을 하나의 물질로 표현하고 있다. 마치 소한 마리가 분해되어 정육점에 나열되어 걸려 있듯이 몸은 32가지 요소로 집합되어 있는 물질에 불과하다는 것이다. 이것조차도 지수화풍 사대의 기본 요소로 분해하여 보면 거기에 나라고 하는 존재는 없어진다. 오직 조건에 의하여 생멸하는 그 순간의 존재일 뿐이다. 그래서 '무아(無我)'다.

이와 같이 아버님은 나와 대상의 실체 없음을 설명하려고 하였는데, 이렇게 학자들 중에는 오랜 기간 학문에 종사하면서 뛰어난 지혜와 안목을 얻는 수가 있다. 비슷한 예를 의사들에게서도 찾을 수 있다. 언젠가 TV를 통해 한 의사의 강의를 들은 적이 있는데 그는 통증을 네 단계로 나누어 설명하고 있었다.

제1단계 통증은 방금 상처가 난 상태를 말한다. 제2단계의 통증은 그 상처에 염증이 나서 1차 감염이 된 상태이고, 제3단계는 그 염증이 오래가서 상당히 괴로워하는 상태다. 그리고 제4단계는 온통 하루가 이 통증으로 찌들어 고질병이 되어버린 상태다. 날이 흐리면 삭신이 쑤시다고 하거나 허리 디스크가 있어서 일을 제대로 못하는 사람의 경우가 4단계의 통증에 시달리는 사람일 것이다.

그런데 그 의사는 이렇게 덧붙여 말하였다.
"통증은 제1단계일 때가 가장 아름다운 것입니다."

그때는 이 말의 의미를 몰랐으나 지금 와서 생각하니 부처님께서 말씀하신 느낌의 세 가지를 말하려 한 것이다. 1단계 통증이 아름다운 이유는 느낌 그 자체로 그치고 육체적 내지 마음의 고통으로 넘어가지 않기 때문일 것이다.

위빠사나 수행은 실재를 보는 것

선생님은 알아차림을 빤냐띠(개념)가 아닌 빠라마타(성품)로 보아야 진정한 위빠사나가 된다고 말한다.

실제로 좌선에 들어가서 눈꺼풀이 있다는 것을 아는 것은 관념으로 아는 것이므로 빤냐띠고, 눈꺼풀의 뜨거움이나 떨림 등을 아는 것은 실재하는 느낌이므로 빠라마타다. 경행을 할 때도 '왼발, 오른발' 하며 발이 움직이는 모양새를 보면 빤냐띠고, 발의 '무거움, 가벼움' 혹은 '단단함, 부드러움' 등 느낌으로 보면 빠라마타다.

또한 찬바람이 살갗에 닿았을 때 '아이구, 춥다'라고 하면 관념으로 받아들인 것이지만, '차가움, 따스함'으로 받아들이면 성품을 아는 것이다. 실제로 이렇게 하면 찬바람에 대한 공포가 없어지고 그저 뺨 근처의 차가움으로 받아들여져 춥다는 생각이 사라지게 된다. 더군다나 감기가 걸릴 것이라는 공포 따위는 오지 않는다. 좌선 중 피가 통하지 않아 다리가 저려올 때도 단단함, 부드러움 혹은 뜨거움, 차가움 등으로 보면 객관화가 가능해지고 성품으로 알아차리게 된다.

며칠 전에는 운동장을 돌면서 실제로 이 두 가지를 분명하게 경험할 의도를 가지고 걸었다. 처음 얼마간은 걷기를 하면서 발을 주시하였는데, 사실 우리가 수행을 하며 발이나 배를 알아차린다는 것은 발이나 배의 모양을 머릿속에 떠올리면서 그 관념을 보고 있다는 사실을 새삼 깨달았다. 그래서 빤냐띠를 모양이나 형태뿐 아니라 관념이라는 의미로 말하는 까닭을 알 만하였다. 따라서 그것은 실재(reality)가 아니다.

그러나 이 순간 발이나 배의 호흡을 느낌으로 받아들이면 관념이 아닌 실재하는 것으로 전환하게 된다. 그러니까 느낌으로 받아들인다면 성품을 아는 것이다.

그래서 선생님은 늘 위빠사나는 느낌(feeling)이라고 말한다. 느낌을 알면 무엇을 하거나 빠라마타를 아는 것이고 위빠사나를 하는 것이기 때문이다. 사람이 죽었다는 것은 무엇인가? 오직 사대의 변화일 뿐이다. 이것이 죽음의 빠라마타다.

"죽음도 이렇게 빠라마타로 본다면 단순합니다. 몸이 부드러웠다가 단단해진 것이고, 따뜻했다가 차가워진 것이고, 맥박과 호흡에 의한 움직임이 있다가 움직이지 않는 것입니다. 그리고 피가 흐르다가 멈춘 것입니다. 병이 난 것도 사대의 변화입니다. 암은 부드러운 세포가 단단해진 것이고, 감기는 따뜻했다가 차가워진 것입니다. 뇌졸중으로 쓰러진 것은 수대인 피가 흐르다 막힌 것입니다. 병이 생긴 것은 사대의 균형이 깨진 것입니다. 몸에서 일어나는 현상은 모두 균형과 불균형이고 이것을 아는 것이 빠라마타를 아는 것입니다."

이처럼 몸이라는 물질은 우리도 모르는 사이에 사대의 요소가 끊임없이 상호 부딪치기도 하며 조화를 이룬다. 우리는 평소에 이런 현상이 있는 줄도 모르고 사는데, 자신의 몸과 마음을 대상으로 수행을 하면서 이제까지 모르던 현상들이 나타나기 시작한다. 그래서 경우에 따라서는 이상한 현상들이 나타나 놀라기도 하지만 이런 것들도 그냥 알아차릴 대상으로 여기면 된다.

수행의 대상은 오직 한 가지

선생님은 음악을 들으면서 책을 읽고, 먹으면서 신문이나 TV를 보고, 화장실에 앉아서 책이나 신문을 보는 것과 같이 한번에 두 가지 일을 하는 것은 좋지 않다고 한다.

알아차림은 '할 때 하는 것을 아는 것'이다. 무엇을 하거나 지금 바로 여기에서(now and here) 이루어져야 한다. 설거지 할 때는 설거지만 하고 먹을 때는 먹기만 하며 듣고, 걷고, 볼 때는 오직 듣고, 걷고, 보기만 하는 것이 중요하다. 그래야만 대상의 변화를 볼 수가 있고 지혜를 얻게 된다. 이렇게 하는 것이 바로 일상의 삶을 수행으로 연결하는 '일상의 알아차림 (general noting)'이다.

한 가지만 알아차리라는 말은 『대념처경』의 중요한 요점이다. 나타난 현상은 무엇이든 대상으로 하지만 선택은 한 가지만 하라는 것이다. 다른 대상이 나타나면 그것으로 옮기면 된다. 문제는 한순간에 대상이 둘이어서는 안 된다는 것이다.

이렇게 대상을 하나로 모아야 알아차림을 효과적으로 이끌 수가 있다.

한번에 두 가지 일을 하면 마음을 집중을 할 수가 없어 고요함이 생기지 않는다. 이렇게 마음이 분산되어 집중이 안 되는 현상을 어느 의사는 일종의 정신의학적인 분열현상이라고 말하였다고 한다.

이에 대하여 선생님은 "요즘엔 공부하면서 음악을 듣는 학생이 많은데, 그렇게 습관이 들어서 의식을 못하고 있을 뿐이지 사실 음악을 들으며 공부를 하면 집중력의 효과가 떨어진다는 사실을 알아야 합니다. 만약 이런 분열현상 상태가 되어야 안정이 된다면 이것은 잘못된 습관입니다"라고 말한다.

그런데 바쁜 생활에 젖어 있는 현대인은 거의가 한번에 두세 가지 일을 하고 산다. 그러나 부처님에 의하면, 마음은 실제로 한번에 한 가지밖에 보지 못한다고 한다. 동시에 두 가지를 다 보는 줄 착각하고 있는데 사실은 마음이 빠르게 왔다갔다하며 보는 것이다. 그러다 보니 자연히 마음이 산만할 수밖에 없다. 그러니까 그 의사의 분석대로 현대인 모두가 집단적인 정신분열 상태에 있다고 해도 과언이 아니다. 이러한 분열현상은 개인뿐 아니라 사회와 국가적인 면에서도 일어난다. 사회적 내지 국가적 혼란이 그것이다.

그래서 선생님은 돌아가는 수레바퀴가 땅에 닿는 순간처럼 현재를 보라고 한다.

"수레바퀴가 돌 때 바닥에 닿는 점은 언제나 한곳입니다. 그때가 현재입니다. 바퀴가 지면에 닿을 때는 오직 지면에 닿는 것만이 알아차릴 대상입

니다. 거기에는 단단함이 있을 것이고 때로는 부드러움과 뜨거움이 있을
수 있습니다. 바로 몸의 궁극적 성품인 지수화풍 사대가 있을 것입니다.
이때 알아차릴 대상은 오직 하나뿐이어야 합니다."

수레바퀴가 돌 때 닿는 순간은 항상 현재다. 그렇기 때문에 거기에 과거
나 미래는 없다. 그런데 그 현재도 빠르게 지나가기 때문에 찰나만이 현재
일 뿐 현재도 현재가 아니다. 오직 변해 가는 과정일 뿐이며 우리는 이런
연속성 상에 있을 뿐이다. 이처럼 대상을 보되 대상의 변화와 성품을 보는
것이 위빠사나의 핵심이다.

수행자의 고독

선생님은 원래 문화계에 몸담고 있던 분으로 이 방면에 가까운 친구가 많다고 한다. 화가와 음악가 혹은 소설가들로 소위 문화계의 인사들과 교분을 쌓고 있었는데 수행을 시작하면서부터는 그들과의 교류가 어느 정도 소원해지더라고 한다. 처음에는 수행을 하면서도 그들과 어울렸는데 어느 날부터 동석하기를 꺼리게 되었다. 이유는 두 가지였다.

우선 그들과 어울리다 보면 어쩔 수 없이 술자리를 같이 하게 되는데 더욱 곤란한 것은 이미 선생님의 수행 경력을 아는 친지들이 자꾸만 선생님의 눈치를 본다는 것이다. 선생님으로서는 수행자의 티를 내지 않으려고 신경을 쓰는데도 불구하고 그들은 "내가 이런 말을 하는 것이 가소롭지요" 하면서 마치 비판의 눈길이라도 의식하는 듯 어색해한다는 것이다. 그러나 선생님 입장에서는 오직 자신의 몸과 마음을 알아차리기에 여념이 없는데도 불구하고 사정을 모르는 친지들은 마치 무슨 능력을 가지고 자기 마음을 들여다보며 평가하고 있을 것이라고 생각하는지 선생님을 어려워한다는 것이다. 하지만 마땅히 수행자라면 그때그때 일어나는 상황만을 알고 있을 뿐 누구를 미워하거나 평가하지 않는다. 이런 마음가짐을 누가 알 것인가.

선생님은 특히 남편이 있는 부인들에게 수행자의 티를 내지 말라고 당부한다. 남편들은 부인이 자신보다 능력이 있어 보이는 것을 참지 못하는 속성을 가지고 있기 때문에 괜히 수행한다고 했다가 손해만 본다는 것이다. 그러고 보니 그 점이 남편들의 성향인 것 같다. 나도 어쩌다 남편에게 한두 마디 수행에 관한 이야기를 하면 딴전을 피우거나 농담 섞인 말로 받아넘기려 하는 것을 보았다.

선생님은 또 오랜만에 옛 친구들을 만나서 주고받는 대화를 지켜보니 말이 대화일 뿐이지 온통 자기 얘기만 하고 있음을 보게 되었다. 이 점에서는 배운 자나 못 배운 자가 다를 바가 없었다. 그리고 너나없이 상대방에 대한 반응도 오직 '싫다' 아니면 '좋다'뿐이다. 탐심(貪心)과 진심(嗔心)의 연속인 것이다. 상대방의 말이 듣기 싫은 것은 화내는 마음이요, 듣기 좋아하는 것은 욕심을 유발하게 된다. 이것이 우리 모두의 자화상이다.

이러한 것들이 눈에 들어와서 쳐다보고 있는 자신의 마음가짐도 바람직하지 않은 것 같아서 선생님은 요즘 친구들과 어울리는 것을 삼간다고 한다. 선생님도 불편하고 상대도 불편할 것 같아 자연히 인간관계가 소원해질 수밖에 없다고 한다. 그러면서도 뜻이 있는 곳에 길이 있다고, 수행을 하면서 자연히 수행자들과 어울리게 되고 다른 사람들과는 만날 일이 거의 생기지 않는다고 한다.

그래서 수행자는 외로운 길을 가는 사람이라고 하는 것 같다. 부처님은 무소의 뿔처럼 혼자서 가라고 하였다. 외로운 길이지만 출세간의 기쁨을 향한 유일한 길이기도 하기 때문에 선생님은 묵묵히 그 길을 가는 것 같다.

부처님은 좋은 친구를 만나는 것이 수행을 완성한 것이나 다름없다고 하셨다. 외로운 길을 가는 그 등불이 있음으로 해서 망망대해와도 같은 세간의 삶을 사는 수행자들이 선생님 주변으로 모여드는 것인지도 모른다.

앙굴리말라의 이야기

다 같이 좌선하는 중에 기침이 나왔다. 그래서 선생님과 면담을 할 때, 삼매에 잠겨 있을 옆 사람에게 방해가 될까 봐 조심스러웠다고 이야기하였다. 그러나 선생님은 이 경우 미안해 할 것 없다고 한다. 기침이 나오는 것도 하나의 자연스런 현상이므로 기침을 참지 말고 있는 그대로 알아차리면서 지켜보라고 한다. 그러면 목에서 간질간질하며 오르락내리락하는 현상을 알 수가 있고, 기침의 성품도 알 수 있기 때문에 기침도 알아차릴 좋은 대상이라는 것이다.

이때 옆에 앉은 사람의 경우에도 마찬가지다. 기침 소리가 났으면 그 소리를 알아차리고 싫은 마음이 일어났으면 그 마음을 알아차리면 된다는 것이다. 그래서 우리는 좌선을 할 때에도 휴대전화를 끄지 않는다. 소리가 났으면 그것 또한 알아차릴 대상이기 때문이다.

미얀마의 쉐우민 선원에서 좌선을 하고 있으면 주변에서 비행기나 기차 소리가 많이 들렸다고 한다. 그런데 선생님은 그 소리는 잘 견디어 내면서도 가까운 데서 나는 작은 소리에는 아주 민감하였다고 한다. 특히 다른 수행자의 발자국 소리에는 화가 나기도 하였는데, 이는 같은 수행자로서 어찌 방해를 할 수 있을까 하는 마음 때문이었다고 한다. 이때는 싫어하는 마음을 알아차려야 한다. 이런 선생님의 방침에 따라 우리들은 좌선 중에 생기는 소리를 거부하지 않는다. 그냥 알아차리려고 노력할 뿐이다.

그리고 선생님은 이해를 돕기 위해 앙굴리말라의 이야기를 들려주었다.

앙굴리말라는 부처님의 제자가 되기 전에 999명의 사람을 죽이고 그 손가락을 꿰어서 목에 걸고 다녔다. 그는 원래 뛰어난 수행자였는데 천 명의 사람을 죽이면 진리를 얻을 수 있다는 스승의 꾀임에 빠져 우직하게 사람을 죽이기 시작하였다. 그 스승도 제자를 유혹하려다 실패한 부인의 복수심 때문에 이런 음모를 꾸미게 되었는데, 그는 999명을 죽이고 마지막 한 명을 죽이려고 사람을 찾아다니고 있던 중에 부처님을 만났다. 그런데 그는 오히려 부처님께 귀의하여 제자가 되었다.

이 사실을 알게 된 마을 사람들이 살인마를 비구로 삼았다고 하여 탁발을 나간 비구들에게 밥을 주지 않았다. 이러다가 굶어죽을지도 모른다는 우려 끝에 신통제일의 목련 존자는 신통(神通)으로 음식을 가져오려 하였지만 부처님은 피하지 말라고 하며 이를 만류하였다. 주어진 현실을 그대로 받아들이고 그냥 배고픈 것을 알아차리고 있으라는 의미였다.

그런 상태에서 며칠이 지나자 사람들의 마음이 돌아서서 비구들에게 다시 밥을 주기 시작하였다. 그런 앙굴리말라도 후에 무상(無常)을 깨닫고 아라한이 되었다.

이처럼 부처님은 현실을 있는 그대로 받아들임으로써 해결의 실마리를 찾도록 하였다. 진리는 자연스러움 속에서 알게 된다는 이야기다.

하품 이야기

우리 모임에 그림을 그리는 사람이 있는데 어느 날 그 화가는 이런 말을 하였다.

"언젠가 기(氣) 수련을 한 적이 있습니다. 이때 거의 한 달간이나 기지개와 하품, 눈물, 콧물 등이 주체할 길이 없이 나왔는데 지금도 그때를 연상하면 하품이 나올 것 같습니다."

선생님이 즉시 대답하였다.

"그것은 조건반사입니다. 몸은 물질이고 지수화풍 사대가 작용을 하고 있습니다. 명상을 하면 평소 느끼지 못하던 이런 현상들이 나타나기 시작합니다. 수행자에 따라서는 하품이 나오는 경우도 있지만 몸이 흔들리고 콧물, 눈물이 끝없이 나오는 경우도 있습니다. 그 외 여러 특징적인 현상이 나타나는데 이런 것들은 단지 조건일 뿐입니다. 사람마다 각기 다른 업의 영향과 신체적 조건이 있기 마련입니다."

그러므로 몸에서 나타나는 것은 다만 조건 지어진 현상이라고 생각하고 알아차릴 대상일 뿐이라고 여겨야 한다. 왜 이런 현상이 생겼는가 하고 분석하려 하지 말고 그냥 알아차리면 된다는 것이다. 언젠가 심어진 원인이 있어서 나타난 결과이며 조건일 뿐이다. 우리는 그 조건을 모두 알 수도 없고 또 알았다 한들 어떻게 할 수도 없는 일이다.

이럴 때에는 나타난 대상을 싫어하는 마음을 먼저 보아야 한다. 이 수행자의 경우에는 좌선을 하면서 자신이 그 현상을 불러들였다는 것이다. 생각만 해도 하품이 나는 것은 하품이 언제 올 것인가 하고 마음으로 투사해서 그렇다는 것이다.

알아차림은 나타난 현상을 없애기 위해서 하는 것이 아니고 대상이 있어서 하는 것이다. 이것이 수행이다. 나타난 것은 단순한 몸과 마음의 현상이므로 분석하지 말고 그냥 그 현상만 알아차리면 된다. 원인을 생각하면 오히려 관념만 커지게 된다. 오직 할 일은 마음이 하품에 어떻게 반응하는가를 알아차리는 것이다.

이때 알아차리지 못하면 같은 일이 되풀이된다. 그래서 선생님은 하품이 백 번 나오면 백 번을 알아차리라고 한다. 이렇게 노력하다 보면 언젠가는 이런 현상들이 사라지게 된다. 이것이 바로 수행의 발전이고 인내하는 자에게 주어지는 선물이라고 한다.

그런데 그 수행자는 모임에 나올 적마다 같은 하소연을 하곤 하였다. 그러자 선생님은 그 수행자가 '원하기 때문에' 없어지지 않는다고 지적해 주었다. 그 수행자가 "아무렴, 제가 그런 것을 원하겠습니까?" 하고 반문하자 선생님은 사람이 괴로움을 가지는 것도 본인이 원해서 괴로운 것이라고 하였다. 괴로운 것도 즐긴다는 것이다.

이 부분에서는 나도 진작부터 같은 생각을 하고 있었다. 많은 사람들이 자신의 기구한 운명을 저주하면서도 거기서 빠져나올 계기를 마련하여 주면 오히려 거부한다. 마치 새로 갈아 껴 뽀송뽀송한 이불보다는 오래되어 자신의 몸 냄새가 배어 있는 이불을 선호하는 것과 같다.

어느 젊은 수행자의 경험

이번 수행 길에 선생님은 한 젊은이를 알게 되었다. 그는 대학 다니던 한창 시절에는 소위 말하는 운동권 학생으로 데모에도 가담하였고 그 결과 모 기관으로부터 쫓기는 신세가 되기도 하였다고 한다. 수많은 방황 끝에 위빠사나 수행을 배우기 위하여 미얀마까지 갔는데 거기서 선생님을 만난 것이다. 그리고 선생님보다 조금 늦게 귀국하였는데 하루는 선생님 댁을 찾아와서 모임에 참석하게 되었다. 그러면서 그가 들려준 이야기다.

다들 그러한 것처럼 얼마간의 말미를 얻어 미얀마에 온 그는 수행이 잘 안 된다는 생각에 늘 초조했다. 돌아갈 날이 얼마 남지 않게 되자 그 초조한 마음이 더해만 갔다. 그러다가 귀국할 날짜도 정하고 돌아갈 비행기 표도 예약하였다. 나머지 며칠은 달리 할 것도 없기에 평소의 일정대로 수행을 하면서 지내기로 하였다. 그런데 이게 웬일인가. 그렇게 안 되던 수행이 너무나 잘 되는 것이 아닌가. 집에 돌아갈 준비도 다 되어 있고 긴장도 풀린 상태이며 수행을 잘해야 한다는 강박관념도 없다 보니 수행이 잘 되더라는 것이다. 욕심과 바라는 마음이 없었기 때문이다. 그래서 그는 모든 것을 취소하고 수행을 좀 더 하고 돌아왔다.

수행이 잘 안 되는 많은 이유의 하나가 수행을 잘해야겠다는 욕심이 앞서기 때문이다. 우리가 수행을 하는 이유는 바로 욕심, 탐심을 없애기 위함인데 수행을 잘해야겠다는 생각이 또 다른 장애가 되는 것이다.

그래서 선생님은 늘 좌선을 시작하기 전에 내 마음이 지금 무슨 생각을 하고 있는가를 보라고 한다. 그리고 제일 먼저 '내가 무엇을 바라고 있지 않은지, 누구를 미워하고 있지 않은지'를 보라고 한다. 이때의 '바라는 마음'이란 다름 아니라 수행이 잘 되기를 바라는 마음인데 탐심을 가진 채 좌선에 들어가면 수행이 잘 안 되기 때문이다. 이렇게 탐심을 가지고 좌선에 들어가면 호흡이 잘 안 보인다. 몸과 마음의 힘을 빼고 툭 던져 놓고 볼 때 호흡이 잘 드러난다.

지금까지 나는 '버려라' '놓아라' '방하착(放下着)하라'는 말을 많이 들으며 성장하였다. 나는 이것을 '집착하지 말고 놓아라. 탐심을 버려라' 하는 의미로 받아들였는데 이 경우에도 같은 맥락으로 보면 될 것 같다. 수행을 잘하려는 집착도 버려야 할 대상이기 때문이다. 그러나 집착은 버리려 해도 잘 버려지지 않는다. 위빠사나의 지혜로 보면 집착은 버릴 대상이 아니라 알아차려야 할 대상이다. 그래야 집착이 사라진다. 이것이 바로 탐심 없이, 집착하지 않고 수행에 들어갈 수 있는 방법이다.

집착하지 않는다, 버린다고 하는 것은 알아차림의 결과일 뿐이다. 우리가 추구하여야 할 것은 오직 알아차림이다. 거기에 어떤 '목적'이 있어서는 안 된다.

고요함을 즐기는 것

잠시 귀국하였다가 다시 뉴질랜드로 돌아간 큰딸 뿡아가 바쁜 가운데에서도 질문을 해왔다. 그래서 선생님에게 물어 보았다. 좌선을 하다 보니까지금 현재 고요함을 즐기고 있는데 굳이 괴로운 일을 떠올리고 싶지 않다. 이것은 집중인가 회피하는 것인가 하는 것이었다.

"좌선을 시작할 때는 먼저, 지금 나의 마음상태가 바른가 그른가, 바라는 것이 있는가, 미워하는 것이 있는가를 알아차리라고 하는데, 그 이유는현재의 마음을 알기 위한 수행의 한 방편입니다. 현재의 마음을 알아차리지 못한 채로 좌선을 시작하면 마음을 보려 해도 잘 되지 않습니다. 지나간마음의 앙금이 지속되어 산란해지거나 집중이 되질 않습니다. 마음은 알면사라지는데 알아차리지 못하면 감정이 지속되어 계속 영향을 받습니다. 평소에 수행이 잘 안 되는 이유는 바로 이런 것들을 해결하지 않은 채로시작하기 때문입니다.

큰따님의 경우와 같이 수행 중에 기분 좋다고 하는 것은 마음가짐을바르게 하지 못하였다는 증거입니다. 고요함을 즐기는 것은 기분 좋은 것에 빠진 것입니다. 수행의 입장에서 보자면 슬프거나 괴로운 것보다 기분좋은 것에 빠지는 것이 더 위험합니다. 거기에 안주하려 하기 때문이고,

이것이 바로 탐심입니다. 그리고 집착하는 것입니다. 이것이 발전하면 감각적 쾌락으로 나갑니다. 고요함을 느꼈을 때는 이것을 알아차릴 대상으로 봐야지 기분 좋아하고 있으면 안 됩니다."

수행을 하다가 고요함이 오는 것은 사실 좋은 것이다. 다만 알아차리지 못하고 즐기는 데에서 문제가 생긴다. 더욱더 고요함을 추구하게 되고 이것이 채워지지 않으면 오히려 더 괴로워지게 된다. 선생님은 이것을 마약과 같은 것이라고 한다. 고요함에 빠지면 집중력이 지나쳐서 졸음에 빠지기 쉬우며 상상력이 동원되어 없는 상을 만들기도 하는데, 그러다 보면 다음 단계의 지혜인 평등심의 단계로 발전하지 못한다고 주의를 받게 된다.

그러니까 고요함이 있을 때는 고요함이 있는지를 알아야 한다. 괴로움의 경우와 달리 고요함이나 즐거움이 있을 때는 거기에 빠지기 쉽기 때문에 더욱 유념하여야 한다.

즐거움의 경우에도 마찬가지다. 흔히 "행복한 것은 좋은 것인데 왜 거기서 빠져나와야 하는가"를 묻는데 행복의 질이 문제다. 출세간의 행복은 탐심이 붙어 있지 않은데 세간의 행복은 탐심이 붙어 있다. 그 행복이 좋으니까 더 행복해지기를 원하고 그 행복을 놓칠까 봐 걱정하게 된다. 그래서 행복하지가 않다. 갈증이 있는 것이다.

자비는 보내는 것이 아니라 넘쳐흐르는 것이다

한 수행자가 자신의 고민을 털어놓았다.

"어느 누군가만 보면 막 화가 납니다. 이러는 자신을 자책하면서도 그 사람을 보면 역시 말을 막 하게 되고 자신이 보아도 안되었다 싶을 정도로 그 사람에게 못되게 대합니다."

"상대에 빠져들었기 때문입니다. 사실 상대방은 이 일에 아무런 상관이 없습니다. 다만 상대가 보내고 있는 나쁜 파장(조건지어진 것)에 자신이 말려들어간 것일 뿐인데, 이런 상태에서는 상대방에게 좋은 파장을 보내려고 해도 불가능합니다.

관념상으로는 그 사람에게 나쁜 마음을 먹으면 안 된다고 생각하지만 실제로는 그렇게 안 됩니다. 몸과 마음을 분리시키는 지혜와 현상을 바로 보는 지혜를 얻지 못한 상태에서는 바른 파장을 보낼 수가 없습니다. 그 테크닉을 모르기 때문입니다. 원래 '나'도 없고 '나의 것'도 없는 것이라서 내 마음이라고 마음대로 되는 것이 아닙니다."

자신의 몸과 마음을 다스리지 못한 상태에서는 남을 도우려고 해도 안 된다는 것이다. 주어도 제대로 전달되지도 않을 뿐 아니라 경우에 따라서는 오히려 나쁜 파장만 보내게 된다는 것이다. 그렇다면 어떻게 우리는 상대방에게 좋은 파장을 보낼 수 있을까. 이 경우에도 역시 방법의 문제를 말하지 않을 수 없다.

그런데 선생님은 자비심이란, 보내는 것이 아니라 선업의 마음으로 채워졌을 때 넘쳐흐르는 것이라고 한다. 그렇다면 역시 이 경우에도 위빠사나 방법이 아니고서는 불가능한 일이다. 알아차림을 하면 그 자리에 탐심은 보시와 관용의 마음으로, 성냄은 자비심으로, 어리석음은 지혜로 바뀌기 때문이다. 이 모든 것은 인위적으로 되는 것이 아니라 알아차림을 통해서 자연스럽게 채워진다는 이야기다.

그렇게 되면 내가 누구를 위해 자비를 보냈다는 아만심도 없을 것이고 실제로 좋은 파장이 전달되게 된다. 그래서 수행하기에 앞서 '지금 내 마음이 무엇을 하는가'를 먼저 알아차릴 필요가 있는 것이다. 이런 상황이 발생했을 때 수행자가 알아차리는 순서는 다음과 같다.

누구에게 화가 났으면 상대방이 아닌 자신의 몸과 마음을 먼저 본다. 그리하여 자신이 화가 난 것을 알고 화가 난 마음을 알아차린다. 화는 마음이 낸 것이므로 화를 내게 한 마음을 보아야 뿌리를 알 수 있다. 마음은 알아차리는 순간 소멸한다. 그러나 알아차림을 했는데도 화가 진정이 안될 때는 반드시 화가 난 마음의 뿌리를 보아야 한다. 그래야 화가 다시 일어나지 않는다.

그리고 나서 화가 사라진 것을 알아차리고 가슴으로 가야 한다. 이때 가슴의 느낌으로 전환하지 않으면 아무리 알아차려도 좀처럼 화가 가라앉지 않을 수 있다. 대상의 채널을 바꾸어야 한다. 그래서 선생님은 항상 TV 채널을 9에서 11로 바꾸는 것과 같다고 말한다. 이렇게 대상을 바꾸지 않으면 쉽게 불이 꺼지지 않는다.

이런 과정을 거치면 화난 마음은 스스로 가라앉게 되고 어느새 상대방에게 보내던 미운 마음이 사라진다. 그 대신 관용과 보시의 마음이 들어선다. 그리하여 담담한 마음과 미소뿐인 편안한 파장이 상대방에게 전달되는 것이다.

알아차림, 노력, 집중의 균형

수행은 잘하려 한다고 해서 잘 되는 것이 아니다. 알아차림만 있으면 다 되는 줄 알지만 사실 알아차림도 노력과 집중이 같이 있어야 제대로 된 알아차림을 할 수가 있다고 말한다.

수행자들이 인터뷰를 할 때 보면 잠이 많이 온다고 말한다. 수행 중 잠이 오는 데에는 여러 가지 이유가 있겠지만, 집중이 너무 잘 되어서 잠이 오는 수가 많다. 좌선 중에는 집중이 너무 안 되어도 산란하여 대상에 마음을 붙이지 못하지만 집중이 너무 잘 되면 이렇게 잠에 떨어지게 된다. 그러기에 집중에서도 중도가 필요한데 그러기 위해서는 적당한 노력이 있어야 한다. 수행에 탐심이 붙으면 안 된다고 하는 이유가 노력이 지나쳐서 몸이 굳어지면서 대상에 마음이 붙지 않는 까닭이다.

나는 예전에 위빠사나 수행을 알기 전에도 몸과 마음의 힘을 빼는 것이 중요하다고 생각해 왔다. 나는 어려서부터 피아노를 배웠는데 피아노 선생님은 항상 손에서 힘을 빼라고 하였다. 피아노 건반에 닿는 손가락 이외의 부분은 힘을 빼주어야 한다. 힘을 잘 빼는 연주자일수록 소리에 힘이 있고 또 오랜 시간 연주를 하여도 팔이 아프지 않다. 좀더 자라서 보니까 테니스나 골프를 칠 때에도 팔에 힘을 빼야 공이 잘 나간다는 사실을 알게 되었다. 모든 운동이 다 그런 것 같다. 그래야 한곳으로 힘을 모아 줄 수 있는 것이다. 이런 것을 알고 난 이후에는 '마음에서도 힘을 빼야겠구나' 하고 생각하였다. 그것이 아마도 흔히 말하는 '마음 비우기'일 것이다.

그런데 위빠사나를 해보니, 이렇게 마음을 비우는 것은 아무것도 안 하는 것이 아니라 알아차림이라는 '노력'이 있어야 한다는 것을 알았다. 그런데 그 노력도 탐심이 붙어 있지 않고 적정한 것이어야 한다. 경행도 너무 잘하려고 힘을 주어서 하면 좌선할 때 졸릴 수가 있다. 이렇게 노력도 지나치면 힘이 들어가서 산란하거나 아니면 그 반대로 더 졸리게 된다. 그래서 수행에서는 중도(中道)가 필요한 것이다.

그러나 알아차림은 다다익선(多多益善)이라고 한다. 알아차림만은 언제나 모자라기 때문에 아무리 많아도 지나침이 없다는 이야기다. 그러나 알아차림을 지속시키려면 거기에 알맞은 노력과 집중이 뒤따라야 한다. 그래서 수행은 알아차림과 집중과 노력이 함께 조화를 이룰 때 성숙한다고 말한다. 알아차림을 끌고 나가는 것은 노력이고 이 노력으로 알아차림을 끌고 나가야 집중력이 생기기 때문이다. 마치 다리 셋 달린 가마솥과도 같이 이 세 가지가 균형을 이루지 않으면 제대로 된 수행을 하였다고 말할 수 없다. 어느 것 하나가 강하거나 약하면 수행은 제대로 이루어지지 않는다.

그런 이유로 선생님은 항상 좌선에 들어가기에 앞서 마음가짐을 보라고 한다. 특히 지난번에 수행이 잘 되었으면 그때의 좋았던 기억을 되살려 또 그렇게 되기를 바라는 탐심이 생기게 되고, 그러면 몸이 굳어져서 수행이 잘 안 된다. 그래서 스승들은 면담시간에 수행이 잘 되었다고 말하면 "그 다음에는 어떠했는가?" 하고 묻는다. "잘 안 되었다"고 대답하면 "전번에 잘 되었으면 한동안 그렇게 안 될 것이다"라면서 경각심을 일깨워준다.

이렇게 3가지가 균형을 이루면 소위 말해서 '수행이 잘 된다'는 것을 의미한다. 이런 상태가 지속되면 집중, 즉 사마디가 형성되고, 이렇게 고요함을 얻은 상태에서는 대상의 변화가 보이기 때문에 지혜가 나게 된다.

그러므로 수행이 잘 안 된다고 하면 노력, 알아차림, 집중의 균형이 맞지 않았기 때문임을 알아야 한다.

수행이 안 되면 바라밀 공덕을 쌓는다

"수행을 하려면 자신의 의지도 필요하지만 우선 선근(善根) 공덕(功德)이 있어야 합니다. 선한 사람은 고통을 고통으로 받아들여 알아차릴 줄 압니다. 이처럼 고통을 있는 그대로 아는 자만이 수행을 하게 되고 수행을 통해 고통에서 벗어나는 길을 알게 됩니다."

우리들은 선생님 말처럼 수행이 좋은 줄 알면서도 게을러서 할 엄두를 내지 않는다. 또 하더라도 올바른 방법을 몰라서 제대로 못하고 있다. 또 어떤 사람은 하고 싶어도 경제적·시간적 여유가 없어서 못한다. 이와 같이 제대로 된 스승과 수행방법을 만나고 수행할 수 있는 조건과 의지를 갖추는 것이 바로 그 사람의 선근 공덕이다.

그래서 수행이 안 될 때는 바라밀 공덕을 쌓으라고 선생님은 권한다. 도(道)가 없으면 덕(德)이라도 쌓아야 한다는 것이다. 도는 물살을 거스르고 다섯 가지 장애를 이겨내야 하기 때문에 어렵다. 그래서 불자들은 덕이라도 갖추고자 자비를 추구한다. 그것이 우리나라의 보편화한 자비 수행이다. 그러다 보니 도는 뒷전으로 물러나고 덕이 앞선 경향이 있는데, 유념할 것은 도가 잘 되면 덕과 자비는 저절로 온다는 사실이다. 한편, 도에 너무 치우치면 냉정하거나 덕이 없을 수도 있다. 도의 길을 간다고 하면서 이기적일 수가 있다. 그러므로 도는 우리가 추구해야 할 최선의 것이지만 덕을 겸해야 한다. 복혜양족(福慧兩足)이 그것이다.

선생님도 미얀마에서 수행을 할 때 보시를 하니 신심이 깊어지고 수행이 잘 되었다고 한다. 덕이 있으니 도가 보인다는 것이다.

한국에서 미얀마로 수행을 떠날 때는 꽤 오랫동안 쓸 수 있는 굵고 커다란 양초를 준비해 갔다. 그곳은 나라의 경제 사정이 좋지 않아서 전깃불이 꺼질 때가 많은데 수행자들에게 양초가 배정되기는 하지만 가늘고 작아서 금세 달아버려 껌껌한 데서 좌선을 하기가 일쑤였다. 그럴 때마나 선생님은 가지고 간 양초를 명상 홀에 켜 놓을 것인가를 놓고 마음이 편치 않았다고 한다.

그렇게 고민하다가 드디어 양초를 내놓고 다 같이 밝은 불빛에서 수행을 하게 되니 그렇게 환희심이 나고 수행이 잘 되었다고 한다. 그리고 놀랍게도 수행을 시작하면서 얼마간의 과정을 거쳐야 나타나는 현상들이 즉각 보이기 시작하였다. 마음이 고요해지면서 호흡이 부드럽고 새털같이 가벼우며 호흡과 몸의 모든 느낌이 사라지는 단계가 생각보다 빨리 찾아왔다. 그리고 더 이상 몸을 대상으로 하지 않고 오직 마음을 대상으로 아는 마음만 남았다.

믿음과 보시가 법열(法悅)을 일으킨 것이다. 믿음이 돈독해지니 알아차리는 힘이 생기고 집중이 잘 되면서 논장에서 말하는 선업의 마음들이 줄줄

이 같이 일어난 것이다. 이것이 곧 바라밀 공덕이다.

　미얀마에서는 아직도 아침이면 스님들이 줄을 서서 탁발을 나간다. 그러면 절 동네에 사는 주민들이 나와서 스님들의 발우에 밥을 넣어준다. 이렇게 그들은 스님께 보시할 수 있는 것을 오히려 주어진 복으로 알고 있다. 그리고 언젠가는 그들도 절에 들어가 수행을 한다. 수행도 복이 없으면 할 수 없기 때문이다. 이것이 바라밀 공덕을 쌓는 과정이다. 부처님은 세세 생생토록 바라밀 공덕을 쌓았다. 그리고 결국은 그 복덕으로 부처님이 되었다.

먹는 것이 운명을 바꾼다

선생님은 우리에게 흥미로운 책 한 권을 소개하였다. 이 책의 요지는 '먹는 것이 운명도 바꾼다'는 것이다. 이 책의 저자(水野南北)는 일본의 덕천(德川) 막부(幕府) 중엽의 제일가는 관상가로서 책의 이름은 『개운(開運)의 비법(秘法)』이다. 그 일부를 발췌하여 적어 보았다.

나는 다년간 관상을 보아왔는데 다만 관상만을 보아 판단하면, 돈을 벌고 출세하고 장수할 상을 가진 사람도 가난하고 일찍 죽는 사람이 있는가 하면, 가난하고 일찍 죽을 상을 가진 사람이 실지로는 돈도 벌고 출세도 하여 장수하는 사람이 있어 적중하지 않는 경우가 많은 것을 유감으로 생각하고 있었다. 그러던 차에 어느 날 우연히 혹시나 식사가 중요한 것이 아닐까 하는 생각이 들었다. 사람의 행운이나 불운, 수명 등이 모두가 음식을 절제하느냐 않느냐에 따라 결정되는 것이 아닐까 하고 시험해 보았더니, 일 년 전에는 대난을 만날 수밖에 없는 사람이 단연 음식을 절제하였기 때문에 대난을 모면하였을 뿐 아니라 오히려 좋은 일이 있었고, 일평생 궁핍을 면키 어려운 상을 가진 사람이 음식을 조심하였기 때문에 상당한 부귀를 얻게 된 사람이 있었다……

전부터 병약, 단명으로 판단되었던 사람이 나날의 식사를 조심했기 때문에 심신이 다 건강하고 장수하는 사람이 적지 않았고, 이런 예는 헤아릴 수 없을 정도로 많다. 그 뒤로는 관상을 보아 길흉을 판단할 때 식생활의 상황을 묻고 난 뒤에 그에 따라 일생의 운, 불운을 판단한 바, 만에 한 사람의 착오도 없다는 것을 알게 되었다……

사람의 운명은 전적으로 식사 하나에 달려 있다는 것을 확신하게 되어 이것을 나의 상법(相法)의 비법으로 정했다. 그리하여 이를 모든 사람에게 권하고 나 자신 솔선하여 실행하고 일평생 보리만을 하루에 한 홉 반으로 정하고 술은 대단히 좋아하지만 하루에 한 홉으로 줄였다. 이것은 다만 나 하나만을 위한 것이 아니고 모든 사람이 한시라도 빨리 음식을 절제하여 개운(開運), 행복, 장수를 얻기를 갈망하기 때문이다.

이 책이 우리의 관심을 끄는 것은 음식의 절제가 운명을 바꾼다는 부분이다. 위빠사나 수행의 입장에서 볼 때, 알아차리면서 음식을 먹으면 자연스럽게 절제를 하게 된다. 따라서 알아차리면서 먹으면 결과적으로 운명도 좋은 쪽으로 바꿀 수 있다는 의미다. 재미있는 일이다. 그러나 명심할 것은 이 경우에도 형식에 치우치면 안 될 일이다.

남편의 친구인 이 교수의 부인은 구한말 세도가인 조(趙)씨 집안의 자손이다. 이 부인의 어머니는 부처님에 대한 신심이 돈독하여 아침 예불을 드릴 때면 본인은 물론 식구들마저도 떠들거나 잡담을 해서는 안 되었다고 한다. 심지어는 뜰 앞의 개까지도 짖지 못하게 끈으로 그 입을 붙잡아 매놓도록 하였다고 한다.

부처님 모시기가 이렇듯 까다롭다 보니 그 자식들은 처음부터 불교에 질려 있는 상태였고 끝내 이 부인은 말년에 기독교로 개종하여 버렸다. 그나마도 자신의 지병인 심장병을 고치기 위하여 안수기도를 받으러 개종하였다고 하니, 이처럼 형식에 구애되면 그 핵심을 놓치게 된다.

먹는 것에 대한 것도 마찬가지라고 본다. 먹는 것을 절제하라고 하여 먹는 양과 시간의 조절과 같은 형식적인 것에 중점을 두기보다는 먹는 것에 대한 마음의 조절을 하라는 것으로 받아들여야 한다. 다시 말하면, 자신의 식탐(食貪)을 절제하는 것이다. 이 효과적인 절제가 바로 알아차림이다.

인간의 탐욕이 가장 잘 드러나는 때가 먹을 때이다. 그래서 과식, 과음을 하게 되고 먹는 것으로 인해 병을 얻는다. 그러므로 우리에게 가장 강하게 남아 있는 것이 먹는 것에 대한 욕망과 집착이므로 이를 절제할 수 있으면 다른 부분에서도 탐심을 끊을 수 있으리라고 본다. 선생님에 의하면 먹으면서 알아차려서 아라한이 된 예가 많다고 한다. 그래서 음식을 먹을 때 '내가 지금 무슨 마음가짐으로 먹는가'를 아는 것이 중요하다고 한다.

이런 의미에서 선생님도 "위빠사나 잘하면 운세도 바꿀 수 있네요" 하며 관상가의 분석이 일리가 있음을 시인한 것 같다. 알아차리면서 먹으면 이를 통하여 지혜를 얻을 수 있을 뿐 아니라 자신의 운명조차도 좋은 쪽으로 바꿀 수가 있지 않을까 싶다.

라훌라의 출가와 계율

부처님 당시에 승단(僧團)에서 지키고 있던 계율은 지금과 마찬가지로 227계였다. 앞서 말한 바와 같이 너무 많은 계율이 일부 승려들의 반발을 사게 되었고, 그것이 부처님 열반 후 대승불교로 분파(分派)하게 된 계기를 만들기도 하였다. 사실 부처님께서도 열반 직전에 너무 소소한 계율은 바꾸라고 하였다고 한다.

그런데 이 계율들은 아무리 소소한 것이라고 하더라도 필요에 의하여 만들어진 것이고 반드시 대중의 의사를 물어 결정하였다고 한다. 예를 들어, 계율 중에는 사미승을 받아들이려면 그 부모의 동의를 얻어야 한다는 대목이 있는데, 이는 부처님의 아들인 라훌라가 승단에 들어오면서 생긴 계율이라고 한다.

어느 날 부처님은 부처가 되기 전 집안인 왕가의 공양 청을 받아 그곳을 방문하게 되었다. 이때 아들 라훌라는 부처님에게 "저에게 유산을 주십시오" 하고 유산을 청하였다. 그러자 부처님은 장로 사리불을 시켜 "라훌라를 출가시켜라" 하고 비구가 되게 하였다. 수행을 하여 열반을 경험하는 것처럼 훌륭한 유산은 없기 때문이었을 것이다.

그러나 왕실의 마지막 후계자인 라홀라마저 출가하여 대가 끊기게 된 정반왕은 매우 슬퍼하면서 크게 반발하였다. 이를 계기로 다음부터는 어린 아이를 사미로 받아들일 때 부모의 동의를 얻도록 계율로 정해졌다고 한다. 이와 같이 승단에 문제가 생기면 반드시 장로들이 토의해서 해결하였고 계율도 이런 과정을 거쳐 만들어졌다. 부처님이 '이렇게 하라'고 일방적으로 결정한 것이 아니다.

어느 날 부처님은 제자들에게 탁발을 할 때 어떻게 하느냐고 물었다. 한 제자는 부잣집만을 골라 한다고 하였다. 왜 그런가를 물으니, 가난한 사람들에게 피해를 줄 것 같아 부잣집만을 선택한다고 하였다. 또 한 제자에게 물으니 이번에는 가난한 집만을 골라 탁발을 한다고 하였다. 왜 그런가 물으니, 가난한 사람들에게 보시공덕을 쌓게 해주기 위해서라고 말했다. 두 가지 경우가 모두 합당하다고 생각되어 그 이후로는 차례대로 밥을 빌되 부잣집이나 가난한 집이나 가리지 않고 순서대로 일곱 번째 집까지만 가기로 정하였다고 한다. 이것이 차제걸식(次第乞食)이다.

발우를 10분 이상 햇빛에 말리지 말라는 재미있는 규칙도 있다. 당시의 발우대, 즉 밥그릇은 우리나라와는 달리 나무로 만들지 않고 나뭇잎으로 만들었다. 인도는 부처님 당시에 이미 산림이 황폐해진 까닭에 나무 그릇을 금하였다고 한다. 이렇게 나뭇잎을 엮어 만든 그릇은 기후조건이 습하므로 햇빛에 말려주지 않으면 안 된다. 그것도 햇빛이 강하기 때문에 잠시 말려야 한다. 이러한 발우대도 두 개를 가지고 사용하면 계율에 어긋난다. 계율에는 이런 것들도 다 포함되어 있다.

부처님은 고기도 드셨다. 스님들은 육식을 하지 않는 것으로 알고 있지만 사실 걸식하는 처지에 무엇을 가리겠는가. 인근 마을 사람들이 마련하여 주는 것은 무엇이든 받았다. 다만 자신을 위해 짐승을 잡은 것이거나 혹은 이 장면을 보거나 소리를 들었을 때는 예외였다고 한다. 또한 소, 말, 코끼리와 같이 생업이나 교통에 관련된 짐승이거나 혐오스런 고기는 먹지 않았다고 한다. 그래서 지금도 미얀마에서는 스님들이 음식을 가리지 않는다.

미얀마에서 수행할 때 선생님은, 스승이신 비구에게 고추장과 김을 계속 드렸다고 한다. 드릴 때마다 말없이 받기 때문에 매우 좋아하는 줄로만 알았는데 몇 년 후에 그가 고추장을 싫어한다는 사실을 알고 놀랐다고 한다. "그런데도 왜 그냥 받았느냐"고 물으니 "주어서 받았다"고 대답하였다고 한다.

이처럼 주는 물건을 거절하지 않는 것도 예의이다. 주는 것을 싫다고 거절하는 경우에는 보시하는 자의 공덕을 거부하는 것이라고 생각하기 때문이다. 그래서 스님들은 주는 것을 거절하지 않고 정중하게 받은 것이고 한국 사람들은 스님들이 좋아하는 줄 알고 계속해서 고추장을 보시한 것이다.

또한 나의 경험으로 보아서도 거절한다는 것이 결코 좋은 일은 아닌 것 같다. 언젠가 집중수행을 할 때의 일이었는데 잠시 휴식시간을 틈타 과일을 먹고 있었다. 그때 누군가가 어느 남자 수행자에게 과일접시를 주면서 "드시겠습니까?" 하고 묻자 그는 "아니요" 하고 대답하였다. 그런데 그 소리를 듣는 순간 내 가슴에 찌릭! 하고 강한 아픔이 느껴졌다. 예전에는 거절하는 소리가 이렇게 상처를 주는 줄을 몰랐는데 집중수행을 하면서 마음이 고요한 상태에 있었기 때문에 이런 세밀한 느낌을 가슴에서 느낄 수 있었던 것이다. 그 후로는 무엇을 거절하기에 앞서 그때의 경험을 한번쯤 생각하게 된다.

그 외에 식탁 위의 모든 음식은 잘게 썰어져 나온다는 것, 그래서 다섯 명이 있는 식탁에는 과일도 5등분하여 나온다는 것, 자기 몫을 다 먹었으면 음식이 남아도 더 이상 먹지 않는 것과 같이 먹는 것과 관련한 계율이 많다고 한다. 이는 식탐을 제거하기 위함이다. 이 같은 엄한 계율 속에서 충분히 씹으면서 먹으면 과식하지 않고 건강도 좋아지며 병도 생기지 않고 타인과의 관계도 돈독해지며…… 등. 그러고 보니 먹는 것이 운명을 결정한다는 관상가의 분석이 그럴듯하다는 생각이 들었다.

그리고 내 개인적인 생각이지만, 이렇게 계행을 잘 지키는 사람은 현실적으로도 매우 예의 바르고 치우침이 없는 모습을 하게 될 것이라고 본다. 더구나 여기에 알아차림까지 겸한 인격이라면 편안함까지 주기 때문에 그야말로 안팎으로 나무랄 데 없는 인격자가 될 것이라고 본다.

계율에 대한 오해

수행자들이 미얀마의 수행센터에 들어가면 제일 먼저 하는 일이 주지 스님께 신고하고 8계를 받는 일이다. 227계를 받는 비구들과는 달리 일시 출가자나 여성 출가자(딸라신)들은 8계를 받는다. 8계의 내용은 다음과 같다.

1. 살생하지 않겠습니다.
2. 주지 않는 물건을 갖지 않겠습니다.
3. 잘못된 성행위를 하지 않겠습니다.
4. 거짓말을 하지 않겠습니다.
5. 정신을 혼미케 하는 술, 마약 따위를 하지 않겠습니다.
6. 정오가 지난 후 음식을 먹지 않겠습니다.
7. 노래하고 춤추며 악기를 연주하거나 보고 듣지 않으며, 꽃으로 장식하거나 향수와 화장품을 몸에 바르고 꾸미는 것을 하지 않겠습니다.
8. 높고 화려한 의자나 침구를 사용하지 않겠습니다.

이상 여덟 가지 계율은 선원에 들어가 수행하려는 사람은 반드시 지켜야 하는 일이고, 매일 아침 새벽 4시 예불시간에는 다 같이 스님의 선창에 따라 외운다. 이는 평소 재가자들이 받는 5계보다 세 가지가 더 많은 것이다. 그런데 여기서 눈에 띄는 것은, 지금까지 내가 계율의 내용을 잘못 알고 있었다는 점이다.

예를 들어, 계율의 두 번째에 해당하는 것인데 우리는 흔히 이 부분을 '도둑질하지 않는다' 혹은 '남의 것을 훔치지 않는다'로 알고 있다. 그래서 나는 이제까지 이 부분에 관해서는 크게 염려할 일이 없다고 생각하며 살았다. 왜냐하면 도둑질은 한 적이 없기 때문이다. 그러나 이제 다시 그 내용을 살펴보니, '주지 않는 물건은 갖지 않는 것'이다. 그렇다면 문제가 달라진다. 돌이켜보니 나는 지금까지 온통 남이 주지 않는 것을 탐하며 살아왔기 때문이다. 우리 집 아이들도 아침에 눈을 뜨면 하는 것이 서로 장난감을 빼앗고 빼앗기지 않으려고 싸우는 일이다. 어른들이라고 다를 바가 있겠는가.

스님들은 남이 주지 않으면 절대로 가지지 않는다는 계율이 몸에 배어 있다고 한다. 그래서 공짜로 생긴 물건도 '좋구나' 하며 가지지 않는다. 선생님은 언젠가 깜빡 잊어버리고 쓰던 물건을 누구에겐가 인계하지 않은 채 선원을 떠났는데, 몇 개월 후에 다시 와 보니 그 물건이 창 밖에 그대로 놓여 있어서 깜짝 놀랐다고 한다. 주지 않았기 때문에 가져가지 않고 그대로 있는 것이다.

미안마에서 수행을 하면 오후에는 먹지를 않는다. 소위 말하는 오후불식(午後不食)이다. 다만 오랜 시간 먹지 않아 기운이 떨어질 수가 있으므로 오후 4, 5시쯤에는 차나 꿀, 주스 등을 마실 수 있는데 그것도 알갱이가 있거나 초콜릿 같은 것은 금한다고 한다. 그곳에서는 12시가 지나면 커피도 마시지 않는다.

언젠가 선생님은 비구의 신분으로 민가에 나간 적이 있었는데 한 신도의 안내로 어느 찻집에 들어갔다고 한다. 그래서 "뭘 드시겠는가?" 하는 질문을 받고 '오랜만에 커피나 마셔 볼까' 하는 마음에 '커피'라고 대답하였더니, 상대방은 물론 종업원과 심지어는 다른 손님들조차도 일제히 고개를 돌려 시계를 보더라는 것이었다. 그때가 바로 12시 10분 전이었다고 한다. 이렇게 이곳 사람들은 비구의 계율조차도 꿰뚫어 알고 있다고 한다.

그날 선생님은 서둘러 제공된 커피를 12시가 되기 전에 간신히 마실 수 있었다. 그리고 '이런 환경에서는 비구들이 계율을 지킬 수밖에 없겠구나'라는 생각이 들었다고 한다.

이렇게 계율을 지키면 다음과 같은 다섯 가지 이익이 있다.

1. 바라는 것이 있으면 무엇이든 소원대로 된다.
2. 온갖 재산이 더해지고 손해가 없다.
3. 가는 곳마다 사람들이 존경하고 사랑한다.
4. 좋은 명성이 천하에 두루 퍼진다.
5. 몸이 무너져 명이 끝나면 하늘에 태어난다.

반면에 계율을 지키지 않으면 재물을 구해도 소원대로 되지 않고, 설사 소득이 있다 하더라도 소모가 많으며, 이르는 곳마다 사람들이 공경하지 않는다. 그리고 나쁜 소문이 천하에 퍼지고 죽어서도 사악도에 떨어진다는 다섯 가지 손해가 있다.

부처님의 살아차림은 우리와 다른가

부처님은 아프지도 않고 늙지도 않았을 것으로 생각하기 쉽지만 실은 부처님은 우리와 똑같이 살다 가셨다. 우리와 똑같이 물질(몸)과 마음을 가지고 생로병사를 겪었다.

"부처님도 우리와 같은 물질(몸)을 가지고 조건 지어진 대로 늙고 병드는 고통을 겪었습니다. 부처님도 병이 들었을 때에는 제자들에게 칠각지(七覺支 깨달음을 얻는 일곱 가지 과정)를 읽도록 하고 이를 들으면서 병을 이겨내셨습니다. 또한 장로 사리불과 목련 존자가 부처님보다 앞서서 세상을 뜨자 부처님은 그들이 앉아 있던 자리를 쳐다보며 허전해 하셨다고 합니다. 얼마나 인간적인 모습입니까."

이런 부처님의 제자답게 목련 존자는 비록 아라한이지만 몰매를 맞아 죽음을 맞이하였다고 한다. 전생에 부모님을 살해한 과보로 그렇게 되었는데, 아라한이나 부처님이라도 살인의 업보는 그대로 다 받아야 한다. 다만 그들이 우리와 다른 것은 그 과보를 거부하지 않고 순응하며 겪는 것이다. 그리고 이에 대하여 더 이상의 반응을 하지 않는다는 것이다.

부처님 제자 중에는 목련 존자와 같이 신통을 부릴 줄 아는 이가 많았는데, 부처님은 그 자신은 물론 제자들에게도 능력 과시를 못하게 하였다고 한다. 그리고 평생을 인근 사람들로부터 탁발을 하여 음식을 들었고, 때로는 헛간이나 나무 밑 등에서 잠을 자며 일생을 마쳤다. 절대로 자신이 초월적인 존재임을 과시하지 않았다. 이 점이 부처님의 위대한 점이라고 선생님은 항상 말한다. 그리고 그것이 주는 의미가 무엇인지를 새겨들어야 한다고 하였다.

"부처님은 그 뛰어난 바라밀 공덕으로 인하여 현세에 수다원에서 아라한까지 즉시 도달하였습니다. 단순한 도달이 아니고 스스로 도의 길을 찾아서 이르렀다는 데 의미가 있습니다. 부처님께서 위없는 깨달음을 얻었다고 하는 이유는, 어떤 다른 스승에게서 배운 것이 아니고 오직 스스로가 찾아서 이루어낸 것이기 때문입니다. 스스로 찾아낸 수행법으로 깨달음에 이르는 것은 오직 부처만이 할 수 있는 일입니다. 부처님도 다른 아라한과 똑같은 아라한이지만 부처는 스승 없이 깨닫고 다른 아라한이 갖지 못한 지혜를 가졌습니다."

그러자 한 수행자가 물었다.
"부처님의 알아차림은 우리의 알아차림과 다른가요?"
말하자면 부처님은 우리와 다른 특별한 것을 알아차리는가 하는 질문이었다.
"아닙니다. 알아차림은 똑같습니다. 그러나 지혜는 다릅니다. 지혜는 법을 아는 것인데 바로 무상을 알고, 괴로움이 있는 것을 알고, 거기에 항상하는 나라고 하는 것이 없음을 압니다. 이런 결과로 인해 바로 집착이 끊어진 것입니다."

부처님의 제자 중에는 사리불 존자가 지혜에 으뜸이었다고 한다. 그는 부처님께서 갖추었다는 큰 지혜, 깊은 지혜, 넓은 지혜, 예리한 지혜, 빠른 지혜 등 다섯 가지 지혜를 두루 갖추었다. 그럼에도 불구하고 사리불은 다른 제자들을 가르치는 데에는 부처님의 지혜를 빌려야 하였다. 부처님의 가르침으로 아라한이 되었지만 지혜의 면에서는 일체지자(一切智者)이신 부처님을 따를 수가 없었던 것이다.

놀라운 사실은, 부처님이 되어서도 알아차림의 수행이 계속된다는 것이다. 아라한의 도(道)에 이르러 과(果)를 성취하고 나면 무슨 자격증을 딴 것처럼 한숨 돌리는 줄 알았더니 도과를 성취한 뒤에도 지속적으로 수행을 한다는 것이다. 한번 완성이 되었다고 수행이 끝나는 것이 아니라 계속해서 열반의 상태에서 과를 경험하며 끊임없이 몸과 마음을 청정하게 해야 한다는 것이다.

다만 부처님에게 있어서 알아차림은 일상이다. 잠자는 시간을 제외하고는 항상 알아차림이 있다는 것이다. 그것이 어떻게 가능한 일일까. 부처님에게는 이미 탐진치가 불타버린 상태이기 때문에 고통이 와도 고통이 아니다. 그것으로 인해 번뇌를 하지 않는다. 그러기에 번뇌가 불타버렸다고 하는 것이다. 항상 알아차리고 있기 때문에 고통으로 인한 번뇌에 새롭게 탐진치로 반응을 하지 않고 모두 받아들이기 때문에 가능한 것이다.

악업의 요건

부처님의 말씀에는 업보에 관한 이야기가 많이 나온다. 그래서인지 불교인들 중에는 어쩌다가 개미나 바퀴벌레를 죽여도 가책에 시달리는 사람이 많다. 그러나 선생님은 너무 업보에 매달리지 말라고 한다. 예를 들어, 살생을 하였다고 해서 무조건 살생의 과보를 받는 것이 아니라는 것이다. 경전에 보면 살생의 요건으로서 다음의 다섯 가지를 말하고 있다.

첫째, 살아 있는 존재(대상)가 있어야 한다.
둘째, 살아 있는 존재라고 본인이 알고 있어야 한다.
셋째, 죽이려는 의도가 있어야 한다.
넷째, 죽이려는 행위를 시도한다.
다섯째, 결과적으로 죽는다.

살생을 하면 그 과보로 단명하고 질병이 많거나 사랑하는 이와 헤어지게 되어 있다. 그러고 보니 과보가 되는 살생의 요건은 의도가 개입되지 않으면 죄가 성립하지 않는 현행 형법(刑法)과 똑같은 원리로 되어 있다. 의도가 중요하다는 것이다.

마찬가지로 도둑질의 경우에도 남의 재산이어야 할 것, 본인이 훔친다는 사실을 확실히 알고 있을 것, 훔치려는 의도가 있을 것, 행위를 할 것, 실제로 훔칠 것 등의 다섯 가지 요건을 갖추어야 도둑질의 업을 짓는다. 그래서 그 과보로 가난하게 태어나거나, 하는 일마다 잘 안 되거나, 종속적인 직업을 갖게 된다는 등의 결과가 떨어진다.

이 부분에서 한 수행자가 이의를 제기하였다.

"그렇다면 과연 내 자신이 나쁜 업을 짓도록 의도하였다는 건가요?"

"장작을 넣으면 불이 지펴지듯이 욕망이 부글거리면 업의 불은 타게 마련입니다. 장작을 넣지 않으면 불이 일지 않는 것과 같이 하고자 하는 욕망이 없으면 행위는 일어나지 않습니다. 이렇게 업(業, Kamma)은 생각[意]과 말[口]과 행위[身]로 만들어집니다. 처음에는 생각으로 시작해서 말을 하게 되고 나중에는 행위로 옮겨집니다. 그래서 생각한 것도 업의 범주로 봅니다. 우리가 지어놓은 업은 착한 업이거나 나쁜 업이거나 자기가 만들어서 자기가 받는 것이고, 이것이 바로 업의 원인과 결과입니다."

그래서 부처님은 '의지'가 업이라고 하였다. 마음이 시켜서 몸이 한다는 것이다. 그래서 마음을 알아차린다는 것이 중요하다. 이때 작은 벌레를 죽이고도 양심의 가책을 많이 느낄 것 같은 한 수행자가 말하였다.

"벌레를 죽이면서 광명진언(光明眞言)을 해주는 것은 어떨까요?"

그러나 선생님이 단호하게 말하였다.

"어떤 경우에도 산 것은 절대 죽이지 말아야 합니다. 죽이면서 광명진언을 한다는 것은 어떤 힘을 빌려 좋은 곳에 태어나라고 비는 것인데 이것도 관념에 불과합니다. 어떤 면에서는 살생하는 자신을 눈가림하는 위선이라고 볼 수 있습니다."

그런데 대상이 어느 정도 선한가에 따라 악한 행위의 비중이 커진다고 한다. 예를 들어, 선한 사람을 해치면 그 과보가 더 크다는 것이다. 부처님이나 수행이 높은 사람을 비방한 죄가 큰 이유는 그들에게 아무런 욕심이 없기 때문이고 욕심이 없으므로 비방 받을 원인을 만들지 않았기 때문이다. 그래서 부처님이나 성인을 죽였을 경우에는 훨씬 죄과가 커서 지옥에 떨어진다고 한다. 선생님은 이것을 지나가는 사람의 뺨을 때렸을 때와 대통령의 뺨을 때렸을 때에 내려질 벌이 다른 것과 같다고 말한다.

훔치는 것도 선한 자의 것, 공공의 이익을 위해 있는 것을 훔치는 경우에 떨어지는 과보가 더 크고, 짐승도 작은 미물보다는 영적으로 진화한 개나 원숭이, 코끼리 같은 짐승을 죽이는 과보가 더 크다.

그러자 한 수행자가 물었다.
"그렇다면 꽃을 꺾거나 식물을 죽이는 것은 어떤가요?"
"그건 살생이 아닙니다."
"거기에는 찬성할 수가 없습니다. 꽃을 꺾을 때 비명을 지른다는 사실이 입증되었다는데……."
"식물은 꺾어도 다시 살아납니다. 다음해에 또 소생합니다. 그리고 우리가 그 정도까지 염두에 두고 산다면, 먹을 것도, 입을 것도 없이 그냥 죽는 수밖에 없습니다. 이 세상은 먹이 사슬로 연결되어 있는데, 생존을 위한 것까지 용납되지 않는다면 논리의 모순에 빠지고 맙니다. 때로는 이런 것들이 우리의 판단을 흐리게 합니다. 식물도 생명은 있지만 영적 파장이

낮아서 살생이라고 볼 수가 없습니다. 영적으로 진화한 동물을 죽인 경우와는 다릅니다."

이렇게 업의 원인을 이야기하는 동안에 막연한 기분으로 가지고 있던 업보에 대한 두려움이 어느 정도 정리되었다. 그리고 업의 원인이 마음에서 비롯한다는 사실이 분명해지면서 마음을 알아차리는 수행의 절실함을 더욱 실감하게 되었다.

업보가 전부는 아니다

그러나 이렇게 지어진 업이 어떻게 적용되는가는 부처님밖에 모른다고 한다. 부처님밖에 이해할 수 없는 난해한 법칙이다. 다만 분명한 것은 이러한 업으로부터 해방되는 길은 열반(닙바나)뿐이라는 것이다.

평소부터 이에 대한 의문이 있던 내가 물었다.

"하지만 우리는 자신을 굉장한 업 덩어리라고 생각하며 삽니다. 이 많은 업보를 어느 세월에 다 벗을 것인가 한심하기만 합니다."

"흔히 우리들은 스스로 굉장한 업보를 지고 산다고 생각하는데 여기에 너무 집착할 필요는 없습니다. 업보도 내가 따라갈 때 오는 것이지 안 받아들이면 오지 않습니다. 물론 예정되어진 업의 과보는 있습니다. 그러나 여기서 중요한 것은, 지금 내가 악업의 마음을 먹으면 기다리고 있던 과거의 '악업의 과보'가 와서 붙는다는 사실입니다. 그것이 조건이 되어 불행을 가져옵니다. 마찬가지로 현재 선업의 마음을 먹으면 과거에 쌓은 선업의 과보가 기다리고 있다가 선업의 결과를 가져옵니다."

선업이 선업을 불러들이고 악업이 악업을 불러들인다는 이야기다. 또한 이미 만들어진 악업의 과보가 오더라도 괴로움으로 받아들이지 않으면 이미 내 것이 아니다. 그래서 지금 이 순간이 중요한 것이다. 선업의 마음이 새로운 조건을 만드는 것이다. 현재를 계속 알아차려서 선업을 쌓으면 악업이 들어올 여지가 없다.

그래서 지금 일어난 일을 모두 업보로 받아들이지 말라고 선생님은 말한다. 조건이 형성되어 생긴 결과일 수도 있다는 것이다. 그러면서 미린다 왕문경을 들려주었다.

경전에서는 고통의 요인으로서 위장 내 가스 과잉, 담즙 과잉, 가래 과잉, 계절의 변화, 불규칙한 섭생, 심한 상해, 업(카르마) 등을 들고 있다. 그러고 보니 고통의 원인의 대부분은 조건이고 업은 일부분에 지나지 않는다. 그래서 나가세나 존자는 "다 업으로 받아들이지 말라"고 하였다. 너무 업의 껍질을 뒤집어쓸 필요는 없다는 것이다.

또 하나 놀라운 것은, 업의 적용도 우리가 생각하듯이 즉시 떨어지는 것이 아니라 합당한 때가 되어야 나타난다는 것이다. 아난 존자의 전생 이야기가 그 좋은 예문이다.

한때 아난 존자는 금세공을 하는 부유한 집안의 아들로 태어났는데 돈도 많고 얼굴도 잘생기다 보니 바람둥이의 삶을 살았다. 그런데도 다음 생에 그는 또다시 부자의 아들로 태어났다. 아직 전생의 과보가 나타나지 않았기 때문이다. 그러나 이번에는 보시와 지계와 수행을 하면서 선업을 쌓았다. 그럼에도 불구하고 이번에 죽었을 때는 금세공이었을 때 행한 불선업의 과보를 받아 지옥에 떨어지고 말았다. 그리고 오랫동안 고통을 받았다. 지옥고를 받고 난 다음에 그는 축생계에 태어났다. 그래서 숫염소, 원숭이, 황소로 태어나 거세되거나 고환이 뭉개지는 과보를 받았고 정육점에서 살육되기도 하였다. 그 이후 드디어 사람이 되었지만 몇 차례 비참한 삶을 살고 난 뒤에야 비로소 바람둥이 때 저지른 불선업의 과보가 사라지고 천인으로 태어났다. 이때부터는 수행을 하던 때의 선업의 과보가 작용하게 되었고 결국은 부처님의 사촌으로 태어났다. 그리하여 뛰어난 지성과 기억력을 가지고 45년간 설하신 부처님의 팔만사천법문을 후세에 전하는 업적을 남겼다. 그리고 부처님 열반 후 아라한이 되었다.

그래서 부처님은 선업을 쌓으라고 하였지만, 아난 존자의 예를 미루어 보더라도 언제 자신의 업보가 작용을 할지, 또 그 '합당한 때'가 언제인지를 알 수는 없는 일이다. 오직 부처님만이 아시는 일이라고 하니 우리가 할 수 있는 일은 오직 이 순간 알아차림을 하는 것뿐이다. 무엇이 오거나 알아차릴 대상일 뿐이다. 악업의 과보가 와도 그냥 악업의 과보일 뿐이다.

이렇게 생각을 정리하고 나니 두려움이 없어지고 앞으로 무엇을 하고 살아야 할지 방향이 뚜렷하게 정해진다. 이것이 바로 수행의 위대함이다.

삼천배와 알아차림

우리 수행 모임에는 남편의 조카딸도 참석하고 있다. 그런데 그는 요즘 위빠사나 수행을 시작하면서 한창 그 부수적인 재미를 보고 있는 것 같다. 얼마 전 부처님 성도일(成道日)을 맞이하여 자신이 다니는 절에서 삼천배 기도를 하였나 보다.

여느 때와 다름없이 힘겹게 절을 하다가 '아, 위빠사나가 있었지!' 하는 생각이 들어 매 동작마다 알아차리면서 절을 하기 시작하였다고 한다. 손을 놓음, 닿음, 머리를 숙임, 몸을 듬 등을 알아차리며 하다 보니 어느 틈에 그 멀기만 하던 삼천배를 힘든 줄 모르고 마치게 되었다. 몸도 그다지 피곤하지 않았다. 넓적다리 부분만 조금 당길 뿐 예전처럼 온몸이 뻣뻣하고 운동회를 마치고 난 다음날처럼 뻐근한 증세도 없었다.

조카딸의 경험과 같이 알아차리면서 하면 어렵다고 생각되는 일도 쉽게 하는 경우가 많다. 층계를 오를 때나 등산을 할 때도 그렇다. 저 높은 산을 언제 다 오를까 걱정하지 말고, 왼발 오른발에만 마음을 집중하다 보면 어느새 정상에 다 오르게 된다. 조카딸의 경험담을 들은 선생님은 절을 할 때의 자세를 상세히 일러주었다.

"절할 때는 자신의 몸의 '무거움, 가벼움' 혹은 법당에 엎드릴 때에 바닥에서 느껴지는 '차가움, 단단함' 등을 알아차립니다. 흔히 언제 했는지 모를 정도로 열중하여 절을 하면 기도가 잘된 것으로 생각하는데 사실 하나의 대상에도 집중하지 못하는 수가 많습니다. 움직이는 동작 때문에 선정 수행조차도 잘 이루어지지 않는 것입니다.

이럴 때는 오히려 그 움직임 하나하나를 알아차리는 것이 집중에 도움이 됩니다. 절을 하면서 '공경하는 마음'도 보고 몸의 움직임도 알아차리는 것입니다. 절을 하는 내내 공경하는 마음을 낼 수도 없는 일이지만 대체로 막연하게 절을 하기 마련인데, 이왕 하는 김에 몸이 움직이는 느낌을 알아차리면서 하면 사마타 수행에서 바로 위빠사나 수행으로 전환하는 것입니다."

그러나 사실 부처님은 이렇게 오래 절하는 것을 권하지 않았다고 한다. 부처님이 최초로 설하신 『초전법륜경』에 의하면, 감각적 쾌락을 추구하지도 말고 그렇다고 극단적인 고행을 하지도 말라고 하였다. 이것이 바로 극단을 배제한 중도(中道)다.

한때 선생님은 외부로부터 폐쇄된 장소에서 묵언수행을 하였다고 한다. 폐쇄된 공간에서 밖에 나올 수도 없고 묵언을 하다 보니 소화가 잘 안 되어서 단식을 하였더니 사야도에게서 즉시 식사를 하라는 연락이 왔다고 한다. 물론 건강을 우려한 배려에서였겠지만, 나중에 알고 보니 극단적인 방법을 금하라는 부처님의 말씀에 따른 것이었다고 한다.

새해 인사와 타력신앙(他力信仰)

새해를 이틀 앞둔 지난해 말, 선생님 댁에서 수행을 마치고 헤어지면서 선생님에게 "새해에 복 많이 받으세요" 하고 인사를 하였다. 신사년(辛巳年) 새해가 내일 모래인지라 그냥 헤어지기가 좀 서운하여 이렇게 인사하였는데, 말을 하고 난 순간 아차! 하고 후회하였다. 굳이 선생님의 표정을 보지 않더라도 '그렇지, 참! 수행자끼리의 인사라면 그렇게는 말하지 않으리라'는 생각이 들었다.

그런데 오늘 선생님이 이에 대한 이야기를 꺼냈다. 복은 누가 주는 것이 아니라는 것이다. 복을 받는다는 것은 누군가 복을 주는 자가 있다는 의미인데 부처님은 이러한 타력신앙을 말씀하지 않으셨다고 한다. 복은 스스로 만드는 것이다. 그러므로 굳이 인사를 하고 싶으면 '복 많이 지으세요' 하는 것이 바람직하다.

"복이라고 하면 우리는 부귀영화와 무병장수를 복으로 알고 있습니다. 그러나 이것은 세속의 복입니다. 세속의 복은 감각적 쾌락과 맞닿아 있지만 출세간의 복은 이런 것을 추구하지 않습니다. 그냥 현재를 있는 그대로 받아들여서 탐진치로부터 자유로워지는 것입니다. 알아차린 현재에는 탐진치가 없습니다. 그러나 알아차리지 못한 마음에는 탐진치의 번뇌가 있습니다. 그래서 출세간의 복을 지고의 행복이라고 합니다."

그러고 보니 어머니의 스승인 백 선생님은 우리에게 복 많이 달라고 기도하지 말고 '업장 소멸하여 복 많이 짓기를 발원'하라고 하였다. 이는 평소의 생각과도 일치하는 것이라서 우리 가족들은 최근까지도 그런 식으로 기도를 해왔다.

여담이지만 백 선생님은 우리가 정성 들여 싸 가지고 간 선물을 내놓으면 그걸 받아서 우리들 한가운데 놓고 다 같이 합장한 채로 이렇게 외우도록 하였다.

"이 물건을 가져온 사람이나 받는 사람이나 그 마음 모두 부처님께 바쳐서 일월같이 밝은 부처님께 복 많이 짓기를 발원합니다……."

불상에 대하여 절하고 기도하는 것도 같은 맥락이다. 불상에 대하여 향을 꽂고 절을 하는 것은 사실 기독교인들로부터 우상숭배라는 비난의 빌미를 주고 있다. 이에 대하여 불교인들은 "불상을 숭배의 대상으로 삼는 것이 아니다. 마치 부모의 사진을 보고 그리워하듯 부처님에 대한 공경의 표시로 절을 하는 것뿐이다" 하며 정당화시킨다. 하지만 사실 많은 불자들이 은연중에 불상 그 자체에 어떤 힘을 부여하고 있는 것도 사실이다.

잘 알려진 이야기이지만 불상이 나타나기 시작한 것은 부처님께서 열반하신 뒤 400~500년 후부터라고 한다. 부처님에 대한 공경심이 넘친 나머지 그 모습이라도 만들어 놓고 보고자 한 것이 불상을 만들게 된 계기였다

고 한다. 헬레니즘 문명의 영향을 받은 아소카왕조 이후 아름다움을 추구
한 아잔타 양식의 불상들이 양산되기 시작하였는데, 우리나라의 석굴암도
그 영향을 받은 것이다.

이와 같이 불상은 당초부터 숭배의 대상으로 만들어진 것이 아니다. 그
리고 우리 불교인들도 그 사실을 잘 알고 있다. 그럼에도 불구하고 이를
대하는 우리의 마음은 그렇게 담담하지만은 않다. 불상 그 자체에서 어떤
신비함을 찾으려 하고 있다. 정성껏 절하면 어떤 복을 받을 것이라는 기대
를 한다.

그러나 생전의 부처님은 자신을 신앙의 대상으로 하지 않았다. 부처님
께서 열반하실 때에도 제자들이 앞으로 누구를 의지하고 살 것인가를 묻자
법을 의지하라고 하였다. 그리고 자기를 의지처로 삼으라고 하였다. 여기
서 법이란 바로 부처님이 남겨놓으신 가르침이다. 그리고 그 가르침이 바
로 자신의 몸과 마음을 깨어서 보라고 한 사념처 수행이다. 그래서 자신을
의지처로 하라고 한 것이다. 이것이 법등명(法燈明), 자등명(自燈明)이다.

미얀마에는 49제가 없다

선생님이 '봄바람'이라는 달콤한 별명을 붙여준 한 부인이 이런 말을 하였다.

"지난번에 남편이 개고기를 먹었는데 그날 잘 가던 자동차가 멎어버리는 바람에 두려운 마음이 들었습니다."

"그것은 관념입니다. 무속(巫俗)에서는 개를 아버지로 보고 개와 사람이 제일 많이 왔다갔다한다고 믿고 있습니다. 이런 미신적 관념은 인습에서 비롯한 것인데 이것이 바로 무지입니다. 걱정도 팔자이니 어떤 경우에도 그냥 알아차리면 됩니다. 그런데 개고기를 먹으면 어떨 것이라고 생각하면 실제로 그렇게 될 수도 있습니다. 왜냐하면 어떤 불안한 요인을 자꾸 떠올리면 자신의 마음에 그렇게 투사되어 그런 요인을 스스로 만들기 때문입니다."

"돌아가신 이를 위해서 지내는 49제(祭)도 마찬가지인가요?"

"귀신이 있는가, 또는 49제는 무엇인가에 관한 것은 한국인들이 제일 궁금해 하는 일입니다. 미얀마의 선원을 찾는 한국 수행자들은 한결같이 귀신과 49제에 관하여 묻습니다. 같은 것을 여러 사람이 자꾸 질문하니까 사야도로부터 '한국인들은 경전도 보지 않는가'라는 핀잔을 듣기도 하였습니다."

사실 한국에서 49제에 관한 문제를 말하는 것은 매우 민감한 문제다. 오랜 세월 동안 이어져 온 전통적인 관습인 제사와 관계되어 있기 때문이다. 그러나 상좌불교의 『아비담마(論藏)』에 보면 사람의 마음이 사몰심(죽을 때의 마음)에서 다음 마음인 결생심(재생연결식)으로 바뀔 때 즉시 연결된다고 한다. 선생님의 표현대로라면 손 한번 튀기는 것보다도 빠르게 다음 생을 받는다는 것이다.

　그러나 후에 북방으로 들어온 대승 경전에서는 사몰심에서 즉시 결생심으로 연결되지 않고 49일 동안 머물었다가 태어난다고 하였다. 49제는 바로 여기에서 근거한다고 볼 수 있다. 선생님에 의하면, 미얀마에도 민가에 나가면 사후에 7일간 머물다 떠난다는 전래신앙이 있다고 한다. 그리고 불상 이외에 자기 집을 수호하는 신을 모시는 작은 제단을 두고 있다고 한다. 이와 같이 사람은 사후에 대한 두려움 때문에 무엇으로부터인가 보호받으려는 성향이 있는데 어쨌든 49제는 북방불교만의 것이라는 것이다.

　경전에 의하면, 실제로 고인과 교신이 가능한 경우는 아귀의 몸을 받은 경우뿐이라고 한다. 그것도 다섯 종류의 아귀 중에서 배고픔에 시달리는 한 아귀의 경우에만 소통이 가능하다고 한다. 이 아귀의 경우에는 살아 있는 사람이 고인의 이름으로 선행을 할 때 그 '보시의 공덕'으로 천도가 가능하다고 한다. 그나마도 그 아귀가 살아 있는 사람에 대한 현생의 원한으로 마음이 닫혀 있을 때에는 아무런 교감이 없다고 한다. 아귀 몸을 받은 당사자가 마음을 열었을 때에만 그 공덕이 전달된다는 것이다. 다시 말해 공덕의 선택권도 인간에게 있는 것이 아니고 아귀에게 있는 것이다.

그러니까 귀신이나 먼저 가신 조상과의 교신은 고인이 아귀의 세계에 태어날 경우에 한하고, 그중에도 한 종류의 아귀여야 하며, 또 그 아귀의 마음이 열려 있어야 한다는 세 가지 조건이 구비될 때 비로소 가능하다는 것이다. 그렇다면 실현가능성이 거의 없다는 이야기다.

부처님 당시에도 브라흐만 사제들이 제사를 많이 지냈는데, 소와 양들을 제물로 요구하는 등 이로 인한 폐해가 많았다고 한다. 계율에 관한 율장(律藏)인 『마하왁가(大品, mahaavagga)』의 기록에 의하면, 부처님께서 깨달음을 얻고 나자 사함빠띠라는 천인이 제일 먼저 법을 청하였는데, 부처님께서 하신 첫마디가 "귀 있는 자들에게 불사의 문을 열겠으니 죽은 자에 대한 근거 없는 제사는 그만두라"는 것이었다.

봄바람 여사 못지않게 궁금증을 가지고 있던 내가 말하였다.

"하지만 예를 들어, 100명 중 99명이 49제를 믿어왔다면, 그리고 그 관념을 가진 채 죽는다면, 모든 것이 생각대로 된다고 하듯이[一切有心造] 그 관념대로 사후세계가 열리는 것이 아닌가요? 중생의 잘못된 생각이 지옥과 천국, 인간세계를 만든 것과 같이……."

"그것과 진리는 다릅니다. 부처님은 있는 그대로의 진리만을 말씀하셨습니다. 사람이 죽으면 몸은 지수화풍 사대로 흩어지고 이에 의지하여 있던 마음은 죽는 그 순간에 과보에 의한 몸을 만들게 됩니다. 손가락을 튕기는 것보다 빠르게 새로운 몸이 만들어집니다. 죽기 전의 마음의 상태에 따라 파장에 맞는 세계에서 태어나는데 이것이 업의 상속입니다. 시간이 머물 수 없듯이 마음도 어디서 머물 수 없습니다. 이것이 바로 부처님께서 찾아내신 진리입니다. 인간의 관념은 진리가 아닙니다."

봄바람 여사가 다시 말하였다.

"그러나 천도식을 정성껏 드리고 난 후 영가가 꽃밭에 들어가는 아주 좋은 꿈을 꾸었습니다."

"그것도 혼자만의 환상입니다. 영가가 잘 되었을 것이라는 기대가 그렇게 만든 것입니다."

더 이상 할 말이 없었다. 한편 생각하면, 49제는 남아 있는 자들을 위한 것인지도 모른다. 떠난 이에 대한 마음을 정리할 기간이 필요하니까, 그렇게 해서라도 마음이 편해진다면 그 또한 좋은 파장으로 남을 것 아닌가. 더 이상 여기에 연연하지 말아야겠다는 생각이 들었다.

꾸테떼떼인의 마음

　한순간의 알아차림이 얼마나 중요하고도 큰 공덕인 줄 우리는 잘 모르고 있다. 그러나 큰스님의 이야기를 들어 보면 한 찰나의 의미가 새삼스럽다.

　"알아차림을 하면 악업을 안 짓게 되고 알아차림이 없으면 악업을 짓게 되는데, 손가락을 한번 튕기는 찰나에 꾸테떼떼인이 일어난다. 꾸테떼떼인은 1,000만 곱하기 10만인데 한 찰나 간에 이렇게 많은 생각이 일어났다 사라진다. 그래서 한 찰나에 알아차림을 해도 그만큼 많은 알아차림을 한다는 것이다. 만약에 내가 한 찰나에 나쁜 생각을 한다면 꾸테떼떼인의 많은 악업을 짓게 된다. 그러나 만약에 알아차림이 있어서 좋은 생각을 하게 되면 그만큼 많은 선업을 짓게 된다. 그러니 한순간이라도 알아차림을 놓쳐서 되겠는가."

　이 글을 보면 '그까짓 한순간의 알아차림이 뭘 그리 중요하다고' 하는 말을 할 수가 없다. 그리고 보는 것 하나 듣는 것 하나도 그냥 지나쳐서는 안 되겠다는 생각을 하게 된다. 한순간의 알아차림으로 꾸테떼떼인의 선업이 채워지는 순간이기 때문이다.

얼마 전에는 다 같이 선생님의 유도에 따라 좌선을 하고 있을 때였다. 대상에 마음이 붙지 않아 헤매기도 하고, 졸기도 하고 멍청하게 있기도 하면서 초기의 시간을 다 보내고 거의 한 시간이 다 되어서야 비로소 호흡을 대상으로 알아차리고 있었다. 모처럼 얻은 집중력을 유지하고 싶은 생각에 시계의 종이 늦게 울리기를 바라는 마음도 알아차리면서 한결 부드러워진 호흡의 일어남 꺼짐을 보고 있는데 갑자기 선생님의 목소리가 들렸다.

"자, 지금쯤 새로 마음을 내서 아는 마음을 보도록 하세요"

그때 나는 분명히 호흡을 보고 있는 또 다른 마음을 볼 수 있었다. 그리고 꽤 오랫동안 안정적으로 이를 지켜볼 수가 있었다. 그런데 이 순간에도 하찮은 망상이 몇 개 다녀갔다. 어제 TV에서 보았던 장면과 집에 있는 아기들 얼굴이 떠올랐고, 다음 일요일에 있을 모임에 무엇을 입고 갈까 하는 생각도 하였다. 그러면서 주변에서 들리는 소음도 잠시 들어왔다 사라졌는데, 이런 모든 것들이 아는 마음이 흐트러지지 않은 채 그냥 휙 하고 빠르게 지나갔다. 그래서 '참 마음은 빠르게도 왔다가는구나' 하고 생각하였다.

나중에 면담시간에 선생님에게 물어 보았다.
"그래도 제대로 알아차림을 한 것인가요? 혹 알아차림을 놓친 것은 아닌지요?"
선생님은 잘한 것이라고 대답하였다. 마음이 빠르게 일어나고 사라지는 것을 아는 것이 마음을 알아차리는 위빠사나 수행이라는 것이다. 그러므로 오직 나타난 현상을 알면 되는 것이라고 하였다.

평소 같았으면 이런 하찮은 망상들은 하는 줄도 모르고 그냥 지나쳐 버렸을 것이다. 그러나 좌선을 통해 얻은 짧은 순간의 고요함을 통하여 이러한 것들이 왔다갔다는 사실을 분명하게 알아차릴 수가 있었다. 그러고 나니 하루 중 대부분의 시간을 마음이 일어난 줄도 모르고 그냥 놓치고 살고 있음을 새삼 실감하였다. 우리는 오직 모르는 것을 알뿐이라는 말이 생각났다.

거친 마음이 일어났을 때는 탐진치와 고정관념 때문에 눈이 가려서 알아차리지 못하고, 미세한 마음은 미처 알아차리지 못하여 온 줄도 모르고 지나쳐 버린다. '이것이 우리의 삶이구나' 하고 생각하였다.

선생님은 이런 단순한 현상 하나에서 무수히 변하는 무상을 알 수 있고, 여기에서 괴로움을 알게 되고, 나의 의지대로 되는 것이 없다는 무아를 알 수 있다고 하였다.

그래서 한순간의 알아차림이 소중하다고 하는 것이다. 그 한순간이 꾸떼떼인의 선업과 악업의 갈림길에 놓여 있는 것이 아닌가. 어쩌면 그 한순간의 알아차림이 몇 년, 몇 생을 계속해 오던 망상을 끊는 계기가 될지도 모른다. 한순간이지만 망상이 온 줄을 알고 알아차리면 자신도 모르고 깊게 자리잡고 있던 고정관념의 맥을 끊을 수도 있는 것이다. 한번 맥이 끊기기 시작하면 고정관념의 산맥도 언젠가는 무너질 것이 아닌가.

마음은 몸과 함께 있을 때 가장 편하다

회사에 다니느라 항상 바쁜 젊은 부인이 물었다.

"이제 와서 새삼스런 질문이지만, 호흡은 왜 보는가요?"

"새삼스러운 것이 아닙니다. 몸이 있는 곳에 마음을 붙잡아 두기 위하여 호흡을 보는 것입니다. 몸이 있는 곳에 마음을 붙여서 알아차리게 되면 제일 안정적인 상태가 됩니다. 바라는 것이 없고 힘을 뺀 상태이므로 욕망이 떨어집니다. 알아차림이 있으면 욕망이 끊어지고 몸과 마음이 편안해집니다.

몸은 태어나면서부터 업의 작용에 의하여, 그리고 마음이 시키는 대로 무언가를 하게 되어 있습니다. 그러나 마음은 끊임없이 밖에 있는 모든 대상을 따라다니며 탐욕과 화를 내면서 삽니다. 이런 마음을 몸에 붙들어 두면 거친 마음이 순화되고 선업의 마음으로 바뀌게 됩니다. 그런데 몸이라는 알아차릴 대상 중에서 가장 붙잡기가 좋은 것이 호흡입니다. 호흡은 살아 있는 동안 쉬지 않고 움직이는 대상이므로 알아차리기에 가장 이상적입니다. 그래서 마음을 호흡에 붙들어 두는 것입니다."

이렇게 몸과 마음이 같이 있으면 우선 알아차림을 하게 되고 알아차림을 하면 동시에 계율을 지키는 것이 된다. 왜냐하면 마음이 다른 곳에 가서 탐진치를 일으키지 않기 때문이다. 그래서 호흡에 집중할 때가 제일 편안한 상태다. 또한 선업을 만드는 순간이기도 하다. 그래서 역대 모든 부처님과 아라한들이 호흡을 알아차리는 수행을 하였다는 것이다. 이렇게 좌선을 하고 호흡을 보는 이유는 결국 마음의 편안함을 얻기 위해서다. 이렇게 편안한 생태에서 고요함을 얻으면 대상의 변화를 볼 수 있고 대상의 변화를 보는 가운데 삼법인의 진리를 알 수 있다.

"마음을 보고 있노라면 텅 빈 것 같습니다. 이때 무엇을 보아야 합니까?"
"마음은 비물질이라서 보려고 하면 보이지 않습니다. 그래서 의도를 보는 것이 좋다는 것입니다. 느낌이나 생각, 행동에 대한 의도가 일어날 때 그 마음을 알아차리기가 쉽다는 것입니다. 그런데 처음에는 이렇게 마음을 알아차렸어도 이것을 계속하기가 어려우므로 바로 가슴으로 가서 가슴의 콩닥거림이나 화끈거림과 같은 느낌을 보아야 합니다. 이때 일어난 가슴의 느낌은 마음이 일어날 때 남기고 간 흔적입니다."

가슴의 느낌을 보라는 이야기가 나왔다. 이렇게 마음을 보고 나서 가슴으로 가라고 하는 이유는 마음은 빠르게 일어났다 사라지기 때문이다. 이미 사라져 버린 마음을 붙잡고 어물거리고 있지 말고 얼른 채널을 바꾸어 가슴으로 가라는 것이다. 이는 큰 스승으로부터 배운 방법으로 알아차림을 지속시키는 효과가 있고 가령 화가 났을 때에는 또 다른 화를 불러오지 않는 효과가 있다.

웃어른 모시기

시아버님을 모시고 사는 부인이 말하였다.

"엊그제는 아버님의 편찮은 표정을 보고 자신이 무슨 잘못을 했나 싶어 마음이 불편했습니다."

"아버님의 표정은 나름대로의 조건에 따라 편할 수도 불편할 수도 있습니다. 그런 아버님을 자기 잣대로 보아 혹시 무언가 잘못해 드린 것이 아닌가 하는 자책감과 결부시킨 것입니다. 자신의 마음이 편해야 상대방에게도 편한 파장이 간다는 사실을 알아야 합니다. 이럴 때는 괜히 혼자서 생각을 키우지 말고 자신의 그런 생각부터 알아차려서 마음의 평정을 찾아야 합니다. 이기적이라는 생각이 들 수도 있으나 사실은 그것이 더 효과적입니다."

"사실입니다. 막상 아버님을 찾아뵈니 반겨주셨습니다."

"우리는 지금까지 그렇게 살아왔습니다. 모든 사람들은 나름대로의 사정과 조건에 의해서 불편한 마음을 가지고 있는데, 우리는 그것을 다 자기와 연결시켜 생각하고 또 반응합니다."

다른 수행자가 말하였다.

"비슷한 예인데, 예전에는 TV 드라마를 보면서 많이 울었는데 요즘에는 울지 않습니다. 내가 냉정해졌나 생각하게 됩니다."

"잘하는 일입니다. 그러면서 점차로 수행이 깊어지는 것입니다. 연민의 정으로 눈물을 흘리는 것은 상대방에 동화된 것입니다. 죽음 앞에서도 슬픔도 기쁨도 없이 중도의 마음을 가지도록 하고 그 마음을 유지해야 합니다. 되풀이되는 이야기지만 죽은 개를 보면서도 스승은 그냥 지, 수, 화, 풍 사대로 보라고 합니다. 관념으로 보면 '불쌍하다, 처참하다'는 등의 감정이 일어나지만 알아차려서 보면 그냥 사대로 흩어지는 물질일 뿐입니다. 존재하는 모든 물질은 사대의 변화만 있을 뿐입니다."

"그렇다면 감정도 없고 자비심도 없어 보이지 않나요?"

"불교에서 말하는 자비희사(慈悲喜捨)는 감정에 빠져 눈물을 흘리는 것을 말하지 않습니다. 눈물을 흘리고 감정을 키우면 그것 자체가 번뇌입니다. 감정이 없을 수는 없겠지만 지혜가 있을 때는 값싼 감정 같은 것이 없어집니다."

또 다른 이가 말하였다.

"어머님께서 최근 암 선고를 받으셨습니다. 돌아가시기 전에 이 좋은 법을 좀 알려드리고 싶은데 받아들일지 걱정입니다. 그리고 이미 작고하신 아버님으로부터 받은 상처가 커서 합장을 해도 되는지, 돌아가시기 전에 아버님에 대한 분노를 잊고 가시도록 할 수 있을지 걱정입니다."

"또 지레짐작으로 혼자서 걱정하고 있습니다. 임종에 임하면 받아들일 가능성이 큽니다. 제가 아는 화가 한 분은 불교도로서 주로 만다라 등 불화(佛畵)를 주제로 그렸는데 암에 걸려서 임종을 맞이하면서 기독교로 개종하였습니다. 독실한 기독교 신자인 친구의 설득을 받아들인 것입니다. 이때 그는 평생 동안 그린 그림에 대한 가치에 대해 회의가 느껴졌다고 했습니다. 이처럼 죽음을 앞두고 사람은 마음이 열리는 수가 많습니다. 하물며

딸의 설득이 아닌가요 선업을 짓고 가시도록 성의를 다하여 설득하여야 합니다. 그래도 안 된다면 그분의 업입니다. 여기서 배운 대로 가서 전하십시오"

다른 그룹에서 이 공부를 하는 한 수행자는 어머니가 오랫동안 병석에 누워 계신데 한번은 구급차에 실려 가는 위기를 당하였다고 한다. 그래서 병원으로 가는 다급한 순간에 "엄마, 가다가 잘못될지도 몰라. 이 순간 어떻게 해야 하지?" 하자 어머니가 "알아차려야지"라고 하면서 한결 마음과 몸의 평정을 되찾았다고 한다. 이토록 마지막 순간까지도 알아차림을 할 수 있도록 도와주는 자식이라면 이 이상의 효도가 없을 것이다.

"미얀마에서는 임종을 맞은 환자에게 생전에 좋은 일을 많이 하였다는 것을 일깨워 드리고 편안한 마음으로 죽음을 준비하도록 합니다. 그리고 스님의 가사를 사서 부모에게 보여드리면서 돌아가시면 이 가사를 어느 스님에게 공양할 것이라고 하여 기쁘게 해주거나 생전에 선업을 행했던 것을 상기시켜서 선한 마음을 기억하게 합니다. 그래서 스스로 마음을 열고 모든 사람과 화해와 용서를 구하는 마음을 갖도록 합니다. 이렇게 해서 이생에서 할 일을 다했다는 생각을 갖고 더 이상 집착하지 않도록 해야 합니다. 이것만이 좋은 다음 생을 기약하는 길입니다."

선생님의 이 말씀에 수행자들은 각자 자신이 얼마나 부모님에게 효도를 하였는지 반성해 보았다.

죽는 순간의 알아차림

그러고 보니 나는 이제까지 죽음을 맞이하면 고통이 따를 것이라는 생각을 미처 하지 못하고 있었다. 죽음에 대한 두려움만이 문제라고 생각하고 이 두려움만 극복하면 죽음 따위는 의연하게 맞을 수 있을 것이라고 생각해 왔는데, 문득 죽는 순간에 말로 표현할 수 없는 육체적 아픔이 따를 수도 있다는 생각이 들었다. 죽는 것만큼 괴로운 일이 없다는 말도 있지 않는가.

이런 생각이 들면서 평소에 선생님이 항상 수행하는 것이 죽는 연습을 해두는 것이라고 강조한 이유를 알 만하였다. 통증을 알아차리는 수행은 바로 죽음 앞에 당황하지 않고 알아차릴 수 있는 연습을 하는 것과 마찬가지다.

우리들 수행자 중의 한 부인은 요즘 알아차림 수행을 하니 너무 즐겁다고 하였다. 선생님도 항상 강조하는 이야기지만 수행은 재미가 있어야 한다. 이 모임에 참석한 우리들도 사실 수행을 통해 얻어지는 것이 많고 큰 것에서부터 작은 일에까지 마음의 번뇌와 고통들이 해결되니까 재미가 있어서 자꾸 오게 되는 것이다. 그것이 수행의 맛이다.

그런데 오늘은 이 부인이 이런 말을 하였다.

"나는 남편에게 이렇게 부탁하였습니다. 만일 내가 먼저 임종을 맞이한다면 절대로 울지 말고 가만히 내버려달라. 나는 그 순간 알아차리느라고 바쁠 테니까 절대 방해하지 말라고 말했습니다."

이 말에 모두들 한바탕 웃었지만 일리가 있는 이야기다. 그리고 나도 식구들에게 그런 당부를 해야겠다고 생각하였다. 아니면 '알아차리세요' 하고 옆에서 일깨워 달라고 하는 것도 좋겠다는 생각이 들었다.

그러나 한편 생각하면 과연 내가 목숨이 넘어가는 순간에 마음먹은 대로 알아차림을 잘할 수 있을 것인지 자신이 없었다. 그리고 얼마 전에 TV에서 본 장면이 생각났다. 이 프로에서는 23층에서 떨어지고도 살아남은 한 남자의 이야기가 나왔는데, 그는 그 높은 곳에서 떨어지면서도 층층의 장면들을 다 볼 수 있었다고 한다. 더군다나 그는 떨어지는 순간 다른 사람이 건네준 굵은 밧줄에 매달렸는데 그 밧줄을 잡은 사람의 손에 힘이 빠지면서 더 이상 지탱할 수 없다고 판단되어 "그만 손을 놓으라"고 말할 정도로 침착하였다.

정황으로 봐서 그는 그 순간에 알아차림을 한 것이 분명하다. 보통 사람 같았으면 이미 정신을 잃고 말았을 텐데 그는 또렷하게 눈을 뜨고 다른 층들의 모습들을 일일이 눈에 담으면서 떨어졌다는 것이다. 선생님도 이 이야기를 듣더니 "정말 그 사람 그 순간 알아차렸는가 보네요" 하였다. 그렇다면 과연 나도 그런 순간에 그렇게 깨어서 앞의 장면들을 볼 수 있을까. 자신이 없는 일이다. 그래서 우리는 죽을 때를 대비해서 수행을 할 필요가 있다는 것이다.

죽음을 두려워하지 않으려면 적어도 아나함과(果) 이상의 도과를 얻어야 한다고 한다. 그러니까 부처님을 비롯하여 벽지불, 아라한, 아나함쯤 되어야 죽음 앞에 의연해진다고 한다.

그러나 보통 사람들은 죽음을 두려워하게 되어 있다. 사후에 어떤 일이 생겨날지도 모르고 또 어디에 태어날지도 모르기 때문에 죽음은 두렵기 마련이다. 죽는 순간에는 어떤 의사도 약도 자식도 도움이 되지 않는다. 큰 스승의 말씀에 의하면, 오직 마음의 대상인 법(法)만이 실제로 도움이 된다고 한다. 어떻게 이 순간에 법이라는 대상을 알아차릴 것인가는 오직 명상수행을 경험한 사람만이 알 수 있다고 한다. 이 수행을 경험한 사람만이 위빠사나 지혜로 알아차릴 수 있다는 것이다.

죽는 순간에 알아차리면 도과의 지혜를 얻을 수도 있다고 한다. 그래서 죽으면서 성인이 되는 경우가 많다고 한다. 비록 성인이 되지 못하였더라도 법을 알아차리며 죽으면 사악도에 떨어지지 않을 뿐 아니라 천상에 태어날 수가 있다. 천인 중에서도 수행을 좋아하는 천인으로 태어난다고 한다.

누가 올바른 수행자인가

선생님은 요즘 여러 가지 인터넷 사이트를 보면서 '참 많은 사람들이 진리를 갈구하고 있구나. 그러면서 제 나름대로의 길을 찾아가고 있구나' 하는 것을 새삼 느꼈다고 한다. 이 경우는 위빠사나 수행 관련 사이트에 한정된 것이기는 하지만 구체적인 수행방법을 묻는 이도 많을 뿐 아니라 또 길잡이를 자처하고 성실한 답변으로 이끌어 가는 이도 많다고 한다.

어느 시대나 다 그렇겠지만, 부처님 당시에도 지금 못지않게 많은 종파와 수행자들이 저마다 '내가 진리다. 내 방법이 진짜다'라고 나섰던 것 같다. 진리를 알아내는 것, 그리고 영원한 행복을 추구하는 것이 우리의 궁극의 목적이라고 한다면 동서고금을 막론하고 이러한 길을 제시한 가르침은 하늘의 별보다 많았을 것이다.

부처님께서도 이 같은 길잡이의 홍수 속에서 스승을 찾아 헤매었고 당시 인도에서 유명하다는 색계 선정수행과 무색계 수행을 두루 경험하였다. 이렇게 많은 수행들을 알아보고 몸소 체험하는 가운데 알아낸 것은 지나친 고행이나 관념상의 추리로는 진리를 찾을 수 없다는 것, 오직 자신의 몸과 마음을 알아차리는 수행을 통해서만 깨달음을 얻을 수 있다는 사실이었다.

이것이 바로 중도의 길이었고 사념처 위빠사나 수행이었다.

그런데 이 같은 길잡이의 홍수는 오늘날까지도 변함없이 우리의 마음을 혼란하게 하고 어느 것이 옳은 길인지를 종잡을 수 없게 한다. 부처님께서는 우리가 모르는 세 가지 비밀이 있다고 하였다.

하나는, 어느 종교의 교리가 진리인 줄을 모른다는 것이다.
또 하나는, 상대방이 어느 정도 수행을 했는지를 모른다는 것이다.
그리고 마지막으로, 여자라고 하였다.

이 세 가지는 비밀이라서 우리가 알 수 없다는 것이다. 그러므로 어느 종교가, 혹은 어느 지도자가 표방하는 진리가 옳은지 그른지를 모르는 것은 당연한 일인지도 모른다.

이런 가운데에서 정법을 만난다는 것은, 오직 선업의 공덕이다. 부처님의 정법이 살아 있는 이 시대에 태어나는 것만으로도 대단한 선업의 과보라고 말한다. 왜냐하면 인류 역사상 부처님의 팔정도를 얻어들을 수 있는 정법시대에 태어나기가 지극히 어렵기 때문이다. 사람으로 태어날 수 있는 것이 망망대해에서 백 년에 한 번씩 거북이가 물 위에 떠오르는데 그때 구멍이 뚫린 널빤지로 목을 쏙 내미는 것과 같은 확률이라고 표현하고 있다. 사람으로 태어나기가 그만큼 어렵다고 하지만 사람으로 태어나서 정법을 만날 확률은 더 희박하다고 한다.

그런데 지금 우리가 사는 시대는 아직 정법시대라고 한다. 부처님의 사념

처가 살아 있고 위빠사나 수행이 무엇이라고 한 마디만이라도 얻어들을
수 있으면 정법시대를 사는 것이라고 한다.

부처님 당시 바히야라고 불리던 한 수행자가 있었는데 스스로 성자임을
자칭하고 다녔다. 그러다가 어느 날 한 수행자를 만나 그것이 잘못되었음
을 깨닫고 이렇게 반문하였다.
"과연 깨달은 자가 있습니까? 누가 제일가는 성자입니까?"
"고따마 싯닷타라는 분이 진정한 깨달음을 한 사람입니다."

그 말을 들은 바히야는 머나먼 길을 걸어 부처님에게로 갔다. 마침 부처
님께서는 탁발 중이어서 도를 청하는 수행자에게 양해를 구하였다.
"지금 탁발 중이니 조금 있다가 대답하면 어떻겠는가?"
그러자 그는 "조금 있다가 죽을지도 모르는데……"라며 법을 청하였다.
그래서 부처님은 늙고 피곤한 이 구도자에게 깨달음의 길을 여는 법문을
들려주었다. 이것이 그 유명한 노상(路上) 법문이다. 그 법문의 요지는 "할
때 하는 것을 알아라. 먹을 때 먹는 것을 알아라"였다.

부처님의 이 말씀을 듣는 순간 그는 아라한이 되었다. 물론 선업을 쌓은
과보로 때가 무르익었기 때문이었을 것이다. 그리고 자신의 말처럼 가다가
소에 치어 죽었다. 이 소식을 들은 부처님은 제자들에게 그를 아라한의
예로 장례를 치러 주라고 하였다. 부처님의 이 말씀에 다른 제자들은 그가
이미 집착을 버리고 아라한이 되었음을 알게 되었다.

그는 아라한이 되었음에도 불구하고 전생에 살인을 한 과보는 어쩔 수

가 없어서 그런 죽음을 하였다. 부처님의 뛰어난 제자였던 목련 존자가 그러한 것처럼 전생에 부모를 죽인 악업으로 그런 과보를 받게 된 것이다. 여기서 중요한 것은 알아차림만 있으면 비록 살인의 과보가 있더라도 도와 과를 얻어 성자가 될 수 있다는 사실이다.

선생님도 한때 도道를 찾아 헤맬 무렵, 어느 지도자를 만난 적이 있었다고 한다. 그는 뛰어난 언변과 신비로움을 가지고 있었는데, 스스로를 부처라고 하며 우리나라를 비롯한 세계 각지에 그 추종자가 많았다고 한다. 어느 날 누군가가 그 지도자에게 "자신이 부처라고 하면서 왜 화려한 복장과 장식을 하느냐?" 하고 묻자 그가 몹시 화를 내는 것을 목격했다고 한다. 그러나 한동안 그에게 마음을 빼앗겼던 선생님은 무지한 중생들을 깨우치기 위한 방편으로 그런가 보다 생각하였으나 지금 와서 보니 제대로 수행을 못했다는 증거임을 알았다고 한다. 뛰어난 언변과 지식이 있더라도 궁극적으로 진리를 터득한 성인은 화를 내지 않아야 한다고 선생님은 말한다. 말과 행이 일치해야 진정한 도인이라는 것이다.

그렇다면 성자는 어떻게 하여 화를 내지 않을 수 있을까.

"깨달음이란 삼법인三法印을 아는 것입니다. 그 결과로 삶이 괴롭고 하찮은 것이라는 것, '나'가 없다는 것, 무상하다는 것을 알면 화를 내지 않습니다. '나'가 없는데 무슨 화낼 일이 있겠습니까. 아라한이 되면 번뇌가 완전하게 불타버려서 화를 내지 않습니다. 성인의 반열에 오른 수다원과만 얻어도 일단 화를 내더라도 이내 알아차림으로 극복합니다."

그렇다면 우리는 무엇을 기준으로 스승을 볼 것인가. 부처님의 말씀을 근거로 하자면 그의 언행이 일치하는가의 여부로 진정한 수행자를 알아볼 수 있을 것이다. 학문의 있고 없고는 하등의 잣대가 될 수 없다. 미얀마에는 목동(牧童)과 같은 무학(無學)의 아라한도 있다고 한다. 소치기를 하면서 늘 알아차린 것이다. 선생님의 작은 스승도 속가에서는 옷을 파는 사람이었는데 이미 이 무렵에 많은 수행을 하여, 요즘 우리말로 한소식한 뒤에 비구가 되었다고 한다. 그래서 젊은 나이임에도 불구하고 큰 스승의 법통을 이어 선원을 찾는 수많은 사람들의 수행 면담을 하고 있다.

성자와 범부는 어떻게 다른가

그렇다면 성자(아리야, Ariya)는 우리와 어떻게 다른가. 어떤 면에서 우리와 다르며 어떤 마음가짐을 하고 있는지 궁금하지 않을 수 없다. 그런데 얼마 전 모곡 사야도의 제자인 우 소바나 사야도에게서 10일간의 집중수행을 지도 받은 적이 있는데, 그분이 마침 '성자와 범부의 다른 점'에 대하여 이야기해 주었다.

여기서 성자라고 하면 수다원의 도과(道果), 다른 말로 하면 초과 이상의 도과를 얻은 분을 말하는데, 이들은 이미 한 차례 이상의 열반을 경험하고 진리의 맛을 안 사람들이다.

우 소바나 사야도에 의하면, 성인은 우선 마음가짐에서 범부와 다르다고 한다. 성자라고 하여 외모가 다른 것도 아니고 사회생활을 하지 않는 것도 아니다. 결혼도 하고 사업도 하며 돈도 번다. 다만 아나함과 이상의 도과를 얻으면 결혼생활을 할 수 없다고 한다. 부처님 당시 이따빠라는 일곱 살 난 여자아이는 초과(수다원과)에 들었는데 후에 자라서 결혼도 하고 아이도 낳고 살았다고 한다.

뿐만 아니라 성인의 대열인 수다원에 들었어도 범부와 다를 바 없이 탐심도 일어나고 졸기도 하고 자만심도 있다고 한다. 그리고 화도 낸다는 것이다. 다만 다른 것이 있다면 성자는 그 마음을 오래 끌고 가지 않는다는 점이다.

범부는 탐진치의 마음이 일어나도 쉽게 제어하지 못하고 강하고 길게 끌고 가지만, 성자는 금세 이를 알아차리고 끌고 가지 않는다. 일어남이 있었으면 곧 사라짐이 따르는 것이다. 성인은 화냄의 무의미함을 알고 곧 제거하지만 범부는 다시는 안 볼 것처럼 미워하는 마음을 끌고 간다. 또 범부는 무엇을 원하는 마음이 생기면 그것을 가질 때까지 끝장을 보려고 하지만 성자는 오래 끌고 가지 않는다. 그러기에 사야도는 한번 욕심이 났을 때 그 마음이 하루를 갔는가, 일 년을 갔는가 보라고 한다.

이처럼 범부에게는 오직 생기기만 하는데 성인에게는 생기고 사라짐이 있다. 금세 알아차리고 제거한다. 그 제거하는 방법도 안다. 그러다 보니 성자들은 불법승 3보에 대한 이해와 믿음이 확고하고 흔들림이 없으며 불선업의 행위를 하지 않는다. 그래서 다시는 사악도에 떨어지지 않는다. 선생님이 항상 강조하는 바와 같이 자격증이 있어서 사악도에 떨어지지 않도록 해주는 것이 아니라 스스로 불선업의 행위를 하지 않고 계율을 지켜서 사악도에 떨어질 원인을 만들지 않는다는 것이다.

반면에 범부는 믿음도 확실하지 않고 계율도 지켰다 말았다 하며 좋은 법문을 들어도 그때뿐이고 오래가지 않는다. 그래서 미얀마에서는 범부를 '어디로 갈지 모르는 사람'이라고 한다. 하지만 성자는 어떤 일이 있어도 마치 어미 소가 새끼 송아지에게서 눈을 떼지 않는 것처럼 항상 지켜보며 계율을 어기지 않는다고 한다.

그러나 우리와 같은 범부도 이런 것들을 늘 기억하고 알아차림을 게을리 하지 않으려고 노력하면 최소한 '작은 성인(쭐라 소따빠띠)'은 될 수 있다고 한다. 이런 이야기를 들으니 성자의 길은 멀기만 한 것이 아니라는 생각이 든다. '어디 나도 한번 해볼까' 하는 엄두가 난다.

마음을 보기 시작하니 부끄러웠다

하루는 선생님을 화곡동으로 모시고 갔다. 동생이 사는 화곡동에는 부처님 법문을 듣기 위하여 초청 강의를 주관해 온 동네 모임이 있는데, 벌써 12년째 이 일을 계속해 왔다고 한다. 이런 오랜 역사(?) 덕분에 웬만한 불교계 인사는 초빙강사로 다 다녀간 모양인데, 아직 위빠사나에 관한 법문은 들은 일이 없다며 선생님의 의사를 타진해 왔다. 부처님 수행법을 묻는데 마다할 선생님이 아니므로 시간에 맞춰 동생과 함께 법회 모임의 장소인 모임의 회장 댁으로 갔다.

일반 가정집인데도 불구하고 아래 위층에 꽉 들어찰 정도로 많은 사람들이 모여 있었다. 보아하니 각종 법회나 철야기도 혹은 사찰 탐방 등 신행의 면에서 누구에게도 뒤질 것 같지 않은 40~50대 주부가 주류를 이루고 있었다. 나는 이렇듯 전통적 불교관을 가진 보살님들이 위빠사나 수행을 얼마나 받아들일까 우려가 되었다. 그런데 선생님은 "무얼 바랍니까? 바라지 마세요 그냥 하는 것뿐입니다" 하며 나의 욕심을 일깨워 주었다. 그 말에 내 마음이 편해졌다.

강의 중에 선생님은 미얀마 수행 시절의 이야기를 들려주었다. 신수심법의 사념처 중 마음 보는 수행이 하고 싶던 선생님은 쉐우민 사야도로부터 간신히 허락을 받아 마음 보는 수행을 배우기 시작하였다고 한다. 그러나 마음 보기가 쉽지 않았다. 두 달이 지나서야 처음으로 마음을 보게 되었을 정도로 마음 보기가 어려웠다.

그러던 어느 날 문득 마음을 보게 되었다. 그런데 선생님은 평소에 알아차리지 못하고 지나쳐 버리던 자신의 마음을 보게 되어 오히려 수행을 포기하고 싶을 정도로 실망하였다고 한다.

수행생활 중에는 탁발한 음식을 한곳에 모아놓고 공동으로 공양을 하는데 음식을 받아가는 순서는 법랍(法臘)대로 하게 되어 있었다. 이렇게 순서대로 공양 대열에 서 있으면서 선생님은 문득 바로 자신의 앞에 선 수행자가 수행을 그만두고 집으로 돌아가기를 바라고 있는 자신의 마음을 보았다고 한다.

일시출가자인 이 비구는 일 년이 넘게 수행하고 있었는데, 이 비구만 없으면 꽤 법랍이 높은 스님과 가까이 공양 대열에 설 수 있기 때문이었다. 그래서 평소에도 자꾸만 그에게 농담 삼아 "언제 집에 가느냐?"고 묻곤 하였는데 문득 다시 그것을 물으려다 그러는 자신의 마음을 알게 된 것이다. 명색이 수행자라고 하면서 이런 치졸한 마음을 쓰고 있음을 발견한 선생님은 자신이 너무 부끄럽고 실망되어 스승께 수행을 포기하겠다고 심각하게 말하였다.

그런데 스승은 오히려 "드디어 마음을 보기 시작하였구나!" 하면서 "그것이 누구의 마음인가?"라고 되물었다. 이때 선생님은 순간적으로 느껴지는 것이 있어서 "나의 마음이 아니고 순간의 마음입니다"라고 대답하였다. 그러고 나서 괴로움으로부터 벗어났다고 한다.

선생님은 또한 쉐우민 선원으로 옮겨가 마음 보는 수행을 시작하면서 마하시 선원에서 하던 '명칭붙이기' 습관이 떨어지지 않아 무척 애를 먹었다고 한다. 거의 자동적으로 '일어남, 꺼짐', '오른발, 왼발' 하고 명칭이 붙었는데 면담시간에 그 고충을 털어놓았다.
그러자 스승은 "그 명칭은 누가 붙이는가?" 하고 물었고, "마음이 합니다"라고 대답하자 "그때 그 마음을 보라"고 말하였다고 한다.

"그때 그 마음을 보니, 명칭은 자동적으로 붙는 것이 아니고 내가 좋아서 계속 붙이고 있다는 것을 알았습니다. 명칭에 집착하고 있는 그 마음을 본 것입니다. 이렇게 명칭을 붙이는 마음을 보고 그것이 자신의 집착하는 마음이란 것을 알고 난 뒤에는 명칭을 붙이던 습관이 그 순간에 딱 떨어졌습니다. 명칭이 습관적이라는 사실은 익히 알고 있었지만 이 습관조차도 마음이 시켜서 한다는 것은 미처 깨닫지 못하고 있었습니다. 그런데 마음을 본 순간 이 습관이 눈 녹듯 사라졌습니다."

선생님께서 보았다고 하는 마음은 자신도 모르게 생멸하는 미세한 마음들이었을 것이다. 이런 이야기를 듣고 나니 나도 마음 보기에서 약간의 감이 잡히는 것 같았다. 그렇구나, 마음은 그렇게 보면 되겠구나 하고……

나는 운전을 하면서 부끄러운 마음들을 많이 본다. 앞차를 따돌리고 달리면 신바람이 나고, 다른 차가 끼어들면 짜증이 난다. 어느 줄에 서야 빨리 달릴까 저울질하면서도 끼어들어오는 차를 넣어주지 않으려고 안달이다. 이런 마음들은 평소에 빈번하게 일어나지만 알아차리지 못하고 지나치는 마음들이다. 그러면서도 자신은 건전한 운전자인 줄 알고 있다.

한편 이런 마음들은 부끄러워하기보다는 '그렇구나' 하고 알아차리고 지나가야 할 것들이다. 그것이 잘되었다 잘못되었다 판단하지 말고 그냥 알아차려 주어야 한다. 이 마음도 그때 그 마음일 뿐 나의 것이 아니다. 부끄러워할 마음이 아니라 알아차려야 할 마음이다. 그래야만 이미 드러난 불선업의 마음을 선업의 마음으로 전환할 수 있다. 드러났을 때 놓치지 말고 선업으로 바꾸는 것이다.

마음이 지나간 흔적은 가슴에 남는다

선생님은 쉐우민의 사야도로부터 어디에서도 얻을 수 없는 수행의 방법을 하나 배웠는데, 바로 마음을 알아차리고 난 직후 가슴의 느낌을 보라는 것이었다.

"스승께 지도를 받으면서도 마음을 보기 시작한 것은 2개월이 지나서였는데, 처음 마음을 볼 줄 알게 되자 스승은 다시 가슴의 느낌을 보라고 하셨습니다. 이는 마음이 지나간 후 남기고 간 '마음의 작용'을 보는 것입니다. 예를 들어, 화가 났을 때 화가 난 것을 알아차리고 즉시 가슴을 보면 두근거리거나 따끔하거나, 혹은 메슥거리거나 화끈거리는 어떤 현상을 느낄 수 있을 것입니다. 이것이 마음이 지나간 흔적이며 마음의 작용입니다."

그러자 누군가가 이렇게 말하였다.
"화가 난 다음에 가슴을 보니 마치 파도가 치듯 가슴이 두근거리는 것을 느꼈습니다. 그렇게 뛰다가 다시 잠잠해졌습니다."
"그것은 마음이 아니라 마음의 작용인 느낌을 본 것입니다. 화가 났을 때에는 그 에너지를 무엇인가로 전환시키려 하는 것이 우리의 통상적인 자세입니다. 그대로 폭발시키던가 아니면 그 폭발적인 요인을 억눌러서 잠재의식 속으로 저장하게 되는데, 이렇게 억눌려 있던 폭발요인은 그대로 남아 있다가 언젠가 다시 나오게 되어 있습니다. 작은 바늘구멍으로라도 폭발하려 하는데 이것을 즉시 알아차리면 가슴에 그 흔적이 남습니다."

큰 사야도는 항상 마음을 보고 난 후에는 가슴을 보라고 손으로 가슴을 지적하였다고 한다. 그래서 선생님은 마음이 지나간 흔적을 알아차리기 위해서 항상 가슴을 보곤 하였는데 작은 스승인 우 떼자니아 사야도는 가슴이 아닌 머리에서 느낌이 나타난다고 한다. 마음이 지나간 흔적이 가슴에서뿐만 아니라 머리에서도 나타날 수 있다는 이야기다.

그러고 보니 우리나라 말에도 마음이 지나간 흔적을 표현하는 것들이 많다. '가슴이 찢어지는 것 같다' '가슴이 철렁한다, 답답하다, 서늘하다'라는 말은 물론 '머리가 지끈하다' 혹은 '머리가 띵하다'는 것도 몸과 마음에 어떤 충격을 받았을 때 머리에서 일어나는 현상을 표현한 것이다. 그뿐만 아니다. 기분이 좋을 때는 눈빛과 얼굴빛이 달라지고, 창피하거나 흥분할 때는 얼굴이 화끈거린다. 또 충격이 클 때는 얼굴이 뻣뻣해지거나 손발이 후들후들 떨리기도 한다. 기분이 상해서 먹은 것이 체했다고 하는 경우도 마음의 흔적이 위장에서 작용한 것이라고 할 수 있다. 이런 것들은 대체로 거친 마음이 지나간 흔적들이다.

그러나 미세한 마음의 흔적은 가슴의 느낌에서 많이 발견된다. 그래서 큰 스승이 가슴을 보라고 한 것 같다. 특히 좌선 중 고요한 상태에서 미세하게 지나가는 마음의 흔적들은 가슴에서 많이 나타난다.

화가 났을 때 화가 난 것을 알아차린 다음 바로 가슴의 느낌을 보라고 하는 것은 다름 아닌 화가 남기고 간 흔적을 가슴에서 알아차리라는 것이다. 마음은 한번 일어나면 사라져 버린다. 그러나 가슴에 남는 느낌은 오래 간다. 선생님은 가슴의 느낌을 알아차려야 하는 이유를 설명해 주었다.

"수행자가 알아차려서 사라졌다고 하는 것은 완전한 소멸이 아닙니다. 순간적인 소멸입니다. 그 순간 새 마음이 일어났기 때문에 잠시 마음 한편에 숨어 있는 것입니다. 그런데도 계속 그 마음을 주시하면 사라진 줄 알고 있던 숨어 있던 마음이 다시 일어나게 됩니다. 마음은 알아차리면 즉시 소멸하게 되어 있지만 알아차림이 약하면 사라지지 않고 기억이라는 저장 탱크에 남아 있습니다. 새로 일어난 마음에 밀려서 잠시 비켜서 있을 뿐입니다. 그런데 알아차리는 마음이 강하면 있던 마음은 발을 못 붙이는데 힘이 약하면 또다시 나타납니다. 그래서 알아차리고서도 그 마음을 계속 주시하면 다시 나타나게 되어 있습니다."

이때 바로 가슴으로 가서 가슴의 느낌을 알아차리면 그 마음은 더 이상 발붙이지 못한다는 것이다. 이때는 마음을 대상으로 하는 것이 아니라 가슴에서의 느낌을 대상으로 하는 것이다. 채널을 바꾸어서 보다 구체적이고도 사실적인 것을 대상으로 하는 것이다. 그러므로 마음을 알아차렸을 때에도 그 마음을 아는 것은 한순간으로 그치고 바로 가슴으로 가서 느낌이라는 새로운 대상을 주시해야 한다고 선생님은 말한다. 이때에는 없애려고 알아차리는 것이 아니라 가슴에 느낌이 있어서 알아차리는 것뿐이라는 마음가짐을 가져야 한다.

저마다 수행 중 가졌던 궁금증들을 선생님에게 물었다.

"나중에 긴장이 풀리면서 피곤함이 몰려와서 그냥 멍하니 누워 있었습니다. 멍하니 있으면서 이 순간 알아차림을 하지 못했구나 하고 생각하였습니다."

이에 대해 선생님은 이렇게 설명해 주었다.

"왜 피곤했을까요? 그 피곤을 알아차리는 것도 중요한 대상입니다. 흥분한 만큼 피곤해졌을 것입니다. 화난 마음을 알아차리고 나서 즉시 그 마음이 일으킨 작용을 보면 화가 난 대상으로부터 그 에너지가 희석되는 과정을 보게 됩니다. 그리고 채널을 바꾸는 과정에서 화가 많이 달아난 것을 알 수 있습니다. 이때 가슴뿐 아니라 맥박이나 다른 것을 볼 수도 있습니다. 그리고 호흡까지도 보면 그 '화남'이 단계적으로 전환되고 이로서 화로부터 확실하게 벗어나게 됩니다.

화내는 것의 자연적 성품은 탐심입니다. 여기에 아상(我相)까지 합세하여 불을 당기는 것입니다. 남의 콤플렉스를 건드리면 화가 나서 손댈 수 없는 사이가 되는데 이는 그의 탐심과 아상, 즉 에고를 건드렸기 때문입니다."

"사실은 다음날에도 그 화가 또 났습니다. 생각이 그 화를 다시 불러들였음을 알았습니다."

"그런데 그 화가 나의 스승입니다. 화를 내게 한 사람은 그 사람의 일일 뿐이고 자신은 거기서 실리만 얻으면 됩니다. 많은 인간관계는 십중팔구 오해로 얽혀져 있습니다. 이런 것들을 알면 어려운 일들이 자신의 의식 고양에 도움이 됩니다. 위기는 스승이라고 하지 않던가요."

"그럼 위기는 좋은 것인가요?"

"그냥 위기일 뿐입니다. 그것을 또 끌어들일 생각은 말아야 합니다. 그 냥 있는 그대로 보면 됩니다. 분석하고 답을 얻으려 하는 데에서 문제가 생깁니다. 그 사람의 업, 자신이 제공한 원인 등을 어떻게 다 알아낼 수 있겠습니까. 또 사실 화를 낸 나는 없습니다. 화는 그때의 내가 냈을 뿐 지금의 나는 아닙니다."

그래서 선생님도 큰 스승처럼 늘 우리들에게 마음을 보고 난 후 채널을 바꾸어서 가슴의 느낌을 보라고 하는데, 처음에는 가슴에서 느낌 보기가 익숙하지 않았고 별로 느껴지는 것도 없었다. 이렇게 느낌이 없을 때에는 선생님의 가르침대로 그냥 '덤덤하다'는 것을 알아차리곤 하였는데 지금 은 제법 느낌이 많다. 그리고 가능하면 그 느낌의 변화를 보도록 노력하고 있다.

제4장

지금 우리는 이렇게 수행하고 있다

애당초 이 글은 위빠사나 수행에 들어가기 전에 갖추어야 할 기본적 이해와 마음가짐을 도우려는 의도에서 쓴 것이다. 그런데 위빠사나란 무엇인가에 대한 주변 설명만 하다 보니, 아직 적어 놓은 글도 많고 할 말도 많은데 벌써 지면이 다하고 말았다.

선생님을 만나서 수행지도를 받기 시작한 지도 어느덧 몇 해가 지났고, 그동안 집중수행도 몇 차례 있었다. 지금도 우리들은 매주 논현동에 있는 한국 명상원에 모여 법문을 듣고 좌선과 경행을 하며 면담을 한다.

그동안 선생님은 위빠사나 수행에 관한 많은 부분을 체계화하였다. 그래서 현재 사념처에 대한 것을 염처별로 나누어서 지도하고 있다. 이렇게 사념처를 따로 떼어서 지도하겠다는 신념이 서게 된 것은, 다년간 몇 분의 스승으로부터 수행지도를 받으면서 얻어진 경험과 지혜를 바탕으로 한 것이다. 특히 마음을 알아차리는 수행과 함께 가슴의 느낌까지 알아차리는 것은 흔치 않은 수행방법이다. 이것을 우리는 염처별 위빠사나 수행이라고 말한다.

염처별 수행은 수행자의 근기에 따라 선택할 수 있는 방법이다. 경전에 의하면, 감성적이면서 좀 둔한 사람은 신념처를 하는 것이 좋고, 예민한 사람은 수념처를 하는 것이 좋다고 하였다. 반면에 이성적이지만 좀 둔한 사람은 심념처를 하는 것이 좋고 이성적이면서 영민한 사람은 법념처를 하라고 하였다. 이런 특성들을 염두에 둔다면 염처별 수행을 통해서 어떤 방법이 자신에게 어울리는지를 쉽게 짐작할 수 있을 것이다.

　　또한 경행이나 좌선에 들어갈 때에는 단순하고 쉬운 것부터 시작하는 '단계별 수행'을 한다. 그러면 초보자들도 쉽게 집중의 상태에 들어가 호흡을 볼 수 있다. 이런 분류는 부처님에 의해 권장된 수행방법이기도 하다.

　　이렇게 선생님은 염처별 내지 단계별 수행방법을 적용하여 수행을 지도하는데 앞으로 여건이 마련되면 이 부분에 대해서도 정리를 하여 엮어 볼 생각이지만, 일단 이번에는 중간 점검을 하는 의미에서 현재 우리가 어떻게 수행지도를 받고 있는가를 적어 보기로 한다.

1. 신수심법에 대한 염처별 알아차림

먼저, 수행을 할 때마다 한 시간 가량의 법문을 한다. 법문의 내용은 신념처, 수념처, 심념처, 법념처에 따라 다르다. 현재 요일별로 다른 염처를 지도하고 있는데, 단기간 집중수행을 할 때는 통틀어서 함께 지도하기도 한다. 다음은 염처별로 알아차려야 할 대상이 무엇인지, 복습하는 의미에서 그 줄거리만 간단히 요약하기로 한다.

(1) 신념처(身念處)는 몸을 대상으로 알아차림을 한다.

구체적으로 호흡에 대한 알아차림, 몸의 자세와 기관들, 그리고 분명한 앎을 하며, 몸의 더러움을 대상으로 하거나 그 성품인 지, 수, 화, 풍 사대를 대상으로 알아차리는 수행이다. 호흡을 주 대상으로 하지만 어디에서든 강하게 나타나는 것을 알아차린다. 나중에는 몸이 아닌 전면에서 호흡을 알아차릴 수도 있다.

(2) 수념처(受念處)는 느낌을 대상으로 알아차림을 한다.

처음에는 맨 느낌을 알아차린다. 그리고 거기서 '좋다, 싫다, 덤덤하다'는 느낌으로 반응한 것을 알아차린다. 구체적으로는 육근이 육경에 부딪쳐서 생기는 맨 느낌으로부터 시작하여 다음으로 감정이 개입된 육체적인 느낌, 마음으로 넘어간 정신적인 느낌 등을 알아차릴 대상으로 한다. 특히 가슴에서 일어나는 느낌을 알아차리는 수행을 강조한다.

(3) 심념처(心念處)는 마음을 대상으로 알아차림을 한다.

선업의 마음과 불선업의 마음을 대상으로 하는데, 선업의 마음은 관용, 자애, 지혜의 마음이고 불선업의 마음은 탐진치의 마음이다. 구체적으로는 마음[識]뿐 아니라 마음의 작용인 느낌[受]과 생각[想]과 행동[行]을 통해서 일어난 마음을 알아차린다. 아울러 마음을 알아차리고 마음이 남긴 느낌을 가슴에서 알아차린다. 이 방법은 마음과 느낌을 연계하여 알아차림을 지속하고 마음의 뿌리를 보는 데 도움이 된다.

(4) 법념처(法念處)는 법을 알아차릴 대상으로 한다.

법(法)은 두 가지 의미로 나누어 볼 수 있는데, 하나는 삼법인(무상·고·무아)의 진리, 부처님의 말씀을 말한다. 다른 하나는 알아차려야 할 마음의 대상을 총칭하여 말한다. 그래서 다섯 가지 장애를 일컫는 오온(五蘊), 12처[六根과 六境], 일곱 가지 깨달음의 요인[七覺支], 사성제(四聖論)가 모두 알아차릴 대상이다. 말하자면 몸과 마음에서 일어나는 모든 현상이 수행의 대상이 된다. 졸음, 망상, 통증, 선업의 마음, 불선업의 마음 등 실재하는 현상으로서 수행의 대상 아닌 것이 없다. 삼라만상이 법으로 가득 찼다고 하는 것은 알아차릴 대상이 아닌 것이 없다는 의미로 해석하면 될 것이다.

이상과 같이 법(法)은 두 가지 의미로 사용되고 있는데, 보통 우리가 수행을 할 때 법이라고 하는 것은 수행 중에 나타나는 마음의 대상인 후자에 속한다. 선생님은 이 대상을 볼 때에도 모양이나 관념과 같은 빤냐띠로 알아차릴 것인가 실재하는 성품인 빠라마타로 알아차릴 것인가를 구분하여 지도한다. 그러나 어떤 것을 대상으로 하든, 일단 수행에 들어가면 가장 두드러진 것을 알아차린다.

2. 단계별 알아차리기

다음과 같이 단계별로 쉬운 것부터 알아차린다. 이것을 '3단계 알아차리기'라고 한다. 이는 수행의 능률을 높이기 위한 방법이다.

(1) 1단계, 모양 알아차리기

편안한 자세로 앉아 몸과 마음의 긴장을 푼다. 처음부터 많은 것을 알아차리려고 하지 않고 모양이나 단순한 움직임을 가볍게 주시한다. 여러 가지 대상 중에서 제일 기초적인 것 하나만 알아차린다. 그것이 야생마와 같이 돌아다니는 마음을 몸에 붙이는 방법이다.

배나 가슴의 호흡의 경우에는 먼저 호흡의 볼록거리는 움직임을 대상으로 한다. 그리고 호흡의 일어남, 꺼짐 중에서 '일어남' 하나만을 대상으로 하거나 아니면 '꺼짐'만을 대상으로 한다. 그리고 어느 정도 집중이 되면 '일어남, 꺼짐'의 움직임을 알아차린다.

경행을 할 때에는 먼저 발이 바닥에 닿는 '닿음' 하나만 알아차린다. 그리고 집중력이 생기면 '오른발, 왼발'의 움직임을 알아차린다. 이렇게 하나만을 주시하다가 차츰 집중이 되면 발의 '들어서, 놓음'을 주시하거나 '들어서, 앞으로, 놓음'을 주시한다.

(2) 2단계, 성품 알아차리기

1단계의 알아차림을 하다 보면 자연스럽게 대상의 성품이 나타난다. 1단계의 과정을 거치는 동안 마음이 안정되고 고요해져서 집중력이 생긴다. 이때 대상의 모양은 점점 약해지고 실재하는 성품의 느낌이 커지게 된다. 그러면 자연히 대상의 실재하는 성품인 지, 수, 화, 풍 사대의 요소를 알 수 있다.

호흡의 경우, 1단계에서는 호흡의 움직임을 주시하지만 2단계에서는 공기의 압력인 풍대를 대상으로 주시한다. 호흡의 일어남에서는 공기가 팽창하는 느낌을 알아차리고, 꺼짐에서는 공기가 수축하는 느낌을 알아차린다. 이때에는 호흡의 일어남, 꺼짐 외에도 쉼까지 3분절로 나누어 주시할 수 있다.

경행을 할 때에도 발의 '들어서, 놓음'을 하다가 차츰 집중이 되면 '들어서, 앞으로, 놓음'으로 3분절로 나누어서 알아차린다. 이때 지, 수, 화, 풍 사대의 요소로 알아차림을 하면 성품으로 아는 것이다. 발을 들 때의 가벼움, 나아갈 때의 바람의 가름, 놓을 때의 무거움 그리고 놓은 뒤에 바닥의 단단함이나 차가움 등을 느낄 수 있다. 그러나 이 경우에도 알 수 있는 만큼만 한다. 많은 것을 얻으려 하면 안 된다. 수행을 잘하려 하는 것도 지나치면 탐심이 된다.

또한 발을 들 때에는 들으려는 의도를 알아차리고 설 때에는 서려는 의도를 알아차리고 돌 때에는 돌려는 의도를 알아차린다. 처음에 의도를 알아 알아차릴 때는 정지된 동작에서 움직임이 시작되기 전에 알아차리는 것이 쉽다.

(3) 3단계, 전면에서 알아차리기

1단계, 2단계의 느낌을 충분히 알아차리고 난 뒤 집중이 되면 몸에서 일어나는 모든 느낌을 전면에서 알아차릴 수 있다. 전면이란 말은 앞에서, 면전에서라는 뜻으로 마음자리에서 알아차리는 것을 말한다. 일단 모든 것을 알아차리는 것은 마음이 하는 것이지만 몸에서 일어나는 현상을 몸의 위치에서가 아니라 앞에서 아는 것을 말한다. 이 방법은 부처님께서 사용하셨던 수행방법이다.

전면에서 알아차리기 위해서는 어느 정도 고요한 마음의 집중이 있어야 한다. 집중력이 생기면 호흡이나 발의 움직임도 모두 자연스럽게 전면에서 알아차릴 수 있다. 의도적으로 마음을 전면에 두고 있을 때에도 알아차릴 수 있다. 이 방법을 위해서는 마음을 알아차리는 수행이 필요하다. 마음이 마음을 대상으로 주시했을 때 가능하다. 누구나 1단계부터 순서대로 수행을 시작하면 집중이 유도되어 자연스럽게 3단계로 들어갈 수 있다. 3단계의 알아차림은 알아차림과 노력과 집중이 조화를 이루었을 때 유용하다.

그러나 좌선이나 경행 중에 수행이 잘 안 되거나 집중이 안 되면 다시 1단계부터 시작한다. 그러면 자연스럽게 대상에 마음을 붙여서 집중이 가능해진다. 만약 마음으로 알아차리는 3단계가 되지 않는다면 2단계의 수행으로도 충분하다. 그러나 어느 때나 집중력이 생기면 자연스럽게 3단계인 전면에서 알아차릴 수 있다.

3. 좌선을 시작할 때와 좌선 중 그리고 좌선이 끝날 때

좌선을 시작할 때 다음과 같은 순서로 유도한다. 전반적으로 보면 마음 보기, 몸 보기, 다시 마음보기, 몸 보기의 순서로 알아차림을 하는데 이런 순서를 밟아 좌선에 들어가면 초보자들도 쉽게 집중이 유도될 수 있다.

(1) 바른 자세로 앉는다.

좌선의 자세에서 몸의 힘을 빼고 눈을 감는다. 턱을 앞으로 당기고 바르게 앉는다. 몸이 긴장하면 불선업이고 부드럽게 이완되면 선업의 상태이다. 마음이 몸을 긴장하게도 하고 부드럽게도 하기 때문이다.

(2) 현재의 마음을 알아차린다.

1) '지금 내 마음가짐이 바른지 바르지 못한지'를 알아차린다. 현재의 마음 상태를 점검하는 것이다.
2) '지금 내 마음이 무엇을 바라고 있는지'를 알아차린다. 수행을 잘하려는 마음도 탐심이다.
3) '지금 누구를 미워하는 마음이 있는지'를 알아차린다. 현재 싫어하는 마음이 있는지 보는 것이다.

4) 그 외에 졸음이 오는지, 마음이 산란한지, 수행에 대한 의심이 있는지 등을 선택적으로 알아차릴 수도 있다.

다섯 가지 장애를 가진 채로 수행에 들어가면 수행이 진전될 수 없기 때문에 현재의 마음을 알아차리고 시작하는 것이 좋다. 이렇게 알아차린 결과 그런 마음이 있다는 것을 알면 그냥 '그렇구나' 하고 알고 지나가면 된다. 어떤 마음이 있는가를 아는 것으로 충분하다.

그런데 만약 가슴에서 콩닥거리는 강력한 느낌이 있을 때는 일단 예정된 코스를 멈추고 가슴에 나타난 느낌을 알아차려야 한다. 처음에는 거친 느낌을 보다가 차츰 진정이 되면서 나타나는 중간 느낌과 미세한 느낌을 모두 알아차린다.

(3) 몸의 느낌을 주시한다.

마음가짐을 보고 난 후에는 다음과 같이 몸의 느낌을 주시한다. 몸을 알아차릴 때는 알아차릴 각각의 대상에 힘이 들어가 있는지 확인하고, 만약 힘이 들어가 있으면 자연스럽게 이완시키고 시작한다.

1) 먼저 눈꺼풀이 있다는 것을 알아차린다(모양 알기). 다음은 눈꺼풀이 닿아 있는 느낌을 주시한다(성품 알기). 눈꺼풀이 닿았을 때의 따뜻함, 떨림, 가벼움, 무거움, 진동 등의 느낌이 있는데 이 중에서 하나의 느낌을 주시한다.

2) 다음은 입술이 있는 것을 알아차린다(모양 알기). 그리고 입술이 닿아 있는 느낌을 주시한다(성품 알기). 입술이 닿았을 때의 따뜻함, 무거움, 팽창함, 진동 등의 느낌이 있는데 이 중에서 하나의 느낌을 주시한다.

3) 손이 있는 것을 알아차린다(모양 알기). 그리고 손이 닿아 있는 느낌을 주시한다(성품 알기). 손이 닿았을 때의 따뜻함, 촉촉함, 화끈거림, 진동, 부드러움 등의 느낌이 있는데 이 중에서 하나의 느낌을 주시한다.

4) 엉덩이가 닿아 있는 것을 알아차린다(모양 알기). 엉덩이가 닿아 있는 느낌을 주시한다(성품 알기). 엉덩이가 닿았을 때의 단단함, 무거움, 쑤심, 따뜻함, 진동 등의 느낌이 있는데 이 중에서 하나의 느낌을 주시한다.

5) 이외에도 몸의 다른 부분의 느낌을 알아차릴 수도 있다. 그러나 여기서 선택한 눈꺼풀, 입술, 손, 엉덩이 네 곳은 서로 맞닿는 부분이므로 느낌이 분명하다. 만약 호흡이 잘 안 보이고 마땅한 대상을 선택하기가 어렵다면 언제나 이상의 네 곳을 차례로 알아차리면 된다.

처음부터 몸의 느낌을 알아차리기란 쉽지 않다. 처음에 나타나는 느낌은 맨 느낌이기 때문에 알기가 어렵다. 그래서 먼저 "눈꺼풀이 있는 것을 알라"고 말한다. 느낌을 특별한 것이라고 생각하면 알아차리기 어렵다. 이와 같이 먼저 대상이 있는 것을 알면 다음 단계로 알게 되는 것이 느낌이다. 그리고 많은 느낌 중에서 하나의 느낌을 주시한다.

몸의 눈꺼풀이나 다른 곳을 알아차릴 때에는 눈으로 보지 말고 마음으로 느껴야 한다. 자칫 눈으로 보려고 하면 직관을 할 수가 없고, 또한 눈에 집중하기 때문에 두통의 위험이 있다. 대상을 객관화해서 거리를 두고 지켜본다는 기분으로 느껴야 한다. 그리고 너무 자세하게 알아차리려고 하지 말아야 한다. 처음에는 알아지는 만큼만 아는 것이 중요하다. 조금만 무리를 해도 오래 알아차릴 수 없고, 또한 힘이 들어가면 마음이 대상에서 달아나게 된다.

네 곳 중에서 한곳을 알아차리는 시간은 자유이나 약 2~3분 정도씩 차례로 알아차리는 것이 좋다. 다만 특별하게 느낌을 알아차리는 수행을 하고자 할 때에는 어느 곳에서나 더 오랫동안 머물며 느낌의 변화를 알아차릴 수 있다.

(4) 현재를 알아차린다.

몸의 느낌을 알아차린 뒤에는 마음을 현재로 가져간다. 마음을 현재에 두고 집중하면 다음과 같은 것들이 대상으로 떠오른다.

1) 현재의 소리(주위의 여러 가지 소리)
2) 현재의 고요함(주위의 고요함)
3) 현재의 시간(흐름)
4) 현재의 마음(마음의 흐름)
5) 현재의 자신의 몸(좌선 중에는 앉아 있는 몸)

이런 것들은 '지금 이 순간에 나타나는 현상으로서 전면에서 마음을 알아차릴 때 가능하다. 전면에서의 알아차림은 의도적으로 할 수도 있고 자연스럽게 할 수도 있다.

수행자는 이상의 대상 중에서 느껴지는 것 한 가지를 알아차린 뒤에 마지막으로 현재의 몸을 알아차린다. 이는 호흡을 알아차리기 위한 단계이다.

(5) 호흡을 알아차린다.

현재에 있는 몸을 알아차리면 자연스럽게 몸 어디에선가 움직임이 있음을 알 수 있다. 이것이 호흡이다. 코, 가슴, 배, 또는 몸의 일부에서 일어나는 느낌을 주시할 수도 있는데, 그 중에 가장 움직임이 강한 곳이 호흡에 의해 일어나는 진동이다. 이것이 풍대다. 호흡은 이렇게 자연스럽게 접근하여 알아차리는 것이 좋다.

호흡의 경우에도 먼저 호흡이 있는 것을 안다. 호흡의 움직임을 안다. 호흡을 느낌으로 안다는 식으로 순서대로 한다. 호흡은 코의 들숨, 날숨이나 혹은 가슴의 움직임, 배의 볼록거림, 신체 일부의 움직임, 전면 등 어디에서도 알아차릴 수 있다. 집중이 잘 되어 미세해질 때는 전신 어디에서든 일어남, 꺼짐이 있음을 알 수 있다. 호흡뿐 아니라 맥박이 크게 느껴지면 맥박을 대상으로 주시한다.

좌선 중 흐트러질 때는 언제든지 처음 1단계부터 다시 시작하는 것이 좋다. 전면에서 마음으로 알아차릴 때 대상이 희미해지면 몸으로 전환해서 알아차리는 것이 능률적이다.

(6) 좌선 중 나타나는 현상을 알아차린다.
좌선 중에 통증, 망상, 졸음 등이 나타나면 알아차린 뒤에 호흡으로 돌아온다. (뒷면 8, 9, 10을 참조할 것)

(7) 좌선이 끝나고 알아차린다.

1) 먼저 좌선이 끝나면 즉시 움직이지 말고 자세가 바른지, 기울었는지를 확인한다.

2) 그리고 이 시간에 노력, 알아차림, 집중 등이 적절했는지, 어느 것이 강하였고 어느 것이 모자랐는지를 점검한다. 알아차림은 항상 부족하기 마련이지만 그래도 집중이 잘되었는지, 노력을 했는지를 알아차린다.

3) 마지막으로 '지금 내 마음이 어디로 가는지'를 알아차린다. 이렇게 알아차리면 다음 동작을 일으키려는 의도를 알게 된다. 그러면 마음에 의해 몸이 움직인다는 것을 알 수 있으며, 하나의 알아차림에서 다음 행동의 알아차림까지 자연스럽게 연결될 수 있다.

4. 좌선에 들어가는 순서

　여기서 말하는 '사이'는 너무 빠르지 않게 적절해야 한다. 충분히 알아차
릴 수 있도록 사이를 알맞게 두어야 한다. 마음을 알아차릴 때는 사이를
많이 두지 말고 10~20초 정도 사이를 둔다. 몸의 느낌을 알아차릴 때는
한곳에서 2~3분 정도 사이를 두어서 충분히 알아차릴 수 있도록 한다.

　"자, 몸의 긴장을 풀고 바른 자세로 앉으십시오 턱을 당기고, 허리는
편안하게 펴십시오 손은 무릎 위에 놓으십시오"

　(사이)

　"이제 현재의 마음을 알아차립니다."

　"지금 내 마음이 바른가, 바르지 못한가를 알아차리십시오
이것이 있는 마음 알아차리기입니다."

　(사이)

　"지금 내 마음이 바라는 것이 있는지 알아차리십시오"

(사이)

"지금 내 마음이 누구를 미워하고 있는지 알아차리십시오"

(사이)

"지금 내 마음이 졸리는지, 들떠 있는지, 의심하고 있는지 등을 알아차리십시오"

"이런 마음들이 있는 상태에서 좌선에 들어가면 집중이 잘 안 됩니다. 이상과 같은 마음이 있으면 그냥 '있구나' 하고 알고 말아야 합니다."

(사이)

"이제 마음이 몸으로 가서 몸의 느낌을 주시합니다."

"먼저, 눈꺼풀이 닿아 있는 것을 아십시오"

(사이)

"이제 눈꺼풀의 느낌을 알아차리십시오"

"눈꺼풀이 있는 것을 아는 것이 느낌입니다. 이때 눈으로 보는 것이 아니라 마음으로 느끼십시오 거기에는 따스함, 가벼움, 무거움, 떨림, 빛 등의 느낌이 있습니다. 그 중에서 하나의 느낌을 알아차리십시오 그리고 그 변화를 주시하십시오"

(사이)

"자, 이제 입술로 갑니다. 입술이 닿아 있는 것을 아십시오"

(사이)

"이제 입술의 느낌을 느끼십시오"

"여기서도 따스함, 촉촉함, 떨림 등의 느낌이 있습니다.
그 중에 하나의 느낌을 가만히 주시하십시오"

(사이)

"다음은 손으로 갑니다. 손이 있는 것을 아십시오"

(사이)

"손에 있는 느낌을 알아차리십시오"

"손끝에는 따스함, 쑤심, 진동 등의 느낌이 많습니다.
그 중에 하나의 느낌을 가만히 주시하십시오"

(사이)

"마지막으로 엉덩이로 갑니다. 엉덩이가 바닥에 닿은 것을 아십시오"

(사이)

"엉덩이의 느낌을 느끼십시오"

(사이)

"엉덩이에 무거움, 단단함, 떨림 등의 느낌이 있습니다.

그 중에 하나의 느낌을 가만히 주시하십시오"

(사이)

"자, 이제는 지금 현재를 알아차립니다."

"현재에 마음을 두고 지켜보십시오"

(사이)

"현재에 소리가 있습니다."

"마음이 소리 나는 곳으로 가지 말고 소리를 귀에서 마음으로 들으십시오 어떤 소리나 알아차릴 대상입니다."

(사이)

"현재에 고요함도 있습니다."

"현재의 고요함이 시간과 함께 흐르고 있습니다."

(사이)

"지금 현재를 보고 있는 마음이 있습니다."

"이 마음도 현재와 함께 흘러가고 있습니다.
알아차리고 있는 마음도 계속 생멸하고 있습니다."

(사이)

"지금 현재 여기에 앉아 있는 자신의 몸이 있습니다."

"가만히 몸 전체를 주시하십시오."

(사이)

"몸에는 어떤 움직임이 있습니다."

"그것이 호흡입니다. 호흡은 코, 가슴, 배에, 몸의 일부에서도 일어납니다. 그 중에 가장 강한 움직임 하나를 선택해서 알아차리십시오."

(사이)

"처음에는 호흡의 움직임 중에서 '일어남' 하나만을 알아차리십시오."

(사이)

"어느 정도 집중이 되었을 때는 이제 '일어남, 꺼짐'을 알아차립니다. 그리고 차츰 집중이 잘되어 가면 '일어남, 꺼짐, 쉼'까지 알아차립니다."

(사이)

"좌선 중에 망상, 통증, 졸림, 싫증, 의심 등이 나타나면 없애려 하지 말고, 저항하지 말고, 그냥 알아차리십시오."

"첫째, 나타난 대상을 알아차리고, 둘째, 대상을 알아차린 그 마음을 다시 알아차린 후, 셋째, 가슴으로 가서 그 느낌의 변화를 주시하다가, 넷째, 다시 호흡을 알아차리는 순서대로 수행을 합니다."

"또한 좌선 중에 이따금씩 앉아 있는 자세가 바른지 살펴보고, 몸에 힘이 들어가 있는지를 알아차리고 긴장을 푸십시오"

"또한 이따금씩 지금 내 마음이 무엇을 하는지 알아차리십시오"

"좌선 중에 나타나는 모든 대상은 알아차릴 법입니다.
무엇이 되었거나 바라지 말고, 없애려 하지 말고, 모두 받아들여서 수용하십시오"

5. 호흡 알아차리기

호흡을 주 대상으로 할 때에도 3분절로 나누어서 알아차린다.

1) 우선 '일어남' 하나만을 알아차린다(1분절). 이때에는 단순하게 볼록거리는 움직임이나 모양을 알아차린다.
2) '일어남, 꺼짐'을 계속해서 알아차린다(2분절). 이때에는 일어남, 꺼짐의 움직임을 연달아서 알아차린다.
3) '일어남, 꺼짐, 쉼'까지 알아차린다(3분절). 이때에는 호흡이 수축, 팽창하는 공기의 압력을 알아차릴 수 있다. 그리고 쉼의 휴지부에 주의를 집중한다.

호흡의 쉼에서는 덤덤한 느낌을 알아차린다. 덤덤한 느낌에서는 움직임이 없기 때문에 순간적으로 알아차림을 놓치기 쉽다. 이때에도 알아차림을 쉬지 말고 움직임이 정지된 상태를 아는 마음으로 채워야 한다. 쉼의 순간에 알아차림이 없으면 망상이 들어오거나 졸음에 떨어질 수 있다.
호흡의 풍대를 주시할 때에는 지대, 수대, 화대를 함께 알아차릴 수 있다. 지, 수, 화, 풍은 함께 일어나서 함께 소멸하지만 알아차릴 때는 그 중에 하나만 집중하여 알아차린다. 호흡 하나에 움직임, 가벼움, 무거움, 단단함,

부드러움, 뜨거움, 축축함 등 사대의 요소가 모두 있다.

이렇게 3분절로 나누어 알아차림을 하는 이유는 집중을 유도하기 위함이다. 따라서 억지로 3분절로 알아차리려고 할 필요가 없다. 되는 만큼만한다. 많이 알아차리는 것이 중요한 것이 아니라 분명하게 아는 것이 중요하다. 이런 과정을 거쳐 알아차리면 호흡이 잘 나타난다. 그러나 호흡은 보려고 하면 잘 보이지 않는다. 그래서 먼저 움직임을 주시하고 차츰 움직임의 성품을 알아차린다. 그러다가 호흡이 아닌 다른 곳에서 느낌이 나타나면 그곳으로 가서 알아차린다. 주의할 것은 호흡을 인위적으로 만들어서하지 말라는 것이다. 호흡은 저 스스로 일어나고 꺼지는 현상을 그대로지켜보아야 한다.

호흡은 코, 가슴, 배에서 다 나타나는데 그 중 강하게 일어나는 곳에서알아차리는 것이 좋다. 호흡의 경우에도 전면에서의 알아차림을 할 수 있다. 그러다가 집중력이 떨어지면 다시 몸으로 와서 알아차린다.

6. 경행하기

경행은 경행 한 시간에 좌선 한 시간씩 같은 비율로 계속한다. 일상생활에서 걷는 모든 걸음걸이를 경행이라고 볼 수 있다. 경행은 섬, 걸을 때, 돌 때로 구분하여 알아차린다.

(1) 섬의 자세

몸의 자세를 바르게 하고 정면을 향하여 선다. 손은 앞으로 깍지를 끼거나 두 손을 앞으로 모아 잡는다. 혹은 뒤로 뒷짐을 지거나 팔짱을 낀다. 걸음은 빠르지도 느리지도 않게 자연스럽게 하고 앞으로 가는 방향은 일직선으로 한다. 그리고 적당한 거리에서 섬을 한 뒤에 뒤돌아서 다시 그 길로 걸어온다.

1) 몸의 상체에서 하체까지 서 있는 것을 알아차린다.
2) 발바닥이 닿은 것을 알아차린다.

(2) 걸을 때

단계별로 나누어 한다. 이 경우에도 알아차릴 수 있는 만큼만 알아차린다.

1) '닿음, 닿음'을 알아차린다(1분절). 오른발 왼발이 닿을 때 하나만 알아차린다.

2) '오른발, 왼발의 나아감을 알아차린다(1분절). 먼저 움직임을 알고, 다음 느낌을 알아차린다.

3) '들어서, 놓음'을 알아차린다(2분절). 이때에는 발을 들 때의 가벼움, 놓을 때의 무거움을 알아차린다.

4) '들어서, 앞으로, 놓음'을 알아차린다(3분절). 시작과 중간과 끝의 전체를 알아차린다. 또한 발을 들 때의 화대, 움직일 때의 풍대, 내려놓을 때의 수대, 닿았을 때의 지대 등을 알 수 있다.

5) '뒤꿈치 들고, 들어서, 앞으로, 놓고, 누름'을 알아차린다(5분절). 더 집중을 하고자 할 때는 발의 움직임 하나를 5분절로 나누어서 할 수 있다.

6) 전면에서 발의 움직임을 알아차린다. 갈 때 가려는 의도, 설 때 서려는 의도, 돌 때 돌려는 의도를 알아차린다.

7) 집중이 잘되어 알아차리는 힘이 생기면 차츰 발목, 무릎, 넓적다리, 허리의 움직임까지도 느낌으로 알 수 있다.

길을 걸으면서 혹은 운동장에서 빠른 걸음으로 걸을 때에는 다리의 동선을 주시하는 것이 알아차림을 지속시키는 데 도움이 된다. 이렇게 걸으면서 집중이 되면 전면에서 발의 움직임을 알아차릴 수 있다.

경행을 할 때는 좌우를 두리번거리지 말고 서너 걸음 앞의 바닥을 본다. 처음에는 약간 빨리 걷다가 차츰 알맞게 속도를 유지한다. 경행은 장소에 따라서 일정한 거리를 왕복해야 한다. 경행을 할 때 지나치게 천천히 걸으면 상기의 위험이 있을 수 있으며, 경행을 한 뒤 좌선을 할 때 졸음이 올 수도 있다.

경행을 하면서 얻어진 집중은 움직이면서 생긴 것이라 순도가 높다. 경행을 해서 집중력이 생긴 뒤에 좌선을 하면 곧바로 집중의 상태에 이르게 된다.

(3) 돌아설 때
이때에도 두 가지의 방법이 있다.

1) 천천히 돌면서 발의 움직임을 모두 알아차린다.
2) 혹은 어깨에 마음을 두고 어깨가 크게 원을 그리며 도는 것을 알아차린다.

7. 누워서 알아차리기 (臥禪)

잠들기 전과 잠에서 깨어났을 때에도 누운 채로 알아차림을 한다. 잠들기 전에 알아차리는 것은 하루를 마감하는 중요한 순간이며 이런 알아차림을 통해 숙면을 취할 수 있다. 또한 잠을 자기 전에는 큰 욕망이 없기 때문에 집중을 하기가 좋다. 잠자리에서 매일 이렇게 알아차림을 하는 것이 죽을 때에 알아차리는 것과 같다. 누우면 몸이 최대한으로 이완되기 때문에 호흡이 가장 잘 나타난다.

(1) 아침에 일어나서 알아차리기

1) 먼저 누운 자리에서 먼저 일어난 상태의 마음을 알아차린다.
2) 일어남, 꺼짐의 호흡을 알아차린다.

누워 있을 때는 호흡이 제일 잘 보인다. 잠에서 깨자마자 마음을 보면 벌써 근심이 들어와 있다는 것을 알 수 있다. 이미 마음이 달아나 있는 것이다. 알아차림을 하면서 아침을 시작하면 하루가 편안하다. 시작이 좋으면 끝도 좋다.

(2) 자기 전에 알아차리기

1) 누운 상태로 먼저 누워 있는 상태의 마음을 알아차린다.
2) 몸이 바닥에 누워 있는 상태를 그대로 알아차린다.
3) 그리고 일어남, 꺼짐의 호흡을 알아차린다.

와선을 하면 금세 잠에 떨어지기 쉬운데 이렇게 알아차리면서 잠이 들면 숙면을 취할 수 있다. 잠이 오지 않을 때는 두려워하는 마음을 알아차리고 일어나 앉아서 좌선을 한다. 잠이 오지 않을 때는 잠을 자지 않아서 큰일이라고 하는 두려운 마음을 먼저 갖게 된다. 그래서 이때는 먼저 마음을 알아차려야 한다.

8. 통증 알아차리기

1) 통증이 있는 것을 알아차린다.

2) 통증 때문에 반응한 마음을 알아차린다.

3) 통증 때문에 반응한 마음이 사라진 것을 알아차린다.

4) 다음 사항을 선택적으로 알아차린다.

   · 통증이 있는 곳에서 통증의 성품인 쑤심, 화끈거림, 팽창, 진동 등을 알아차린다.

   · 가슴에서 통증 때문에 반응한 느낌을 알아차린다.

   · 전면의 마음자리에서 통증을 알아차린다.

5) 통증이 매우 심할 때는 호흡을 알아차린다. 통증이 너무 심해서 견디기 힘들 때는 통증이 아닌 호흡에 마음을 밀착시킨다. 이때는 강한 집중력으로 호흡의 일어남, 꺼짐을 알아차린다.

이상과 같은 다양한 방법이 있는데 가장 중요한 것은 통증 때문에 반응한 마음을 먼저 알아차리는 것이다. 통증 때문에 싫어하거나 두려워하거나 없애려는 마음이 있는 한 통증은 더 강해지기 마련이다. 그래서 통증을 있는 그대로 볼 수가 없다.

통증은 괴로운 것이기는 하나 통증이 주는 이익도 있다. 통증이 있으면 우선 졸리지 않아서 좋다. 망상이 들어오지 않고 계속해서 집중을 할 수가 있다. 또한 통증을 통하여 무상, 고, 무아를 볼 수 있다. 수행은 통증과 함께 가는 것이라고 받아들여야 한다.

9. 망상 알아차리기

망상은 수시로 나타나는 것이다. 알아차림이 아닌 것은 다 망상이라고 할 수 있다. 그래서 좌선 중이거나 경행 중이거나 혹은 일상의 알아차림에서나 망상이 오면 언제나 다음과 같은 절차를 거쳐 망상하는 마음을 알아차려야 한다.

1) 망상한 것을 알아차린다(대상 알아차리기).
2) 망상하는 마음을 알아차린다(마음 알아차리기).
3) 망상하는 마음이 사라진 것을 알아차린다(아무것도 없다고 느낄 때가 망상하는 마음이 사라진 상태다).
4) 가슴으로 가서 마음 때문에 나타난 느낌을 알아차린다. 느낌이 없을 때는 덤덤함을 알아차린다. 처음에는 거친 느낌을 보다가 차츰 중간 느낌, 미세한 느낌을 알아차린다.
5) 느낌이 미세할 경우에 호흡을 알아차린다.

망상은 없애야 할 대상이 아니고 알아차려야 할 대상이다. 망상은 평소의 마음가짐이므로 자신의 모습을 알 수 있는 기회이기도 하다. 망상을 많이 알아차리면 알아차리는 만큼 힘이 생긴다.

10. 졸음 알아차리기

졸음은 수행하면서 나타나는 다섯 가지 장애 중의 하나다. 수행을 하려면 제일 먼저 찾아오는 손님이다. 그러나 수행 중 졸음이 올 때는 다음과 같은 점을 명심하여야 한다.

(1) 졸음과 싸우지 말아야 한다. 잠은 싸우려 하면 더 오게 마련이다. 알아차려야 할 대상인 법이 왔다고 생각하고 그냥 졸리는 현상을 있는 그대로 알아차려야 한다. 잤는가 안 잤는가의 문제가 아니라 알아차렸는가 알아차리지 못했는가의 문제이다.

(2) 졸음이 오면 몸과 마음이 어떻게 반응하는가를 알아차려야 한다. 우선 몸이 어떻게 풀리는가를 본다. 눈꺼풀이 풀리고 몸이 무거워지는 것 등을 알아차린다. 그리고 마음이 어떻게 느슨해지는가, 기분이 어떻게 달라지는가 등을 알아차린다. 이렇게 잠과 싸우지 않고 몸과 마음이 어떻게 반응하는가를 보면 잠의 성품을 알 수 있다.

(3) 몸과 마음의 변화를 보고 있노라면 어느새 잠이 확 달아나는 수가 있다. 이때 수마를 이겨냈다는 기쁨에 좋아할 수가 있는데 그러면 반드시

언제 왔는지도 모르게 또다시 잠에 떨어진다. 그러므로 잠이 달아났다고 좋아하는 마음을 반드시 알아차려야 한다. 그리고 다시 호흡을 보면 알아차림을 지속할 수 있다.

졸음이 오는 데에는 몇 가지 이유가 있다.

첫째, 집중력이 너무 깊어질 경우 졸음이 온다. 이때는 알아차림을 강화해야 한다.

둘째, 너무 천천히 걷거나 힘들게 경행을 해도 피곤해서 잠이 온다.

셋째, 너무 많이 먹어도 잠이 온다.

넷째, 피곤하면 역시 졸음이 온다. 그래서 수행자는 일을 벌이지 않는다.

11. 일상의 알아차림

일상의 알아차림은 식사를 하면서, 일을 하면서, 청소를 하면서, 말하거나 들으면서, 운전을 하면서, 목욕을 하면서 하루 중에 좌선과 경행이 아닌 모든 시간에 알아차림을 하는 것을 말한다. 일상의 알아차림은 자신이 현재 하고 있는 것을 알아차리는 것이다. 그래서 수시로 '지금 내가 무엇을 하고 있는가'를 점검할 필요가 있다.

(1) 먹을 때는 맛의 변화를 알아차려야 한다.
처음에는 손을 듦, 넣음, 씹음과 같은 몸의 동작을 주시한다. 그리고 차츰 먹을 때의 맛을 알아차린다. 이때는 맛의 변화를 보아야 한다. 그래야 알아차림을 오래 지속할 수 있고 대상의 성품을 알 수 있다.

(2) 설거지할 때도 알아차림을 할 수 있는 좋은 기회다.
손에 닿는 물의 느낌을 통하여 지수화풍 사대를 알 수 있는데, 특히 설거지를 싫어하는 마음을 볼 필요가 있다. 설거지할 때는 깨끗이 하기 위해서가 아니라 그냥 대상이 있어서 한다는 생각으로 해야 한다. 설거지를 일이라고 생각하면 싫어지고 깨끗이 하려고 하면 욕망으로 하게 되어 일로 여겨지게 된다. 설거지는 단순히 필요해서 하는 것이고 알아차릴 대상으로 해야 한다. 물론 청소도 마찬가지다.

(3) 운전할 때는 전면의 알아차림을 할 수 있다.

앞으로 향한 시선과 손동작, 신호등 살피기 등을 총체적으로 보면서도 흐트러짐 없이 알아차릴 수 있다.

(4) 화장실에서나 목욕을 하면서도 알아차릴 대상이 많다.

특히 따스한 목욕탕에서는 지수화풍 사대의 느낌이 뚜렷이 나타난다. 몸의 형태는 없고 오직 따스한 아랫부분과 차가운 몸통의 느낌을 경험할 수 있다.

(5) 그 외에 일상의 모든 것이 알아차릴 대상이다.

일할 때, 책을 볼 때, 남의 말을 들을 때, 남에게 말할 때, 음악을 들을 때, TV를 볼 때 등 모두 상황에 따른 적절한 알아차림과 적절한 집중을 해야 한다.

12. 면담하기

좌선이 끝나면 면담을 한다. 스승과 면담을 하는 것은 위빠사나 수행의 기본적인 절차의 하나다. 수행의 발전을 위해서는 스승과의 면담이 필수요건이기 때문이다.

우리는 자신이 어느 길로 가고 있는지, 과연 제대로 된 방법으로 수행을 하고 있는지를 잘 모르기 때문에 이렇게 공인된 수행방법을 통해서 정확한 지도를 받는 것이 좋다. 혼자서 수행을 한다는 것은 어려운 일이기 때문에 무엇이 잘 되고 있는지 혹은 안 되고 있는지 스승을 통해 정확한 검증을 받아야 한다.

스승들도 똑같은 방법과 절차를 밟아 지도를 받았고 그들의 스승 역시 그렇게 스승으로부터 전수 받은 것이다. 그리고 이 수행방법은 독자적으로 만들어진 것이 아니라 철저하게 경전과 주석서에 의거하여 집대성한 것이다. 그래서 스승들은 최대한 부처님의 말씀에서 벗어나지 않으려고 노력하며 지도한다.

단, 면담을 할 때에는 다음과 같은 몇 가지 사항을 지켜야 한다.

(1) 실제 자신의 몸과 마음에서 일어난 것에 대해서만 질문한다.
수행이 아닌 관념적인 것은 묻지 말아야 한다. 지적 사유로 말하는 것,

호기심으로 말하는 것, 그것은 위빠사나의 대상이 아니다.

(2) 좌선 중에 알아차렸거나 못 알아차린 것, 잘되거나 잘 안 된 것 등을 모두 보고해야 한다.

대부분의 경우 잘된 것만을 이야기하려 하지만 잘 안 된 것을 보고하는 것이 필요하다. 수행이란 원래 잘 안 되는 것이기 때문이다. 이렇게 면담을 하지 않으면 수행의 진전이 없고 재미를 붙이지 못한다.

(3) 스승의 수행방법을 따른다.

일단 그 수행지도를 따르기로 했으면 지금까지의 방법은 잠시 접어두어야 한다. 예를 들어 순수 위빠사나 수행법을 지도하는 스승에게 간화선이나 사마타 수행방법에 대한 질문을 하는 것은 삼가야 한다. 이는 스승에 대한 결례이기도 하고, 또 자신에게도 도움이 되지 않는다. 단, 예외적인 것을 질문할 경우에는 동의를 구한 다음 질문하는 것이 필요하다.

13. 집중수행

집중수행은 장작을 비벼서 불을 내는 것과 같이 지속적으로 알아차림을 계속하도록 도와준다. 일 년에 한두 철씩 안거를 하는 것도 집중수행을 하기 위해서다.

물론 근기가 뛰어나다면 집중수행을 거치지 않고도 어느 경지에 오를 수 있겠지만, 대부분의 수행자들은 수행의 환경이 갖추어진 적절한 장소에서 적절한 음식을 섭취하며, 위빠사나 수행을 지도하는 스승과 또 같은 목적을 가진 도반들과 함께 지내면서 고요함을 유지하지 않으면 안 된다.

미얀마에는 이런 집중수행처가 도처에 마련되어 있다. 그것도 몸 보는 수행을 기본으로 하는 마하시 선원, 마음보는 수행을 하는 쉐우민 선원, 12연기와 마음보는 수행을 지도하는 모곡 선원 등 근기에 따라 선택할 수 있다. 그래서 수행자가 미얀마를 방문한다고 할 경우, 선생님은 그의 근기에 맞는 선원을 추천해 주기도 한다.

다만 미얀마에서는 우리 선원에서처럼 자세한 수행지도가 없기 때문에 처음부터 기초가 없이 수행을 하려면 힘들 수가 있다. 따라서 얼마간의 예비 수행을 하고 참석하는 것이 좋을 것이다.

최근에는 미얀마 지도 스승이 우리나라를 많이 방문하여 위빠사나 수행이 꽤 많이 보급되고 있다. 느낌 보는 고엔카 수행은 거의 정례화되어 있는 것 같다.

그러나 우리나라는 아직 제대로 된 집중수행처가 마련되어 있지 않다. 몇 군데 있기는 하나 미얀마처럼 조건을 두루 갖춘 집중수행처는 아직 되어 있지 않다. 이것이 앞으로 우리의 과제라 여기고, 한국 명상원에서는 최근 가평에 집중수행처 건축을 준비하고 있다.

14. 수행의 결과로 얻어지는 마음의 평화

이상과 같은 과정을 거쳐 좌선과 경행, 일상의 알아차림을 게을리 하지 않으면 우선 계행을 지키는 것이 된다. 이로 인하여 몸과 마음의 평화를 얻을 수 있다. 궁극적으로는 이 방법을 통해서 열반의 길로 들어설 수 있다고 하지만 열반은 그만두더라도 지금 당장 번뇌가 줄어들어 행복하다. 아니, 번뇌가 와도 번뇌로 받아들여지지 않게 된다. 그래서 화를 덜 내게 되고 탐심도 오래가지 않으며 번뇌가 생겨도 어떻게 제거하는 줄을 알게 된다. 그러다 보니 주변 사람들과의 오랜 갈등도 해결된다.

그리고 어느새 바른 견해가 생겨 세간의 일에 함부로 휩쓸리지 않는다. 그리고 자신감도 생긴다. 알아차림 하나만 열심히 하면 팔정도가 지켜지고 지혜가 나는 것이다.

마음이 편안하니까 몸도 건강해진다. 예전에 비하면 얼굴색이 환해지고 아픈 구석도 많이 없어진다. 마음의 병이 없어지면서 몸의 병도 없어지는 것이다. 몸의 어느 부분을 알아차리며 지켜보면 그 부위에 피가 모이고 순환이 잘된다. 그래서인가 견비통과 고질적인 통증들이 언제 있었던가 싶게 사라진다.

그래서 우리는 이 모임에 또 나오게 된다. 수행을 통해 얻어지는 것이 있기 때문에 재미가 붙어서 또 나오게 된다. 그러나 수행을 하려면 우선 마음을 내야 한다. 다른 하던 일도 약간은 희생해야 하고 어느 정도 경제적 여건도 마련되어 있어야 한다. 이와 같이 수행을 하려면 시간적·경제적 조건이 맞아야 하고, 무엇보다 마음이 열려 있어야 한다. 그래서 선업의 공덕이 있어야 수행을 할 수 있다고 말한다.

아는 마음, 모르는 **마음** | 어느 법학자의 위빠사나 수행기

2005년 4월 20일 1판 1쇄 발행
2011년 1월 10일 1판 4쇄 발행

지은이 황영채
편집 한승희 | 표지 박영선
펴낸이 곽준 | 펴낸곳 (주)행복한 숲

출판등록 2004년 2월 10일 제16-3243호
주소 | 서울시 강남구 논현동 98-12 청호불교문화원 나동 3층 306호
전화 (02) 512-5255 | 팩스 (02) 512-5856
E-mail sukha5255@hanmail.net | http://www.vipassanacenter.com
ISBN 89-955675-2-X (03220)
값 9,000원

잘못된 책은 바꾸어 드립니다.

▶
상좌불교 한국 명상원은 위빠사나 수행과 면담을 원하는 모든 분들을 위해
언제든지 문을 활짝 열어놓고 있습니다.
서울 강남구 논현동 98-12번지 청호불교문화원 나동 306호
Tel 02-512-5258 | http://cafe.daum.net/vipassanacenter